4 入門・福祉社会学
現代的課題との関わりで

Introduction 「入門・社会学」シリーズ

吉武 由彩 ● 編著

学文社

はじめに

　福祉社会学は，社会学の研究領域の中でも比較的新しい研究領域である。そうではあるものの，私たちの日々の生活を見渡してみると，福祉社会学で扱われる内容に関わる出来事というのは実は多くある。そこで，現代社会における人びとの日々の生活との関わりから，福祉社会学の入り口について学ぶテキストを作成したいと考え，本書を刊行した。

　本書の特徴は大きく分けて4点ある。第1に，先にも述べた通り，本書は「生活」というところにポイントをおいている。福祉社会学の入門テキストをめぐっては，これまでマクロな議論として社会政策や福祉国家論を中心的に扱ったものも多く，こうした分野ではすぐれたテキストがすでに多数刊行されている。福祉社会学を学ぶ上では，こうした議論はなくてはならないものだが，他方で，そうした議論だけではなく，ミクロやメゾレベルの議論として，人びとはどのように暮らしているのかという観点から，福祉社会学の入り口を提示するテキストも必要であるだろう。そのように考えて，本書の構想を行った。人びとは日々の生活の中で福祉的な諸課題に遭遇し，社会関係や集団，制度などに支えられながら暮らしている。本テキストは，そうした現代社会における人びとの生活とそこでの福祉的テーマを中心的に扱うものとして構想した点に特徴がある。

　第2に，本書では，高齢者，女性，子どもというように，対象ごとに章をつくって書いている点に特徴がある。福祉社会学のテキストをつくるという時，たとえば介護や貧困などのトピックによって章をつくって書いていく方法と，高齢者，女性，子どもなどの対象によって章をつくって書いていく方法がある。どちらの方法にも利点と課題があるものの，今回はこのうち後者の方法を採用した。こうした方法を採用することによって，たとえば貧困というトピックについて，高齢者や女性などの対象を横断的に論じることが困難になるとい

う課題を抱えている。あるいは，近年公的な福祉サービスをめぐっては，高齢や障害といった対象ごとの「縦割り」での支援から，総合的な支援へ転換しつつあり，こうした政策展開に沿っていないと思われるかもしれない。他方で，入門テキストとして，読者にとっての「入りやすさ」を考えると，対象別に論じることで，現代社会において高齢者，女性，子どもたちがどのような状況にあるのか，その生活の様子をイメージしやすくなるという側面もあると考えた。本書を通して，現代社会における福祉的テーマについてより身近なものとしてイメージしてほしいという考えから，こうした章構成とした。

　ただし，私たちの身のまわりの生活を思い浮かべるとわかるように，たとえば高齢者であり障害者であるという場合もあるし，女性であり若者であるという場合もある。本書では対象ごとに章をつくって書いているものの，章の内容は相互に重なり合う部分もある。そのため，各章を相互参照しながら読み進めてほしい。

　第3に，人びとの生活という観点から福祉社会学を学ぶ時，人びとは地域社会において暮らしている。たとえば高齢者の生活といっても，その高齢者が都市に住んでいるのか，農村に住んでいるのかによって，その生活の実態は異なるだろう。他方で，これまで福祉社会学の研究やテキストにおいては，都市の事例が多く扱われ，農村の事例が取り上げられることは多くはなかった。そこで本書では，必ずしもすべての章で十分に紙幅を取って言及できているわけではないものの，可能な限り都市だけでなく，農村の事例や地方都市の事例なども取り上げるようにし，人びとが暮らす地域社会の地域特性を意識した議論を展開するように心がけた。

　第4に，本書において現代社会における人びとの生活と福祉的テーマを扱うにあたっては，(1)入門テキストに必要な概念や先行研究の提示，(2)統計データなどの量的データの提示，(3)事例紹介などの質的データの提示，の3つを可能な限り入れることにした。加えて，各章には「練習問題」や「自習のための文献案内」をつけている。

　本書はこうしたコンセプトによって構成した。本書を通して福祉社会学の各

テーマをより身近に感じることができるようになればと考えている。もちろん本書一冊で多種多様な福祉社会学のテーマのすべてを網羅できているわけではないものの，各章においてそれぞれ異なる対象やテーマを取り上げるようにしている。

　なお，本書は『入門・社会学』シリーズ 5 巻＋補巻の全 6 巻のうちの第 4 巻として刊行されている。本シリーズは『入門・社会学』（第 1 巻），『入門・地域社会学』（第 2 巻），『入門・家族社会学』（第 3 巻），『入門・福祉社会学』（第 4 巻），『入門・環境社会学』（第 5 巻），『入門・基礎社会学』（補巻）によって構成されている。興味をもった方は，ぜひほかの巻も手に取ってみてほしい。

　このたび『入門・福祉社会学』の刊行をご快諾くださった，学文社の田中千津子代表には心から感謝申し上げたい。本書の企画をご相談させていただいたところお認めくださり，本書の刊行に向けて大きく支えていただいた。

　最後に，本書のいくつかの章には既発表の論考を再構成したものもある。初出は以下の通りである。

　　第 2 章　1 節
　　　吉武由彩，2019「地域生活構造への接近(2)―高齢者の生きがい調査から―」山本努編『地域社会学入門』学文社，149-175（大幅に加筆を行ったが，一部に記述の重複がある）
　　第 3 章　7 節・8 節
　　　浅利宙，2022「パーソナルライフと継続する絆からみた遺族支援活動の展開」室井研二・山下亜紀子編『生活構造の社会学 2　社会の変容と暮らしの再生』学文社，83-101（大幅に加筆を行ったが，一部に記述の重複がある）

2023 年 4 月 24 日

吉武　由彩

付記：本書 3 章は，JSPS 科研費 18730345，23730481，14K04068（研究代表者：浅利宙）の助成を受けている。9 章は，JSPS 科研費 21730416，26380731，17K04184（研究代表者：桑畑洋一郎）の助成を受けている。

目　次

第**1**章

福祉社会学入門
——福祉社会学は何を扱うのか

吉武　由彩

1 福祉と福祉社会学

　「福祉」（welfare）あるいは「福祉社会学」と聞いて，どのような内容をイメージするだろうか。高齢者福祉，児童福祉，障害者福祉というように，社会的に弱い立場におかれている人や困難を抱えている人への援助として「福祉」を思い浮かべるだろうか。そして，高齢者や子ども，障害者を対象に生活の状況を分析し，日常生活において困難を抱えているならば，そうした困難への対策を考える学問として「福祉社会学」を思い浮かべるだろうか。「福祉」という言葉は上記の意味で用いられることもあるが，「福祉」が意味するのはそれだけではない。「福祉」という言葉は複数の意味で用いられる場合がある。本書を始めるにあたり，まずは「福祉」という言葉の意味を考えてみたい。

　武川正吾（2012：25-27）は，「福祉」という言葉は大きく分けて2つの意味で用いられる場合があると述べ，**広義の福祉**と**狭義の福祉**として以下のように区別している。武川は漢和辞典などを参考に「福祉」の語源を調べ，「要するに，『福祉』は，同じく『しあわせ』や『さいわい』を意味する『福』と『祉』という二つの漢字から成り立つ熟語である」（武川　2012：26）と説明する。たとえば「公共の福祉」という言葉があるが，これは「社会全体の幸福」などの意味を有する。語源的な意味に由来し，個人や人びとと，社会全体の幸福という広い意味で「福祉」という言葉を用いる場合，それは「広義の福祉」（武川　2012：27）とよばれる。

　他方で，より狭い意味で「福祉」という言葉を用いる場合がある。本章の冒

12

頭でも示したように，日常生活において「福祉」という言葉を用いる場合，私たちは「広義の福祉」というよりも，より狭く限定的な意味合いで「福祉」という言葉を用いることが多い。武川は「困っている人や社会的に弱い立場にある人に対する援助や支援のこと」（武川　2012：26）を指して「福祉」という言葉を用いる場合，これを「狭義の福祉」（武川　2012：27）とよぶ。福祉社会学は，「狭義の福祉」としてだけではなく，「広義の福祉」として，広く研究の対象としている。

　福祉社会学は「福祉」を扱う「社会学」である[1]。それでは，次に，「社会学」とはどのような学問だろうか[2]。「社会学とは何か」という問いについては，詳しくはシリーズ1巻『入門・社会学』（山本努・吉武由彩編，2023年，学文社）を参考にしてほしいが，本書ではアメリカの社会学者 C. W. ミルズの見解を紹介しつつ，社会学とは何かについてごく簡単に説明したい。結論からいえば，社会学は「個人と社会」について考える学問である。ミルズは「**個人環境にかんする私的問題**」と「**社会構造にかんする公的問題**」を結びつけつつ考える能力として，「**社会学的想像力**」の重要性を指摘する（Mills　1959＝2005：10）。彼は著書『社会学的想像力』の冒頭で「自分の意志でしているつもりの生活が，実は個人の力ではいかんともしがたい全体社会の構造そのものに生じる，さまざまの変化によって支配されている……一人の人間の生活と，一つの社会の歴史とは，両者をともに理解することなしには，そのどちらの一つをも理解することができない」（Mills　1959＝2005：3-4）と述べる。

　具体的な例として，ミルズは失業の問題を提示している（Mills　1959＝2005：11-12）。ある個人が失業しているという時，それは失業者個人の問題にみえるかもしれない。しかし，もしその国で雇用者5,000万人の内1,500万人が失業している場合，それは本当に失業者個人のみの問題なのだろうか。失業者個人が資格を取得し技能を磨けば解決する問題なのだろうか。ミルズは失業とは社会構造にかんする問題でもあることを指摘している。このように，物事を理解しようとする場合に，「個人環境にかんする私的問題」と「社会構造にかんする公的問題」を結びつけつつ考えることが必要となる。言い換えるなら

ば，個人と社会を結びつけつつ，状況を分析し考察することが社会学の特徴といえる。

　ミルズの指摘は福祉社会学にとっても重要である。冒頭でも述べたように，福祉社会学では「人びとの幸福」や「困っている人への支援」について論ずる。個人が生活課題を抱えている時に，それを「私的問題」として個人の資質に原因を求めることに終始するのではなく，「公的問題」として社会的背景と関連させつつ問題を分析し，生活課題を解決していく方策を探る「想像力」をもつことが求められる。

❷ なぜ福祉社会学を学ぶ必要があるのか：自立と依存をめぐって

　それでは，なぜ福祉社会学を学ぶ必要があるのだろうか。まず思い返してほしいのは，前節で述べたように，「福祉」は広義には「幸福」を意味していること，狭義には「困っている人や社会的に弱い立場にある人に対する援助や支援」（武川　2012：26）を意味していることである。

　この点をふまえた上で，広義の「福祉」について考えると，私たちが幸福に生きていくためには何が必要なのだろうか。福祉社会学においては，**自立と依存**をめぐって議論がなされてきた（武川　2020：3）。人が生きていく上で，自助努力が強調される時がある。たとえば自分の生活は自分で成り立たせていくべきであって，他者に頼るべきではないという言葉を聞くことがあるだろう。しかし，私たちはまったく誰かに依存することなく，自立した状態のまま人生を過ごすことなどできない。生まれてから死ぬまでを思い浮かべてほしい。乳幼児は親に世話をしてもらいながら育ち，成人期になっても病気や障害などにより，周囲の助けを必要とすることがある。高齢期にも，加齢や病気により身体機能が低下し，生活支援が必要になることもある。

　私たちは完全に自立した状態でいることなどできず，周囲に依存し，助け合いながら生きている。生活支援が必要となった場合には，家族や友人などによ

るサポートを得ることもあれば，近隣関係や地域集団，NPO・ボランティア団体のサポートを得ることもあり，市場において福祉サービスを購入することや，国による制度に支えられる場合もある。私たちはこうしたさまざまな社会関係や集団，制度に支えられているからこそ，幸福な生活を送ることができているといえよう。

　仮に私たちが一生を通して完全に一人で自立して生きていくことができるのだとしたら，福祉社会学を学ぶ必要はないのかもしれない。しかし，私たちは一生の中で，時に他者から支援を受け，時に他者を支援しながら生活している。狭義の福祉として，援助や支援を自分自身が受ける場合もある。このようにして幸福な生活を送ることができていることから，福祉社会学とは私たちの生活につながる，学ぶべき重要な研究領域であるといえる。

③ 福祉社会学の研究テーマ

　「福祉」および「社会学」について説明してきたが，本節では福祉社会学の研究テーマにはどのようなものがあるのか，より具体的にみていきたい。まず，「福祉社会学」は「福祉」を扱う社会学の一領域である。社会学には，たとえば「地域」を扱う社会学，「家族」を扱う社会学，「環境」を扱う社会学というように，さまざまな対象を扱う領域がある。それらは，地域社会学，家族社会学，環境社会学などとよばれている。社会学には，こうした「○○社会学」とよばれるさまざまな領域があり，福祉社会学はそのひとつである（なお，領域別の社会学のことを**連字符社会学**という）。

　それでは，福祉社会学ではどのような研究がなされているのだろうか。福祉社会学において現在扱われているテーマにはさまざまなものがある。日本における福祉社会学の学会として「**福祉社会学会**」がある。福祉社会学会では学会大会が毎年開催され，その際にはシンポジウムが実施されている（2023年時点で第21回大会まで開催）。学会大会の開催は年1回だが，それに加えて，福祉社会学会では研究会が開催されている[3]。また，福祉社会学会では，学会誌『福

祉社会学研究』が毎年刊行されている（2023 年時点で第 20 巻まで刊行）。学会
誌『福祉社会学研究』には，特集論文や自由投稿論文などの研究論文が掲載さ
れているほか，福祉社会学に関する書籍の書評が掲載されている。

　福祉社会学のテーマの多様性を感じるには，福祉社会学会において過去に開
催されてきた研究会のテーマをみてみるとよいだろう。表 1-1 をみると，「ジ
ェンダーや女性（2004 年，2005 年，2012 年）」「社会福祉政策や福祉国家，福祉
レジーム（2004 年，2005 年，2006 年，2008 年，2011 年，2012 年，2015 年，2016
年）」「ひとり親，少子化，障害児（2004 年，2005 年，2006 年，2008 年，2009 年，
2014 年）」「家族（2004 年，2008 年，2009 年）」「介護やケア（2005 年，2015 年）」
「若者と雇用，社会的排除（2006 年，2017 年）」「ホームレスや貧困（2007 年，
2015 年）」「高齢者や高齢社会（2006 年，2009 年）」「過疎地域やまちづくり
（2006 年，2008 年）」「サードセクターや市民参加，NPO（2007 年，2008 年）」
「医療（2011 年）」「東日本大震災（2015 年）」などのテーマが扱われていること
がわかる。[4]

　さらに，表 1-1 からは，福祉社会学の各種テーマの中でも，「社会福祉政策
や福祉国家，福祉レジーム」に関する研究会が多く開催されてきたことがわか
る（なお，「福祉レジーム」については 6 節で言及するが，ごく簡単に述べると各国
における「福祉の体制」のことである）。そして，これらの研究はしばしば国際
比較研究としても取り組まれてきた（2004 年，2005 年，2006 年，2008 年，2012
年，2016 年）。詳しくは 4 節において述べるが，福祉社会学のこれまでの研究
をふりかえると，マクロな議論として社会福祉政策や福祉国家に関して多くの
研究が重ねられてきた。そのため，研究会においてもこうしたテーマは頻繁に
取り上げられ，入門テキストにおいても，社会福祉政策や福祉国家論を扱った
ものが多くみられる（福武監修，三浦編　1974；袖井ほか編　1997a；直井・平岡
編　2010；武川　2011；埋橋編　2020 など）。

　他方で，表 1-1 からは，社会福祉政策や福祉国家論だけでなく，福祉社会学
が多様なテーマを扱ってきたことも垣間みえる。そこで，「はじめに」でも述
べたように，本書ではマクロな議論としての社会福祉政策や福祉国家論という

表1-1　福祉社会学会の過去の研究会

開催年	研究会テーマ
2004年	ジェンダーと社会福祉政策の編成：日本と韓国の比較を通じて 東アジア社会福祉レジーム論の再検討 第三の道と家族政策：イギリスのひとり親家庭政策の展開
2005年	介護保険見直しをめぐるいくつかの論点 社会的ケアの領域における福祉ミックス：国際比較の視点から 「女性就労・少子化・社会政策」をめぐって 中国の福祉レジーム
2006年	過疎高齢社会の地域生活構造変動と持続可能性 日本型社会福祉システムの確立・変容過程の実証的研究：国際比較の視点から 質的研究の課題と可能性：修正版グラウンデッド・セオリー・アプローチを例に 若者と社会的排除：雇用をめぐる状況を中心に 地域レベルのガバナンス：札幌市における街づくりの実践から 福祉社会学における計量的方法（その2） 共生社会の理念と実際：社会政策との関連で
2007年	福祉社会学会に期待するもの：社会福祉の分野から ホームレス研究と福祉社会学の課題 NPO in China
2008年	障害児の後期中等教育を考える リスク社会と連帯 グローバル化と「いのちと暮らし」の再生産保障のゆくえ：国家・家族・個人をめぐる新たなフレームを読み解く 対人社会サービス供給におけるサードセクター，市民参加，コ・プロダクション：スウェーデンと日本，新しいパラダイムを求めて
2009年	北海道における過疎地域の生活と福祉 少子高齢化社会における包括の理論を目指して 欧亜の家族・人口・社会モデル
2011年	ポスト福祉国家について考える 資格と専門性を問いなおす：医療・福祉の再編に向けて
2012年	韓国の福祉レジームと女性の社会権 International Workshop on Frontiers of Social Policy ラディカルな社会福祉研究への希望：Fiona Williams さんをお招きして
2014年	日本における少子化対策の再検討
2015年	福祉サービス・政策評価研究の社会的・学問的意義 日本における現代的貧困／民主主義／シティズンシップ 東日本大震災後の生活状況・生活再建に関する研究：継続的な調査から 「NPM」で介護保険制度を読み解く
2016年	トランスナショナルな福祉社会は可能か？：シティズンシップとその外部
2017年	シティズンシップと福祉：EU と日本から考える
2019年	社会学領域の組織論・福祉社会学研究への適用可能性

注）ただし表1-1からは一部の研究会情報を削除した。福祉社会学会では論文の書き方に関する研究会も複数回開催されてきた（2009年の「学会誌に掲載される論文の書き方」など）。しかし，表1-1を作成したのは福祉社会学のテーマの多様性を示すためであるので，論文の書き方に関する研究会情報は掲載しなかった。また，研究会のテーマが掲載されていないこともあった（研究報告タイトルのみ掲載）。こうした場合は表1-1に含めていない。こうしたテーマも含めた開催一覧は学会ホームページを確認してほしい。

出典）福祉社会学会（2022a）より作成（一部変更）

よりも，あえて現代社会における人びとの生活とそこでの福祉に関わるテーマ
を中心に扱っていきたい。本章では 1 章として社会福祉政策や福祉国家論につ
いても除外することなく言及しつつ，これまでの福祉社会学の研究を紹介して
いくが，2 章以降では，たとえば高齢者がどのような生活をしているのか，女
性が結婚や就労をする中でどのように暮らしているのか，そうした生活という
観点からみた福祉的なテーマを扱っていきたい。

　なお，「福祉社会学」は，英語では "welfare sociology" あるいは
"sociology of welfare" となるが，補足的に述べるならば，実は海外ではあま
りこのような表現はなされない（武川　2013：2）。しかしながら，海外でも日
本における福祉社会学が扱う研究テーマと同様の研究は多数みられる。たとえ
ば社会学の国際的な学会として，「国際社会学会（ISA：International
Sociological Association）」がある。国際社会学会では，その中に研究部会 01
（RC01）～研究部会 57（RC57）という，57 の研究部会（RC：Research Committees）
がある。57 の研究部会の内，「RC11　高齢化の社会学（Sociology of Aging）」
「RC15　健康の社会学（Sociology of Health）」「RC19　貧困，社会福祉，社会政
策（Poverty, Social Welfare and Social Policy）」「RC32　女性，ジェンダーと社
会（Women, Gender, and Society）」などの部会がある（International Sociological
Association 2022）。高齢化，健康，貧困，社会福祉，社会政策，女性，ジェン
ダーなどが扱われていることがわかる。しかし，これらの研究が日本のように
「福祉社会学」（"welfare sociology"）という名称でよばれることはあまりない。
福祉社会学は「日本に固有の名称」（武川　2013：2）とされていることもおさ
えておきたい。

Practice Problems　練習問題 ▶ 1

　福祉社会学会の学会誌『福祉社会学研究』に掲載されている特集論文や自由投稿
論文を調べてみよう。過去の掲載論文のタイトル一覧は学会のホームページに掲載
されている（福祉社会学会　2022b）。

４ 新しい領域としての福祉社会学

　福祉社会学は領域別の社会学のひとつであることを述べ，さまざまな研究に取り組まれてきたことを確認してきた。現在では多数の福祉社会学の研究がみられるものの，福祉社会学は領域別の社会学の中でも，**新しい領域としての社会学**である。袖井孝子ら（1997b）は福祉と医療に関する社会学的研究の動向を整理しつつ，「（福祉と医療は）おそらく社会学の研究領域において，もっとも遅れて登場した分野といってよいだろう」（袖井ほか　1997b：3）と述べている。実際，福祉社会学に関する学会である**「福祉社会学会」の第１回学会大会開催は2003年６月**であり，学会設立時期は社会学の各種領域の中でも遅い。

　日本における福祉社会学の研究は，どのように始められてきたのだろうか。福祉社会学の研究の展開について，いくつかのレビュー論文を参考に確認する（渡辺　1978；渡辺・茂木　1986；袖井ほか　1997b；平岡　2004, 2010）。先に述べたように，福祉社会学会の第１回大会開催は2003年６月であるものの，それ以前から福祉に関する社会学的研究は存在していた。先駆的な業績は1940年代後半から1950年代にかけてみられる（渡辺　1978：29-30；渡辺・茂木　1986：64-65；平岡　2004：38-39, 2010：204-205）。1948年に福武直による「社会学と社会政策」という論文が提出され（福武　1948），1950年代には雀部猛利「福祉社会学の構想」（雀部　1953, 1954）や，横山定雄「福祉社会学の課題」（横山　1956）などの研究業績が公表されている。この時期，社会政策に関する研究に取り組まれていたほか，社会学の観点から福祉的事象を扱うことを志向する「福祉社会学の構想」が進められていた。

　1960年代半ば頃からは，社会開発論に関する研究が見受けられるようになった（平岡　2004：39-41, 2010：205）。1970年代に刊行された社会学テキスト『社会学講座』全18巻（東京大学出版会）では，第14巻として『社会開発論』が取り上げられている（松原編　1973）。また，この時期，「福祉社会学の理論枠組みを整備し，社会福祉の社会学的研究を社会学の１つの研究領域として確立することを目指す動き」（平岡　2010：213）が起こり，松原治郎・副田義也

編『福祉社会学』（松原・副田編　1966）が刊行された。さらに、「社会事業を
理論的にも実践的にも社会学的なものとして体系づける」（渡辺・茂木　1986：
66）ことを目指す、竹内愛二『実践福祉社会学』（竹内　1966）も刊行された
（渡辺　1978：31-33；渡辺・茂木　1986：66-67）。

　こうした時期を経て、福祉に関する社会学的研究が急速に増加したのは
1970 年代である。副田義也（1984：273）は、日本社会学会の学会誌『社会学
評論』に掲載されている研究論文の内、社会福祉・医療分野の論文の占める割
合の推移を確認している（表 1-2）。1960 年代前半には 4.2％であった社会福
祉・医療分野の論文が、1970 年代後半には 7.6％になり、急速に拡大してい
る。1970 年代の動向としては、社会計画・社会指標に関して多くの研究が公
表されるようになった（平岡　2004：40-41, 2010：206-207）。富永健一による
社会計画論・社会指標論に関する理論的検討（富永　1973, 1986）や、三重野
卓による社会指標の検討（三重野　1977, 1978）などがある（袖井ほか　1997b：
5-6）。

　1980 年代に入ると、福祉国家論、比較社会政策に関する研究が増加した
（平岡　2004：41-42, 2010：208-209）。きっかけのひとつとなったのは、**H. ウィ
レンスキー**『福祉国家と平等』（Wilensky　1975＝1984）の翻訳刊行である。こ
の分野では富永健一らの研究チームによる福祉国家の計量分析も行われた（富
永　1987 など）。また、この時期には、三浦文夫（1980, 1985）が欧米の社会福
祉政策に着目しつつ、政策科学的観点からの研究書を刊行した（袖井ほか
1997b：6-7；平岡　2010：214）。なお、ここまで 1980 年代の研究動向を提示し
てきたが、**福祉社会学の展開に関するこの時期の重要な動向としては副田義也によ**

表1-2　社会福祉・医療に関する『社会学評論』掲載論文数の推移

	1960-64年	1965-69年	1970-74年	1975-79年
社会福祉・医療論文数＝A	97	71	179	370
『社会学評論』掲載論文総数＝B	2,311	2,307	3,459	4,868
A÷B×100	4.2％	3.1％	5.2％	7.6％

出典）副田（1984：273）より一部修正

る研究業績がある（平岡　2004：43-44，2010：213-214）。副田による研究については次節であらためて論じることとしたい。

　1990年代には福祉レジームに関するG. エスピン・アンデルセンの研究が公開され（Esping-Andersen　1990＝2001），福祉国家論，比較社会政策研究への関心がより一層高まっていく（平岡　2004：42，2010：209）。この分野に関しては現在に至るまで多くの研究が積み重ねられ，主要な研究としては武川正吾（1999）や下平好博（1994）による研究などがある。

　他方で，1990年代以降は，「研究テーマの広がりやアプローチの多様性という点からみても，研究業績の量という点からみても……福祉に関する社会学的研究は大きく発展を遂げた」（平岡　2010：223）とされる。社会政策の政策過程の研究，福祉意識，ボランティア活動参加，福祉サービス利用，住民参加型在宅福祉サービスと有償ボランティア，NPO，社会福祉運動，地域福祉，家族福祉など，多様な研究に取り組まれるようになったことが指摘されている（平岡　2010：215-223）。現在，福祉社会学的研究で扱われているような多様なテーマがこの頃には登場してきたことがうかがえる。

　2000年代に入ってからも，福祉社会学の研究業績は量的にも，テーマの広がりとしても，発展を続けている。2000年代以降の福祉社会学の研究テーマの広がりについては，すでに3節でも表1-1として福祉社会学会の過去の研究会テーマを例示しつつ言及した通りである。ほかにも，2000年代以降の福祉社会学の研究を確認するには，本章末尾の「自習のための文献案内」でも紹介している「シリーズ福祉社会学」全4巻（『公共性の福祉社会学』『闘争性の福祉社会学』『協働性の福祉社会学』『親密性の福祉社会学』）なども参照してほしい。

⑤ 福祉社会学の課題と方法をめぐって ：副田義也による研究

　前節では福祉社会学の研究の展開について述べてきたが，福祉社会学における重要な研究としては**副田義也による研究業績**がある（平岡　2004：43-44，

2010：213-214)。本節ではあらためて副田による研究業績に言及したい。副田
による研究業績の内まず取り上げたいのが，**福祉社会学の理論枠組みの構築**に関
する研究である（副田　1976, 1984 など）。副田（1984：277）は「福祉社会学の
対象」と題する図を公表し，福祉社会学の対象の全体像を提示することを試み
た（図 1-1）。図 1-1 は，「社会学の基礎理論との関わりを重視し，国家論と生
活構造論に加えて，行為，相互作用，集団・組織，パーソナリティ，文化など
に関わる社会学の基礎概念を組み込み，包括的な福祉社会学の分析図式を設定
している点が特徴」（平岡　2004：43）と指摘されている。福祉社会学の理論枠
組みの構築を進めることで，福祉に関する社会学的研究を「福祉社会学」とし
て確立していくことが目指されていた。

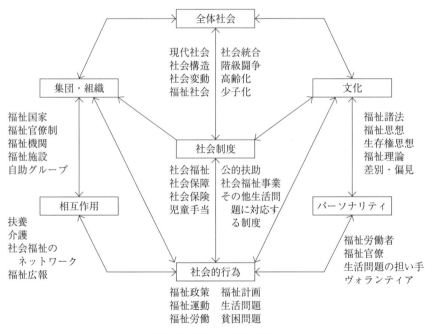

図1-1　福祉社会学の対象

注1）ボックス内の概念＝社会学の主要な対象。
　2）ボックス下の概念＝福祉社会学のより具体的な対象。
　3）←→＝全体と部分の関係，相互規定の関係，同一事象の異なるアスペクトを表現する関係など。
出典）副田（2004：19）より

　副田は上記の理論的枠組みに関する研究だけでなく，数々の福祉の個別テーマに関する実証研究も行ってきた。その一部を紹介するだけでも，生活保護の業務を担当するケースワーカー（相談や援助業務を担当する職業のこと[6]），老人ホームと福祉サービス，社会福祉施設の建設反対運動（副田　2008），介護労働，障害者団体とケア思想，自死遺児，災害による家族との死別体験（副田 2012）など，さまざまなものがある。これらの実証研究は，副田自身が提示した福祉社会学の理論枠組みや社会学の理論に依拠しつつ取り組まれてきた（平岡　2010：213）。**福祉社会学に関する理論と実証の双方に取り組んできた点が，副田による一連の研究の特徴である。**副田は後に2003年に第1回大会が開催される福祉社会学会の初代会長に就任している。「副田の一連の研究によって，研究領域としての福祉社会学が確立したといってよい」（平岡　2010：213）とも評されている。

　最後に，副田による個別の福祉テーマに関する実証研究の事例をひとつ紹介しておきたい。資料1-1は社会福祉施設（老人ホーム）の建設に反対する住民運動の事例である（副田　2008：197-234)。この事例では，施設の建設を希望する側と反対する側それぞれの行動とその論理について考察される。副田は

資料1-1　社会福祉施設の建設に反対する住民運動の事例

　1975年春，世田谷に住む医師は東京都八王子市山田町の土地を無償提供され，そこに老人ホームを建設しようと思い立った。医師は社会福祉法人を組織し，自らがその代表者となり，老人ホームの建設準備に入った。

　しかし，1977年に入って建設予定地域の住民に対する説明会を行ったところ，住民側から反対意見が出された。老人ホームを建設することは，「住宅環境の破壊だ」という反対意見であった。ほかにも，老人ホームができて多数の老人が往来すれば交通事故が多発するのではないかという意見も出された。説明会終了後，地域住民は「老人ホーム建設反対対策委員会」を組織し，「老人ホーム建設に対する反対意見書」を都知事に提出した。

　最終的に，老人ホーム建設は断念された。建設を思い立った医師は「周囲の人たちが，何が何でも絶対反対といっている現在，法律的に違反しないからといって建物をつくってみても，今後中に入られるお年寄りの方々に気まずい思いをさせるような結果になってしまうと思います」と話した。

出典）副田（2008：197-234）より要約

「福祉社会学」の確立を目指し，著書『福祉社会学宣言』において，以下のように述べている。「私は，読者に，福祉社会学という学問分野の面白さを伝えようと努力した。それは，社会福祉を構成する人びとと社会の大小無数のドラマの面白さである。このドラマの本質は葛藤である」（副田　2008：v）。資料1-1 の事例では，施設建設を希望する側と反対する側の葛藤が描かれる。ここに福祉社会学の面白さがあると副田は考えていたのである。

　通常「福祉」は望ましいものとしてイメージされることが多い。とりわけ一般論として考えた時には，福祉の充実は望ましいものだと思われることが多いだろう。他方で，個別の事例として，たとえば資料 1-1 の社会福祉施設の建設の事例などをみていくと，実際に「福祉」を実現しようとした時には，建設反対といったコンフリクトや葛藤がでてくることがわかる。建設反対の動きは，上記の老人ホームの例に限らず，障害者や子ども関連の施設，生活困窮者支援の施設などでも起こる場合があるだろう[7]。そうした葛藤を含めて，なぜそのようなことが起こるのかを考えていくことに福祉社会学の関心がある。

6 福祉をめぐる歴史：福祉国家の誕生と危機

　ここまで福祉社会学の研究の展開についてみてきた。1 章を終えるにあたり，最後に本節において，福祉をめぐる歴史について確認しておきたい。現在の私たちの生活をふりかえってみると，周囲の人びとと助け合い，国による制度に支えられ，福祉サービスを市場で購入しつつ支えられているが，それは歴史的にはどのように変化してきたのだろうか。

　産業化以前の農業社会においては，人びとの生活は親族共同体と地域共同体によって支えられてきた。農作業を行うにあたっては労働力の確保が必要であり，人びとは家族や親族で助け合うとともに，地域社会の中で相互に労力や物資を提供し合い，共同して作業を行うという相互扶助によって生活を支えてきた。他方で，都市部においては貧困も問題になり，宗教家による慈善事業によっても人びとの生活は支えられていた（西浦　2014：180）。しかし，こうした

支え合いの仕組みだけでは十分ではなく，大きな災害が起こると，多くの人び
とが厳しい状況におかれることもあったという。

19世紀には国家が国民の生活を保障するという考え方は希薄で，国家は国
内の治安維持と安全保障という最小限の機能を担うという状況にあり，こうし
た国家のあり方は「**夜警国家**」とよばれた。他方で，市場に委ねるだけではう
まくいかず，人びとの生活上のリスクに十分に対応していくためには，国家の
役割を拡大していくことも期待された。20世紀に入ると，国家による公共政
策は，国内の治安維持と安全保障だけでなく，経済活動や国民生活の安定を目
的とするようになってきた。国民の生活安定のために公共政策への支出を増大
させ，社会保障制度によって国民の生活を支えていく「**福祉国家**」が誕生し
た。福祉国家においては，国民の生活を安定させる責任が国家にあるという考
え方に立ち，年金や医療保険などの社会保険，保健医療や福祉サービス，教育
や住宅をめぐる社会政策などが進められてきた。

福祉国家の誕生の背景には，これまで人びとの生活を支えてきた親族や地域
関係の弱まりもあった（西浦　2014：181）。産業化の進展により，人びとは都
市に移動して労働者になり，これまでの親族関係や地域関係から切り離されて
いった。個人の生活を自助努力や家族の中だけで支えていくことが難しくな
り，国家が人びとの生活を支えていく福祉国家が望まれた。

3節で述べたように，福祉社会学ではこれまで社会福祉政策や福祉国家に関
する研究が多くなされてきたが，その背景には20世紀以降に福祉国家が誕生
し大きな関心を寄せられたことがあげられる。**ウィレンスキー**は『福祉国家と
平等』において，社会保障支出の規模が何によって規定されるのか，60カ国
のマクロデータから分析し，経済水準（1人当たりGNP），高齢化率，社会保障
制度経過年数の影響を指摘した（Wilensky　1975＝1984：66）。この研究は，各
国の政治体制というよりも，産業化が進展し経済成長や高齢化の進展が起こる
ことなどによって，福祉国家が発展していくことを示したものであった（福祉
国家の収斂理論）。

福祉国家は経済の高成長によって国家予算にゆとりがうまれ，公共政策の財

源を確保することで進められ，1970年代頃までは理想的な社会モデルとみなされていた。しかし，1973年のオイル・ショックにより，第二次世界大戦後の経済の高成長期は終わりを迎える。先進諸国が経済低成長期に入ると，多額の予算を福祉関係にあてる福祉国家は批判にさらされるようになった（「**福祉国家の危機**」）。福祉国家は財政危機につながるとみなされ，1970年代半ば以降には，先進諸国において政府の役割を縮小していくという**新自由主義（ネオリベラリズム）**[8]の思想が登場した。支出削減のために，給付の引き下げや，これまで政府が担っていた事業を民営化するなどの方策が取られた。

　各国は福祉国家のあり方を再検討する必要性に迫られたが，この時期には，福祉国家といってもそれを一括りにとらえるのではなく，複数の類型があることを示す研究が出てきた。**エスピン・アンデルセン**は各国が採用する福祉の体制（レジーム）が異なることを明らかにし，3つの「**福祉レジーム**」を提示した（Esping-Andersen 1990 = 2001：28-31）。① 国家は最低限の社会保障制度のみを整え（低福祉），市場の役割が重視される「自由主義レジーム」（アメリカやカナダ），② 家族が福祉を提供できない場合に国家が介入するという「補完性」の原理が存在する「保守主義レジーム」（ドイツやイタリア），③ すべての階層が普遍的な保険制度に含まれ，高い水準の福祉サービスが提供される「社会民主主義レジーム」（スウェーデンやデンマーク）の3類型が提示された。各国は自国の特徴に応じた適切な福祉の体制とは何かを模索していくようになった。

　また，この時期，福祉国家のあり方をめぐっては，上記で言及した財政的な問題だけでなく，そのほかの側面からの批判も寄せられるようになった。フェミニズムやジェンダー研究からも，**男性稼ぎ主モデル**を念頭においていることなどへの批判がなされた（藤村 2007：289）。福祉国家の諸政策においては男性がフルタイムの賃金労働者として働き，女性は家庭内で家事や育児を担う存在であるとみなされていること，こうした福祉国家が念頭におく標準的な家族像にあてはまらない個人は十分な生活保障を得られないことも指摘されてきた。

　上記のように，1970年代半ば以降は，福祉国家の限界や福祉を政府のみが

担うことの限界が認識されるようになり，福祉の提供をどのように担っていくのかという問題が提起されるようになった。そうした中で，今日では，福祉の提供を国家だけでなくさまざまな主体が担う「**福祉社会**」が目指されるようになってきた。福祉社会では，政府は福祉の提供を担う主体のひとつとなり，政府，家族，ボランティア・NPO・地域社会，市場などの複数の主体が福祉を提供していくという考え方にたっている。

　福祉社会においても，国家の役割がなくなったわけではない。私たちの生活は依然として国による社会保障制度に支えられている。他方で，詳しくは10章において述べるが，現代社会においては福祉社会の形成が目指され，とりわけボランティア活動などの非営利部門へ大きな期待が寄せられている。ボランティア活動やNPO活動といった自発的な活動とともに，地域社会において住民同士が互いに支え合っていく地域共生社会にも期待が寄せられている。3節でも述べたように，福祉社会学ではボランティア活動やNPO活動に関する研究も多数行われ，主要な研究テーマのひとつとなっているが，その背景には，今日，福祉社会が目指されるようになったことも関わっている。

Practice Problems 練習問題 ▶ 2

　現代社会において私たちは周囲の人びとに支えられながら生きている。具体的には誰にどのように支えられているだろうか。考えてみよう。

7 福祉社会学を学ぶ

　本章では「福祉」や「社会学」などの基礎的用語をおさえつつ，福祉社会学の研究テーマの多様性やこれまでの研究展開，福祉をめぐる歴史について確認してきた。本章は1章としてこうした基礎的事項を確認してきたが，2章以降では，生活という観点から福祉社会学における具体的な事例を扱っていく。

　本章3節でみてきたように，現在では福祉社会学の研究は非常に多く取り組まれており，そのテーマも多岐にわたっている。そのため，本書においてそれ

らのテーマすべてに言及することは到底できないが，本書でも各章においてそれぞれ異なるテーマを扱うことによって，福祉社会学のさまざまな入り口を提示することを試みている。2，3章では高齢者の生活や介護，4章では女性と結婚・就労，5，6章では子育てや子どもの貧困，7章では若者の困難，8章では性的マイノリティ，9章では病いと障害，10章ではボランティア活動というテーマを扱っている。各章を通して，福祉社会学のさまざまな入り口を学んでほしい。

注

1）「福祉社会学」と聞いた時に，「社会福祉学」のことを思い浮かべる人もいるかもしれない。「福祉社会学」と「社会福祉学」は，共通点もあれば，相違点もある。「福祉社会学」は本文中でも確認してきたように，社会学の一領域である。そのため，社会学の理論や方法を用いつつ福祉を対象とした研究に取り組んでいる。他方で，「社会福祉学」は以下のように定義される。「社会福祉学」は，社会福祉に関する制度・政策や援助実践を扱う学問である（杉野　2011：2-3）。その主な特徴は，①「現実的実践課題に応えることを主眼とする『実践の学』」（杉野2011：2）であること，②社会科学や人文科学などのさまざまな学問領域の理論や方法を用いる「学際的研究」であることの2点とされる。そのため，「社会福祉学」の研究には，社会学の理論や方法を用いて社会福祉に関する研究に取り組むものも含まれるが，それ以外の学問領域の理論や方法も用いられる。

2）武川は，「社会学者以外の人間に対して『社会学とは何か』を説明するさいに不可欠なことは，社会学的想像力と社会調査ではないかというのが，私の暫定的な結論である」（武川　2012：32）と述べている。

3）研究会は毎年の開催回数が決まっているわけではない。そのため，開催回数が多い年もあれば，少ない年もある。

4）分類にあたっては，表1-1の研究会タイトルだけでなく，各研究会においてどのような研究報告がなされたのか，研究報告のタイトルも確認した（福祉社会学会　2022a）。各研究会ではそれぞれ3件前後の研究報告が行われていた。

5）副田（1984：277）の「福祉社会学の対象」の図は，加筆修正され副田（2004：19）として再掲載されている。本章では副田（2004：19）より引用した。

6）ケースワーカーとは，身体的，精神的，社会的な理由により困難を抱えている人びとに対して相談や援助を行う職業のことである。福祉事務所，児童相談所，病院，福祉施設などで業務にあたっている。この中でも生活保護業務を担当するケースワーカーは，生活保護受給者の相談や援助業務を担当している。

7）稲月正（2022）では，生活困窮者支援施設の建設反対運動の事例分析がなされている。NPO法人が施設を建設しようとしたところ，「ホームレスは危険」とい

う理由で住民の反対運動が起こったという。地域ではさまざまな人びとが生活している。地域関係は「われわれ」意識に基づく互酬的な協働関係になることもあれば，「われわれ」以外の人びとを排除することにつながる場合もあると考察される（稲月　2022：246-247）。

8）新自由主義（ネオリベラリズム）とは，政府による経済や社会保障への介入を縮小し，市場原理を再評価していこうとする政治的立場のことである。

📖 参考文献

Esping-Andersen, G., 1990, *The Three Worlds of Welfare Capitalism*, Oxford: Basil Blackwell. (＝2001, 岡沢憲芙・宮本太郎監訳『福祉資本主義の三つの世界』ミネルヴァ書房)

藤村正之，2007，「医療・福祉と自己決定」長谷川公一・浜日出夫・藤村正之・町村敬志『社会学』有斐閣：277-312

福祉社会学会，2022a，「研究会関連情報」（2022年9月2日取得，http://www.jws-assoc.jp/kenkyukai.html）

――，2022b，「学会誌『福祉社会学研究』」（2022年10月12日取得，http://www.jws-assoc.jp/jws.html）

福武直，1948，「社会学と社会政策―社会学における政策的理論の問題―」『思想』288：43-63（再録：1948，『社会学の現代的課題』日本評論社：51-95）

福武直監修，三浦文夫編，1974，『社会学講座第15巻　社会福祉論』東京大学出版会

平岡公一，2004，「福祉社会学の理論的展開―社会政策論・社会計画論・福祉国家論とのかかわりで―」『福祉社会学研究』1：37-49

――，2010，「研究の動向と展望」直井道子・平岡公一編『講座社会学11　福祉』東京大学出版会，203-235

稲月正，2022，『伴走支援システム―生活困窮者の自立と参加包摂型の地域づくりに向けて―』明石書店

International Sociological Association, 2022, "Research Committees," (Retrieved April 13, 2022, https://www.isa-sociology.org/en/research-networks/research-committees)

松原治郎・副田義也編，1966，『福祉社会学』川島書店

松原治郎編，1973，『社会学講座第14巻　社会開発論』東京大学出版会

三重野卓，1977，「社会指標研究における一視点(1)―保健医療指標を事例として―」『季刊社会保障研究』13(2)：73-90

――，1978，「社会指標構築の現状と課題」『現代社会学』10：3-33

Mills, C. W., 1959, *The Sociological Imagination*, Oxford University Press. (＝2005, 鈴木広訳『社会学的想像力』紀伊國屋書店)

三浦文夫，1980，『社会福祉経営論序説―政策の形成と運営―』碩文社

――，1985，『社会福祉政策研究―社会福祉経営論ノート―』全国社会福祉協議会

直井道子・平岡公一編，2010，『講座社会学11　福祉』東京大学出版会

西浦功，2014，「福祉と社会保障―支え合う社会をどのように実現するか？―」櫻井義秀・飯田俊郎・西浦功編『アンビシャス社会学』北海道大学出版会：177-198

雀部猛利，1953，「福祉社會學の構想（上）―その方法論を中心として―」『社会学評論』3(2)：37-49

――，1954，「福祉社会学の構想（中）」『社会学評論』5(1)：12-22

下平好博，1994，「マーストリヒト条約後のEC社会政策」『季刊社会保障研究』30(2)：138-151

袖井孝子・高橋紘士・平岡公一編，1997a，『リーディングス日本の社会学15　福祉と医療』東京大学出版会

袖井孝子・平岡公一・高橋紘士，1997b，「概説　日本の社会学　福祉と医療」袖井孝子・高橋紘士・平岡公一編『リーディングス　日本の社会学15　福祉と医療』東京大学出版会：3-16

副田義也，1976，「社会福祉論の基本的枠組」副田義也編『社会福祉と諸科学3　社会福祉の社会学』一粒社：3-57

――，1984，「福祉社会学の課題と方法」『季刊社会保障研究』20(3)：271-284

――，2004，「福祉社会学の課題と方法」『福祉社会学研究』1：5-29

――，2008，『福祉社会学宣言』岩波書店

――，2012，『福祉社会学の挑戦―貧困・介護・癒しから考える―』岩波書店

杉野昭博，2011，「社会福祉学とは何か」平岡公一・杉野昭博・所道彦・鎮目真人『社会福祉学』有斐閣：1-18

武川正吾，1999，『社会政策のなかの現代』東京大学出版会

――，2011，『新版　福祉社会―包摂の社会政策―』有斐閣

――，2012，『福祉社会学の想像力』弘文堂

――，2013，「福祉社会学の現状と構図」福祉社会学会編『福祉社会学ハンドブック―現代を読み解く98の論点―』中央法規出版：2-5

――，2020，「福祉とはなにか―福祉は困っている人のためにあるのか？―」武川正吾・森川美絵・井口高志・菊地英明編『よくわかる福祉社会学』ミネルヴァ書房：2-3

竹内愛二，1966，『実践福祉社会学』弘文堂

富永健一，1973，「社会体系分析と社会計画論」『思想』587：51-66

――，1986，『社会学原理』岩波書店

――，1987，「社会保障の決定要因―福祉国家形成の普遍主義的解釈―」『季刊社会保障研究』23(1)：108-121

埋橋孝文編，2020，『いま社会政策に何ができるか①　どうする日本の福祉政策』ミネルヴァ書房

渡辺武男，1978，「わが国における福祉社会学の系譜と課題—社会学の社会福祉研究への貢献（試論）—」『評論・社会科学』14：25-52

渡辺武男・茂木豊，1986，「福祉社会学の系譜」星野貞一郎・渡辺武男編『福祉社会学』ミネルヴァ書房：62-81

Wilensky, H., 1975, *The Welfare State and Equality*, Berkeley: University of California Press.（＝1984，下平好博訳『福祉国家と平等』木鐸社）

横山定雄，1956，「福祉社会学への課題—福祉問題に対する社会学的接近—」福武直編『日本社会学の課題—林恵海教授還暦記念論文集—』有斐閣：431-446

自習のための文献案内

① 直井道子・平岡公一編，2010，『講座社会学 11　福祉』東京大学出版会

② 福祉社会学会編，2013，『福祉社会学ハンドブック—現代を読み解く 98 の論点—』中央法規出版

③ 武川正吾編，2013，『公共性の福祉社会学—公正な社会とは—』東京大学出版会

④ 副田義也編，2013，『闘争性の福祉社会学—ドラマトゥルギーとして—』東京大学出版会

⑤ 藤村正之編，2013，『協働性の福祉社会学—個人化社会の連帯—』東京大学出版会

⑥ 庄司洋子編，2013，『親密性の福祉社会学—ケアが織りなす関係—』東京大学出版会

⑦ 副田義也，2008，『福祉社会学宣言』岩波書店

　①〜②は福祉社会学の入門書。①では社会福祉政策や福祉国家論を中心にまとめられている。②では，福祉社会学の各トピックについて，それぞれ2〜4ページ程度で簡潔にまとめられている。①〜②で基礎的事項を確認した上で，各テーマについてより深く学びたい場合には，③〜⑥がある。③〜⑥は福祉社会学に関わる研究者たちによる研究論文が収録された「シリーズ福祉社会学」の4冊である。③では福祉国家や社会政策に関する論考が，④では格差や貧困，障害に関する論考が，⑤では共生や連帯をめぐる論考が，⑥では子育てや高齢者介護などケアをめぐる論考が収録されている。⑦は福祉社会学の設立に大きく貢献した副田義也による著作。「福祉社会学」という領域が発達途中の領域である中，貧困，高齢者，障害者という福祉領域の分野を取り上げ研究をすすめることによって，「福祉社会学」分野の研究の確立を図った著作である。

第2章

高齢社会と高齢者の生活

福本　純子・吉武　由彩

1　高齢化の推移

　日本の総人口は 2021 年には 1 億 2,550 万人になり，この内 65 歳以上の人び
とは 3,621 万人である（内閣府　2022a：2-6）。65 歳以上の人口が総人口に占め
る割合のことを「高齢化率」とよぶが，日本における高齢化率は急速に高まっ
てきた。高齢化率は 1950 年には 4.9％であったが，1980 年には 9.1％，2010
年には 23.0％となり，2021 年には 28.9％となっている（図 2-1）（内閣府　2022a：
4）。現在では 4 人に 1 人以上が高齢者であり，人口の多くを占めることがわか
る。

　さらに，図 2-1 からは，高齢者の中でも，75 歳以上の人口が年々増加して
いることがわかる。高齢者をめぐっては，65 〜 74 歳までを「前期高齢者」，
75 歳以上を「後期高齢者」とよぶことがあり，国や地方自治体が作成する統
計では「65 〜 74 歳」「75 歳以上」と分けて表記される場合も多い。2021 年に
は 65 〜 74 歳人口は 1,754 万人，75 歳以上人口は 1,867 万人となり，75 歳以
上人口の方が多くなっている。高齢者の**平均寿命**も延びている。2020 年には男
性 81.56 歳，女性 87.71 歳になり，人びとは長い高齢期を生きるようになっ
た。今日では「人生 100 年時代」という言い方がなされることもある（厚生労
働省　2023）。

　高齢化が進み，平均寿命も延伸する中，人口の大部分を占める高齢者はどの
ような生活を送っているのだろうか。本章では，高齢者の生活についてみてい
く。本章において高齢者に着目するにあたり，まずは「高齢者」の定義を確認

32

したい。前述の「高齢化率」が65歳以上の人口割合を指すことからもわかるように，日本社会では一般的に65歳以上の人びとが「高齢者」と定義されている。本章でも一般的な用語法にならい，65歳以上の人びとを「高齢者」ととらえている。こうした定義はごく当たり前のものと思われるかもしれない。他方で，65歳以上をひとまとめに「高齢者」として論ずることには疑問も呈されている。

　たとえば，日本老年学会・日本老年医学会では，近年の平均寿命の延長を背景に「高齢者に関する定義検討ワーキンググループ」を設置し，高齢者の定義を75歳以上に見直すように求める提言を出している（日本老年学会・日本老年医学会　2017：8）。現在の高齢者は身体的・心理的機能が10〜20年前と比較して，5〜10歳若返っているという。高齢社会対策大綱でも，「65歳以上を一律に『高齢者』と見る一般的な傾向は，現状に照らせばもはや，現実的なものではなくなりつつある」（内閣府　2022a：66）と指摘されている。確かに，65歳になると急激に老化が進むというわけではないし，65歳を超えても仕事を続けたり，地域活動に取り組んだりと，活動的な生活をしている高齢者も多い

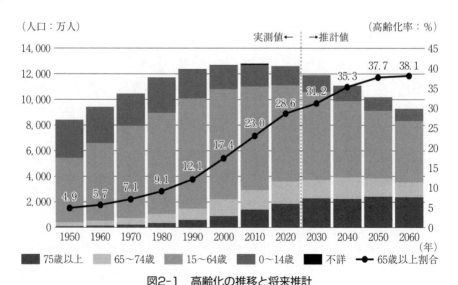

図2-1　高齢化の推移と将来推計

出典）内閣府『令和4年版　高齢社会白書』より作成

だろう。

　また，「高齢者」と定義される人びとでも，自身のことを「高齢者」とはとらえていない場合がある。全国調査「高齢者の日常生活に関する意識調査」において，65 歳以上の人びとに「あなたは，自分を高齢者だと感じていますか」と尋ねたところ，「はい」52.3%，「いいえ」41.8%であった（「無回答」5.8%）（内閣府　2015：157, 165）。さらに，「あなたは，一般的に何歳頃から『高齢者』だと思いますか」と尋ねたところ，「60 歳以上」0.5%，「65 歳以上」6.0%，「70 歳以上」26.0%，「75 歳以上」28.8%，「80 歳以上」20.6%，「85 歳以上」3.0%，「これ以外の年齢」0.3%，「年齢では判断できない」10.6%，「わからない」1.5%であった（「無回答」2.8%）。一般的には 65 歳以上が「高齢者」とされるものの，「高齢者」とは誰かという問題は，実際にはかなり複雑であることを心にとめておきたい。

2　高齢者と家族関係

　それでは，高齢者はどのような生活を送っているのだろうか。本節では高齢者の**家族関係**について確認してみよう。まず高齢者はどこで暮らしているのだろうか。高齢者の内，社会施設（老人ホームなど）に入所している人の割合は5.1%，病院・療養所の入院者の割合は 1.1%であり（総務省統計局　2021：41），それらを除いた多くの高齢者は**一般世帯**において暮らしている。図 2-2は一般世帯に暮らす高齢者について，誰と暮らしているのか，またそれがどのように変わってきたのかを示したものである（厚生労働省　2021：8）。ここからは，ひとり暮らしや夫婦のみで暮らす高齢者が年々増加傾向にあり，2019年には 6 割（60.0%）もの人びとが高齢者のみの小規模世帯で暮らしていることがわかる。加えて，「配偶者のいない子と同居」する高齢者も増加している。近年では **8050 問題**という表現がなされることがあるが，これは，高齢の親が中年の未婚の子の生活を支えている場合を指す。こうした家族の中には，子どもがひきこもりの状態にある場合や，障害を抱えている場合などもあり，これ

までの世帯の類型に収まらない不安定な世帯も増加傾向にある。

　他方で，1980年代には4割超を占めていた「子夫婦と同居」する高齢者は年々減少し，2019年には1割（10.0％）となっている。近年では高齢者を含む三世代世帯は珍しくなってきている。高齢者における子どもとの同居率が低下した背景には，第二次世界大戦後の産業構造の変化と都市部への労働力人口の移動，それによる親と子の居住の分離がある（松成　1991：95）。加えて，公的年金制度が整備され給付水準が引き上げられてきたことにより，高齢者の経済的保障が進み，老後に子どもと同居して経済的支援を受ける必要性は低下し，同居規範が弱まってきたとされている（吉武・楊　2023：111-112）[1]。

　しかし，高齢者と子どもの同居率が低下しても，実は子どもの半数程度は高齢の親の近くに住んでいることがわかっている。図2-3からは，高齢者と別居する子どもの5割超（51.2％）が同一市町村内やそれよりも近くに住んでいることが読み取れる（厚生労働省　2021：9）。さらに，図表は省略するが，別居の子どもがいる高齢者の内，子どもと会ったり電話で連絡をとる頻度は，「ほとんど毎日」2割（20.3％），「週に1回以上」3割（30.9％），「月に1〜2回」3割弱（26.8％）となっている（内閣府　2016：15）。多くの高齢者は，別居の子どもと頻繁に連絡を取っていることがわかる。

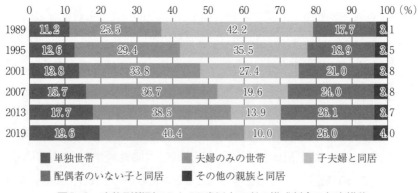

図2-2　家族形態別にみた65歳以上の者の構成割合の年次推移

注）ただし，四捨五入の関係で合計が100.0％にならない箇所がある。
出典）厚生労働省「令和元年　国民生活基礎調査」より作成

　そうした中，今日でも子どもは高齢の親の生活を支えている。先行研究で
も，家事や買い物の手伝い，病院の付き添いや看病，誕生日や敬老の日などの
プレゼントを子どもが高齢の親にしていることが報告されている（直井
2001：91）。子どもから高齢者に対して，さまざまなサポートがなされている
ことがうかがえるが，直井道子はこうしたサポートを，**手段的サポート（身体
的サポート，経済的サポート）と情緒的サポート**として分類している（直井
2001：20-21）。身体的サポートとは家事や介護などのサービス提供をさし，経
済的サポートとは生活費や大きな出費などのお金や物品を提供することをさ
す。さらに，そうした手段的なサポートだけでなく，相談にのったりして精神
的な支えになるような情緒的サポートも提供されているという。

　高齢者と子どもの関係を考えると，高齢者が支えられる側だというイメージ
が強いかもしれない。しかし，先に述べた8050問題でもみられるように，実
際には高齢者が子どもをサポートしているケースも多く，高齢者と子どもは相
互にサポートしあう関係であるといえる。先行研究でも，高齢者が子どもに経
済的援助をしたり，孫の世話をしたりしていることが指摘されている（直井
2001：91）。親から成人子への援助について分析した研究でも，成人子は親か
ら，小遣いや仕送りなどの経済的援助や，看病や家事手伝いなどの世話的援助
を受け取っていることが報告されている（大和　2017：145-149）[2]。

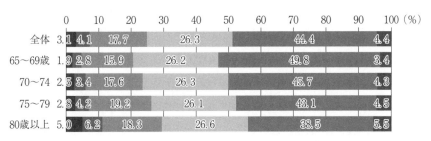

図2-3　別居の子のみの65歳以上の者の子の居住場所の構成割合

注）ただし，四捨五入の関係で合計が100.0％にならない箇所がある。
出典）厚生労働省「令和元年　国民生活基礎調査」より作成

③ 近隣関係と社会的孤立

　高齢者における子どもとの同居率が低下し，ひとり暮らし世帯や高齢の夫婦のみ世帯が増加する中，高齢者の生活を考える上では，近隣関係がより重要なものとなってきている。高齢者はどのような**近隣関係**を有しているのだろうか。高齢者の近隣関係について全国調査の結果を確認すると，「親しくつきあっている」30.0％，「あいさつ以外にも多少のつきあいがある（相手の名前や家族構成を知っていたり，物の貸し借りや趣味を共有しているなど）」29.1％であり，約6割の高齢者は近所の人びととあいさつ以上の関係性を有していることがわかる（図2-4）（内閣府　2019：14）。さらに，「あいさつをする程度」（35.3％）も含めると，全体の9割以上が何らかの近隣関係を有している。この点については，アメリカの研究者 E. B. パルモアも，「高齢者の大部分は社会的に孤立している」というイメージが流布しているものの，実際には大部分の高齢者は孤立していないことを指摘している（Palmore　1999＝2002：29）。

　他方で，図2-4からは，高齢者の中には近隣関係が希薄な人びとも，少数ながらいることがわかる。近所づきあいの程度について性別や世帯構造別にみると，女性はいずれの世帯構造でも「親しくつきあっている」割合が高いのに対し，男性では単身世帯の場合に「親しくつきあっている」割合が低く，「つきあいはほとんどない」という回答も1割を超えている（13.7％）。男性の近隣関係が希薄な理由については，男性の場合，60代で定年退職を迎えるまでは仕事中心の生活をおくっていたために，地域での人間関係をつくることができていない場合も多いと説明されている（大和　1996：353）。

　近年では**社会的孤立**も問題となっている。2021年2月には孤独・孤立対策担当大臣が指名され，内閣官房に孤独・孤立対策担当室が設置されるなど，孤独・孤立対策に力が入れられている。また，ひとり暮らし高齢者においては，**孤立死**（誰にも看取られることなく，亡くなったあとに発見される死）を身近な問題と感じる割合も高い。内閣府（2022a：40-41）によると，孤立死を身近な問題と感じる割合は60歳以上全体では34.1％であったが，ひとり暮らし高齢者

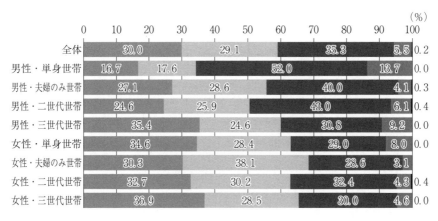

図2-4　近所の人とのつきあいの程度

凡例:
- ■ 親しくつきあっている
- ■ あいさつ以外にも多少のつきあいがある
- ■ あいさつをする程度
- ■ つきあいはほとんどない
- ■ わからない

注）ただし，四捨五入の関係で合計が100.0％にならない箇所もある。
出典）内閣府「平成30年度　高齢者の住宅と生活環境に関する調査」より作成

では50.8％であった。孤立死をめぐっては，全国的な件数はいまだ十分に明らかになっていないものの，2020年に東京23区内で孤立死と考えられる単身高齢者の死亡者数は4,238人だったとされる。2010年には2,913人であり，増加している[3]。

　それでは，ひとり暮らしの高齢者はいかにして幸せに安全に暮らしていけるのだろうか。この点について考える上では，資料2-1の新聞記事からも示唆を得ることができる。近隣関係とは，おしゃべりをしたり，お茶や食事をともにしたり，趣味をともにして，楽しい時間を過ごすという意味でも重要であるが，それだけではない。相談し合ったり，物を融通し合ったり，ちょっとした困りごとに対応したりと，日常生活を支え合う関係でもある。さらに，近隣関係や友人関係の中で一人暮らし高齢者の異変に気づき助けることにもつながる。先行研究でも，近隣関係が高齢者の**見守り**において重要な役割を果たすことが指摘されてきた（小林　2013：162-167）。ただし，**小林良二**（2013：162-167）は，必ずしも親密な近隣関係や友人関係がなくとも，郵便物がたまって

資料2-1　新聞記事「独居高齢者　安全に暮らすには」

独居高齢者　安全に暮らすには

81歳女性、風呂場で転倒→浴槽で身動き取れず→3日目救出

浴槽から出ようとしてでん部が上がらなかった時の様子を再現する秋吉宗子さん＝大阪市

近所のカラオケ仲間　異変察知

まさかの時に…「隣人に家の鍵」

出典）2022年7月28日の『朝日新聞』朝刊より抜粋

いるなどの異変に気づき近隣住民が対応する場合もあり，そうした「**緩やかな見守り**」にも高齢者の生活は支えられていると指摘する（吉武　2019a：189-191）。

　本節では近隣関係や友人関係の重要性について論じてきたが，社会的孤立とは実は難しい問題である。「孤立」と一口にいっても，高齢者の中にはあえてそうした生活を選択している場合もあり，それによって幸せに過ごしている場合もある。他方で，近隣住民にとっては，できればその地域で孤立死する人を出したくないと考える場合もある（高野　2020：14-15）。しかし，孤立死を減らすことだけを目的に見守り活動を強化すると，それはもはや監視のようになってしまう。高齢者本人がどのように思っているのかを考えつつ，強固な人間関係でなくとも，緩やかなつながりを形成していくという方向性もあるだろう。

Practice Problems　練習問題 ▶ 1

　ひとり暮らし高齢者が幸せに安全に暮らしていくには，どうすればよいだろうか。資料 2-1 の新聞記事も読みつつ考えてみよう。

4 社会参加活動と生きがい

　次に，高齢者の**社会参加活動**の状況について確認したい。全国調査「高齢者の日常生活・地域社会への参加に関する調査」（60 歳以上対象）によると，過去 1 年間に何らかの社会参加活動を行っている人びとは約 6 割を占める（58.3%）（内閣府　2022b：184）。社会参加活動の中でも，「健康・スポーツ（体操，歩こう会，ゲートボール等）」（26.5%），「趣味（俳句，詩吟，陶芸等）」（14.5%），「地域行事（祭りなどの地域の催しものの世話等）」（12.8%），「生活環境改善（環境美化，緑化推進，まちづくり等）」（9.8%）などへの参加率が高い（表 2-1）。

　3 節や 4 節の調査結果からは，多くの高齢者は緊密な近隣関係を有し，スポーツや趣味の活動などに取り組み，社会と接点をもちながら，生活を送ってい

ることがわかる。こうした社会参加活動に取り組むことは，高齢者の生活に充実感をもたらし，生きがいを高めることも指摘されている（吉武　2019b：160-162）。高齢者を対象とした研究においては，「**生きがい**」をめぐる論点も頻繁に論じられてきた。高齢期において人びとは，仕事からの引退や子育ての終了など，これまでの生活からの変化を経験する（直井　2001：4-5）。こうした時期だからこそ，高齢者は生活の変化に適応しつつ，生きがいを感じた生活を送ることができているか研究が進められてきた（吉武・楊　2023：112-113）。

　高齢者の生きがいをめぐっては，主に都市高齢者を対象とした先行研究において，「『一人称の生きがい』（専ら自分自身のために何かをする），『二人称の生きがい』（家族・親族，友人等のために何かをする），『三人称の生きがい』（他人と地域社会のために何かをする）」（金子　2014：190-191）と分類される。自分自身が楽しむことも重要であるが，家族や友人などの他者との交流や地域社会との接点をもつことも，生きがいを高める上で重要であると指摘されている。さらに，得意分野をもち，その技術や知識を活かしてボランティア活動などを行い，他者や地域社会の役に立つことによって，高齢者自身も充実感を得て生きがいが高まることも指摘される（金子　2014：193-195）。高齢者の生活をめぐ

表2-1　高齢者の社会参加活動への参加割合 (複数回答)

	%
健康・スポーツ（体操，歩こう会，ゲートボール等）	26.5
趣味（俳句，詩吟，陶芸等）	14.5
地域行事（祭りなどの地域の催しものの世話等）	12.8
生活環境改善（環境美化，緑化推進，まちづくり等）	9.8
生産・就業（生きがいのための園芸・飼育，シルバー人材センター等）	6.8
安全管理（交通安全，防犯・防災等）	5.9
教育関連・文化啓発活動（学習会，子ども会の育成，郷土芸能の伝承等）	4.5
高齢者の支援（家事援助，移送等）	2.3
子育て支援（保育への手伝い等）	2.1
その他	2.1
活動または参加したものはない	41.7

出典）内閣府「令和3年　高齢者の日常生活・地域社会への参加に関する調査」より作成

っては，身体的に健康で長生きができればよいという議論ではなく，高齢者がいかに自分らしく幸福に過ごせるかが重要になってくる。

5 地域福祉活動への期待

　ここまでみてきた通り，高齢者は家族や近隣，友人関係など人間関係の中で支え合いながら生活をしており，また，その生活はさまざまな地域活動や地域組織への参加によって支えられている。

　高齢者の生活を考える上では，今日では地域社会において福祉的課題の解決に取り組むという**地域福祉**へ期待が寄せられている。社会福祉の領域で地域福祉の理念が重要視されるようになってきた状況は「**地域福祉の主流化**」（武川2006：2）ともよばれる。同じ地域に暮らす住民同士だからこそ，変化に気づき，互いに支え合うことができるとして，政策的にも**地域共生社会**の実現が目指されている（厚生労働省「我が事・丸ごと」地域共生社会実現本部　2017：3）。

　こうした中で，地域社会における住民同士の支え合いとして，見守り活動やふれあい・いきいきサロン活動などの「**地域福祉活動**」が注目されている。3節では，近隣における友人関係というインフォーマルな関係性が見守りの機能を果たしていることを確認してきた。他方で，より組織的な形で見守り活動が行われることがある。町内会・自治会や老人クラブ，地区社会福祉協議会といった地域組織が，地域の一人暮らし高齢者への訪問活動や見守り活動を行っている場合がある（吉武　2019a：192-197）。[4]

　また，地域社会において「**ふれあい・いきいきサロン活動**」とよばれる高齢者向けのサロン活動が行われる場合がある。ふれあい・いきいきサロン活動は地域住民主体の活動であり，運営の担い手と参加者はともに地域住民である。活動内容はさまざまであるが，月1，2回などの頻度で茶話会，カラオケ，折り紙，百人一首，体操などのレクリエーションが行われる。サロン活動によっては，昼食が提供される場合もある。サロン活動は地域の高齢者が集まり，気軽に交流できる場として設定され，新たな友人づくりの場にもなっている。こう

したサロン活動には社会福祉協議会[5]の助成金を利用することができ，参加者はお茶代や昼食代などの実費として１回につき数百円を負担する程度である。経済的負担も軽く，参加しやすい活動となっている（吉武　2019a：200-201）。

6 農村高齢者が暮らす地域

　前節まで，全国調査の結果に言及しつつ，高齢者の家族や近隣関係，社会参加活動の状況について論じてきた。しかし，全国調査で扱われる高齢者はその大多数が都市高齢者であり，ここまで引用してきた先行研究も都市高齢者を対象としたものが多い。そこで，本節では農村高齢者について考えていきたい。

　日本の農村の多くは**過疎**地域である。過疎とは，人口減少によってさまざまな生活上の課題が生じている状態をさす。農村における過疎化は高度経済成長期に急激に進み，1980年代には人口減少は鈍化したものの，1990年代以降は人口減少が再加速している（山本　2017：4）。こうした事態のなかで，近年では「限界集落論」という議論も出てきた。**限界集落**とは「65歳以上の高齢者が集落人口の50％を超え，独居老人世帯が増加し，このため集落の共同活動の機能が低下し，社会的共同生活の維持が困難な状態にある集落」（大野　2005：22-23）のことを指す。限界集落論はマスメディアなどによってセンセーショナルに取り上げられた。限界集落に限らないが，農村では，医療や介護サービス供給の際の人的資源をはじめとする福祉サービス資源の不足（杉岡　2020：30など），公共交通の路線廃止や運行本数の削減等による交通アクセスの悪化など（加来　2015：155など），さまざまな問題に直面しているという状況もその背景にあっただろう。そうした中，高齢者に生活に不便な集落から積極的に「撤退」してもらい，利便性のよい移転先で安心した生活を送ってもらうことを目的のひとつとした「**撤退の農村計画**」（林　2010：4）とよばれる議論も出てきている。[6]

　しかし，高齢化率が50％を超える集落のすべてがただちに維持できなくなるわけではない。詳しくは次節以降で説明するが，高齢化率が高くても，集落

維持のための共同作業，法事や葬式，祭事などを，別居子からのソーシャルサ
ポートも得ながら行いつつ，集落存続の可能性を模索する例も少なくない（高
野　2008：131-136 など）。また，農村高齢者は生活に不満を抱え，嫌々ながら
そこで暮らしているわけではない。図 2-5 は，過疎地域である大分県日田市中
津江村地区の住民を対象に実施された意識調査の結果である（高野　2011：
19）。図 2-5 からは，その地域が「生活の場としてだんだん良くなる」と考え
る高齢者は少ないものの（10.7％），それでも，8 割以上（84.5％）が今後もそ
の地域に住み続けたいと考え，7 割以上（72.6％）が生きがいのある暮らしを
していることがわかる。

　このように，実際には農村高齢者が生きがいをもって生活していることが報
告されており，限界集落論のネガティブなイメージが必ずしも集落の実態をと
らえていないなど，限界集落論にはいくつかの批判がなされている（山本
2017：169-209；小田切　2009：46-48 など）。同様に，「撤退の農村計画」につい
ても，慎重に検討する必要があるだろう。「撤退の農村計画」の背景にみられ
るのは合理性と効率性の論理である。しかし，先の議論をふまえるならば，農
村高齢者が生きがいをもって生活することと，合理性や効率性を追求すること

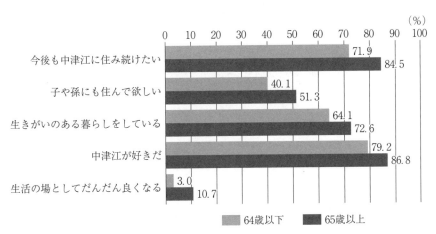

図2-5　中津江の年齢2区分別地域意識・生活意識の状況

出典）高野（2011：19）より

とは必ずしも一致しない。人口や高齢化率などの数値，経済的な効率を重視するばかりではなく，そこに暮らす人びとの生活の実態と意識にも目を向ける必要があるだろう。

7 農村高齢者の生活を支える要件(1)：ソーシャルサポート

前節では過疎地域とされる農村においても，高齢者がその地域に住み続けたいと考えていることに言及した。それでは，農村において高齢者の生活を支える要件とはどのようなものだろうか。**高野和良**は，過疎高齢者の生活継続の要件として，① 地域集団や集落維持活動への参加の蓄積，② **別居子**からのサポート，③ 農業の3点をあげている（高野　2008：132-135）。要件 ③ 農業については次節で取り上げることとして，本節では要件 ① および ② についてみていこう。

まず，要件 ① 地域集団や集落維持活動への参加の蓄積に関して，農村高齢者は「『集まり』を維持することに長けている」（高野　2008：134）と述べられる。農村においては，青壮年時の青年団や消防団から婦人会や老人クラブに至るまで切れ目のない形で地域集団，年齢集団などへ参加がなされている。さらに，道普請や草刈りなどの集落維持活動にも，高齢者は積極的に参加している。こうした活動参加の積み重ねによって，地域の中に重層的な社会関係が構築され，高齢者を支えていると説明される。

この時，重層的な社会関係の基礎となっているのが近隣関係である。倉沢進は，都市と農村をくらべると，農村では顔のみえる関係の中から，相互扶助的な生活問題処理が展開される傾向が認められるという（倉沢　1977：25-26）。その具体的内容は，日々のお裾分けにはじまり，高齢者や子どもの見守り，生活課題への手助けなど多岐にわたる。農村では，隣近所に住む者が，交通手段が限られる高齢者の買い物を代わりにしたり，自家用車で連れ立って買い物に行くということもよくみられる。かねてより農村では経済的・社会的・肉体的

にハンディが生じても，高齢者が生き残ることのできる工夫があり，弱者救済の機能が備わっているとも説明されてきた（鳥越　2008：12）[7]。そうした工夫は，現在でも形を変えて存在している。叶堂隆三（2004：191，259）は，長崎県の離島，五島という居住条件不利地域において，町内会が高齢者福祉施設を設立・運営する事例や，商工会議所が巡回バスを運行する事例などを報告し，地域組織や住民がさまざまな工夫をしながら暮らしていることを指摘する。現代の住民の生活ニーズに，多様な地域組織が多機能化することで対応している事例である。

　さらに，農村での人間関係は，日常生活での助け合いのみならず，有事の際にも効力を発揮する。たとえば災害時，どこで誰がどのような状況で住んでいるかを知っている住民が，高齢者を救助したという事例が近年複数の農村で報告されている。もちろん，すべての農村が濃密な人間関係を維持できているわけではない。近年では，集落維持活動が難しくなったり，空き家の増加などにより近隣関係とのつきあいを保てなくなる地域もでてきている。そうした難しさがあることもおさえておきたい。

　次に，要件 ② 別居子からのサポートについてみていこう。高野（2008：133-134）は，農村高齢者においては，近居の**別居子**との交流が維持されている場合が多く，子どもが農村高齢者の生活を支えていると指摘する。近居の別居子からのサポートについて**徳野貞雄**は，一見後継ぎがおらず頼る人がいないかのようにみえる農村高齢者であっても，実は子どもの多くが車で通える距離に住み，日常的に親のサポートをしていることを明らかにした（徳野　2022：153-158）。全国 160 カ所の農村集落で調査を行った徳野によれば，車で 2 時間以内の場所に別居子の 7 〜 8 割が居住しているという。徳野の研究に先駆けて行われた木下謙治の研究でも，農村高齢者の暮らしが別居子とのネットワークによって保たれていることが指摘されている（木下　2003：61）。

　木下，徳野の両者とも，農村集落に住む高齢者の子どもの多くが月に 1 回は来訪し，買い物の手助けをしたり，通院の手伝いや看病をしたりといったサポートを行っていることを明らかにした。加えて，別居子が電話などで情緒的な

サポートを頻繁に行っていることも指摘される。また，徳野も直井（2001：91）と同様，農産物のお裾分けをしたり孫の面倒をみたりと，高齢者側が子どもをサポートすることが多くあり，高齢者が子（高齢者からみて孫）育てなどにおいて重要な機能を果たしていると指摘している。農村高齢者の生活支援には，別居子との関係を含めた総合的な生活構造の把握が必要であるといえる。

8 農村高齢者の生活を支える要件 (2)：農業と生業

　本節では，農村高齢者の生活を支える要件の ③ 農業についてみてみよう。高野（2008：132-133）は，農村高齢者は農業という体力に応じて行える継続性の高い活動をもっており，それを金銭を得るためではなく「働くことが生きがい」といった意識で続けていることを指摘する。都市部の会社員の多くは60代で定年退職を迎え仕事を失うが，農業は定年退職がなく，生涯続けることができる。現代の農村では，定年退職まで兼業農家として働く人が多く，60代で会社員の仕事を失っても，農業という仕事をもっている高齢者は少なくない。農業という仕事をもつことで生活にハリが出ること，収穫の喜びがあること，収穫した作物をお裾分けすることを通して子どもや孫，近隣の人びとと関わることなどが，農村高齢者の生活を支え，生きがいにも大きな影響を与えている。収入の有無にかかわらず，農業は多くの高齢者にとって仕事であるが，仕事をしている高齢者のほうが，仕事をしていない高齢者よりも生きがいを「十分感じる」と回答した者の割合が高いことがわかっている（内閣府2022a：50）。

　統計データでは収入をともなうものを「仕事」としており，そのような定義でみれば「仕事」をもつ高齢者は約3割（30.2%）（内閣府　2022a：50）にとどまるが，農村には統計データに現れない，つまりは収入のともなわない自給的農業や遊び仕事（マイナー・サブシステンス）を行う高齢者が数多く存在する。遊び仕事には山菜採りや漁労，狩猟などがあるが，この内狩猟に着目してみても，日本各地の猟友会メンバーの大半は高齢者である。また，高野（2008：

132-135）が前節であげた集団参加のような社会活動と自給的農業両方の性質を備えた活動も農村では数多くみられる。たとえば，伝統野菜を育て守る女性グループの活動や，地域活性化のために地元の特産物を生産・加工するグループの活動である。2011年の東日本大震災では，避難生活などで農業という仕事を奪われた多くの高齢者が心身にストレスを抱え，農業が農村高齢者にとっていかに重要な生活継続の要件になっているかが改めて認識された。

Practice Problems 練習問題 ▶ 2

　農村高齢者が所属する組織には，意図せず福祉課題を解決する機能をもっているものがある。具体例としてどのようなものが考えられるだろうか。4節も参考にしながら考えてみよう。

⑨ 高齢者の多様性

　本章では，高齢者の生活について取り上げてきた。本章を終えるにあたり，最後に確認しておきたいのは，高齢者の多様性である。一口に「高齢者」といっても，世帯構造，近隣関係や集団参加の状況，居住地域はさまざまである。本章でも述べてきたように，都市に居住しているのか，農村に居住しているのかによっても，その生活は異なる。「高齢者」とひとくくりにするのではなく，その多様性についても考える必要があるだろう。

　他方で，都市高齢者と農村高齢者の生活について，それぞれの特徴は重なる部分もあり，両者を完全に別物として理解するのが適しているというわけではない。たとえば都市とくらべて農村では近隣関係が緊密で集団参加も活発だとされているが，近年では農村においても都市的性格が強まり，近隣関係や集団参加の弱まりがみられる場合もある。都市高齢者と農村高齢者の生活をめぐっては，それぞれの特徴を理解することが大切であるが，同時に，そうした特徴とは，互いに重なり合う部分もあることを押さえておきたい。

注

1) 高齢者世帯で公的年金などを受給している世帯の内「公的年金・恩給の総所得に占める割合が 100％の世帯」は 48.4％であり，公的年金だけが唯一の収入源となっている世帯は約半数である（厚生労働省　2021：16）。また，高齢者世帯の平均所得金額は 312 万 6 千円（厚生労働省　2021：14）で，収入のともなう仕事をもつ高齢者の割合は 30.2％（内閣府　2022a：50）である。
2) ただし，先行研究（大和　2017）の調査では，親にあたる対象者は必ずしも高齢者とは限らない。
3) 高齢者の孤立死は男性に多く，死後に発見されるまでの経過日数も男性の方が長いことが指摘されている（金涌　2019：522-524）。
4) 地区社会福祉協議会とは，住民が地域における福祉課題に取り組むために組織する任意組織のことである。
5) 社会福祉協議会とは，社会福祉法においても規定されている地域福祉の推進を目的とする組織である。
6) また，類似のものとして，インフラや生活機能を利便性のよい一定の範囲内に集中させるコンパクトシティ構想がある（国土交通省　2015 など）。
7) かつて農村でみられた「火焚き婆」は，守ってくれる家族もいなくなり高齢でひとり身になった女性が，大きな家の台所の火の番を与えられて暮らしを成り立たせることができたひとつの例である（柳田　1970：211）。

参考文献

林直樹，2010，「はじめに」林直樹・齋藤晋編『撤退の農村計画—過疎地域からはじまる戦略的再編—』学芸出版社：3-5

加来和典，2015，「過疎山村における交通問題—大分県日田市中津江村の事例から—」德野貞雄監修，牧野厚史・松本貴文編『暮らしの視点からの地方再生—地域と生活の社会学—』九州大学出版会：155-174

叶堂隆三，2004，『五島列島の高齢者と地域社会の戦略』九州大学出版会

金涌佳雅，2019，「高齢孤立死の現状—法医学からの報告—」『老年精神医学雑誌』30(5)：520-526

金子勇，2014，『日本のアクティブエイジング—「少子化する高齢社会」の新しい生き方—』北海道大学出版会

木下謙治，2003，「高齢者と家族—九州と山口の調査から—」『西日本社会学年報』創刊号：3-14

小林良二，2013，「地域の見守りネットワーク」藤村正之編『協働性の福祉社会学—個人化社会の連帯—』東京大学出版会：159-181

国土交通省，2015，「コンパクトシティの形成に向けて」（2023 年 3 月 30 日取得，https://www.mlit.go.jp/common/001083358.pdf）

厚生労働省，2021，「令和 3 年　国民生活基礎調査（令和元年）の結果から　グラ

フでみる世帯の状況」（2022 年 8 月 13 日取得，https://www.mhlw.go.jp/toukei/list/dl/20-21-h29.pdf）

――，2023，「『人生 100 年時代』に向けて」（2023 年 2 月 13 日取得，https://www.mhlw.go.jp/stf/seisakunitsuite/bunya/0000207430.html）

厚生労働省「我が事・丸ごと」地域共生社会実現本部，2017，『「地域共生社会」の実現に向けて（当面の改革工程）』（2021 年 5 月 2 日取得，https://www.mhlw.go.jp/file/04-Houdouhappyou-12601000-Seisakutoukatsukan-Sanjikanshitsu_Shakaihoshoutantou/0000150632.pdf）

倉沢進，1977，「都市的生活様式論序説」磯村英一編『現代都市の社会学』鹿島出版会：19-29

松成恵，1991，「戦後日本の家族意識の変化―全国規模の世論調査報告を資料として―」『家族社会学研究』3：85-97

内閣府，2015，「平成 26 年度　高齢者の日常生活に関する意識調査結果（全体版）」（2015 年 11 月 24 日取得，https://www8.cao.go.jp/kourei/ishiki/h26/sougou/zentai/index.html）

――，2016，「平成 27 年　第 8 回高齢者の生活と意識に関する国際比較調査（全体版）」（2023 年 4 月 22 日取得，https://www8.cao.go.jp/kourei/ishiki/h27/zentai/index.html）

――，2019，「平成 30 年度　高齢者の住宅と生活環境に関する調査結果（全体版）」（2022 年 9 月 3 日取得，https://www8.cao.go.jp/kourei/ishiki/h30/zentai/pdf/s2.pdf）

――，2022a，『令和 4 年版　高齢社会白書（全体版）』（2022 年 9 月 3 日取得，https://www8.cao.go.jp/kourei/whitepaper/w-2022/zenbun/04pdf_index.html）

――，2022b，「令和 3 年度　高齢者の日常生活・地域社会への参加に関する調査結果（全体版）」（2022 年 9 月 3 日取得，https://www8.cao.go.jp/kourei/ishiki/r03/zentai/pdf_index.html）

直井道子，2001，『幸福に老いるために―家族と福祉のサポート―』勁草書房

日本老年学会・日本老年医学会，2017，『高齢者に関する定義検討ワーキンググループ報告書』（2018 年 4 月 30 日取得，http://geront.jp/news/pdf/topic_170420_01_01.pdf）

小田切徳美，2009，『農山村再生―「限界集落」問題を超えて―』岩波書店

大野晃，2005，『山村環境社会学序説―現代山村の限界集落化と流域共同管理―』農山漁村文化協会

Palmore, E. B., 1999, *Ageism: Negative and Positive*, Springer.（＝2002，鈴木研一訳『エイジズム―高齢者差別の実相と克服の展望―』明石書店）

総務省統計局，2021，「令和 2 年　国勢調査　人口等基本集計結果　結果の概要」（2023 年 4 月 12 日取得，https://www.stat.go.jp/data/kokusei/2020/kekka/pdf/outline_01.pdf）

杉岡直人，2020，『まちづくりの福祉社会学―これからの公民連携を考える―』中

央法規出版

高野和良，2008，「地域の高齢化と福祉」堤マサエ・徳野貞雄・山本努編『地方からの社会学―農と古里の再生をもとめて―』学文社：118-139

――，2011，「過疎高齢社会における地域集団の現状と課題」『福祉社会学研究』8：12-24

――，2020，「つながりのジレンマ」三隅一人・高野和良編『ジレンマの社会学』ミネルヴァ書房：3-16

武川正吾，2006，『地域福祉の主流化―福祉国家と市民社会Ⅲ―』法律文化社

徳野貞雄，2022，「現代農山村の展望」高野和良編『新・現代農山村の社会分析』学文社：139-162

鳥越皓之，2008，『「サザエさん」的コミュニティの法則』日本放送出版協会

山本努，2017，『人口還流（Uターン）と過疎農山村の社会学（増補版）』学文社

大和礼子，1996，「中高年男性におけるサポート・ネットワークと『結びつき志向』役割との関係―ジェンダー・ロールの視点から―」『社会学評論』47(3)：350-365

――，2017，『オトナ親子の同居・近居・援助―夫婦の個人化と性別分業の間―』学文社

柳田國男，1970，『定本柳田國男集　第21巻』筑摩書房

吉武由彩，2019a，「地域活動，地域組織への接近―地域福祉の展開，高齢者の見守り活動と社会福祉協議会―」山本努編『地域社会学入門―現代的課題との関わりで―』学文社：177-203

――，2019b，「地域生活構造への接近(2)―高齢者の生きがい調査から―」山本努編『地域社会学入門―現代的課題との関わりで―』学文社：149-175

吉武由彩・楊楊，2023，「福祉―高齢者の生活と幸福感を中心に―」山本努・吉武由彩編『入門・社会学―現代的課題との関わりで―』学文社：107-125

自習のための文献案内

① 直井道子・中野いく子・和気純子編，2014，『補訂版　高齢者福祉の世界』有斐閣

② 金子勇，2014，『日本のアクティブエイジング―「少子化する高齢社会」の新しい生き方―』北海道大学出版会

③ 高野知良，2008，「地域の高齢化と福祉」堤マサエ・徳野貞雄・山本努編『地方からの社会学―農と古里の再生をもとめて―』学文社

④ 叶堂隆三，2004，『五島列島の高齢者と地域社会の戦略』九州大学出版会

　①は高齢者福祉に関する入門書。②は主に都市高齢者とアクティブエイジングに関する論考。③は地方や農村の高齢者に関する論考。④は離島の農村高齢者の生活戦略を描いた研究書。

第**3**章

高齢者介護と遺族ケア

浅利　宙

1 公的介護保険制度と介護サービス

本章では，高齢者介護と遺族ケアに対する社会学分野の問題関心や研究動向について検討する。

日常生活において高齢者の介護と聞いた時に，具体的な問題として何があげられるだろうか。誰が介護を引き受けるのか，生活はどのように変わっていくのか，どのような社会制度や専門的支援が利用できるのか，新たな負担がどのくらい生じるのかなど，それぞれ思い浮かぶことはあるだろう。個々のケースによって実際には多様であると考えられるが，ここでは**介護保険制度**が利用できるか検討する状況を想定してみたい。介護保険制度の利用としては，自治体の地域包括支援センターに相談して介護認定を申し込み，訪問調査に基づく一次判定，認定審査会の二次判定を経て認定ランク（要支援1から要介護5）が決定される。そして，どのようなサービスを利用するのかについてケアプラン（介護予防サービス・支援計画，居宅サービス計画）を作成し，サービスを提供する事業者と契約して介護保険サービスを利用するというのが，現時点（2023年3月）における一般的な手順である。[1]

介護保険制度は，「利用者の選択により，保健・医療・福祉にわたる介護サービスを総合的に利用できる仕組み」として，2000年4月に導入された。制度創設の背景としては，介護を必要とする高齢者の増加が予測されたことと，家族の介護負担をめぐる問題の深刻化があった。高齢者介護に対して，介護サービスなどによる社会的介護を中心に再編成されることを意味する「**介護の社**

会化」を進めることが期待されていたのである（下山　2000：220-221）。

　2023年3月現在，介護保険制度では65歳以上の者は「第1号被保険者」，40～64歳の者は「第2号被保険者」と規定されている。第1号被保険者は要支援・要介護状態になった時に，第2号被保険者は特定疾病（がん（末期）や筋萎縮性側索硬化症（ALS）など）によって要介護状態になった場合に介護保険のサービスを受けることができるとされている。自己負担は第1号被保険者では所得に応じて1割から3割，第2号被保険者は1割となっている。

　『令和3年版　厚生労働白書　資料編』によると，2000年の介護保険制度の導入以降，要介護（要支援）認定者数は増加傾向となっており，2020年の要介護（要支援）認定者数は約670万人，第1号被保険者数に占める比率は18.8％となっている（認定レベルごとの認定者数，第1号被保険者数の推移は表3-1に記載）（厚生労働省　2021：225）。また，『令和4年版　高齢社会白書』によると，2019年度の要支援，要介護認定を受けた人の比率について，65～74歳ではそれぞれ1.4％，2.9％，75歳以上ではそれぞれ8.8％，23.1％となっており，加齢とともに要支援，要介護の認定を受ける比率は高くなっている。

　介護保険のサービスは，主に訪問介護，通所介護，短期入所などによる居宅

表3-1　要介護（要支援）認定者数，第1号被保険者数の推移

(人)

	2000年	2010年	2020年
要支援 1	290,923	603,560	933,035
要支援 2	—	653,899	944,370
要介護 1	551,134	852,325	1,352,354
要介護 2	393,691	854,158	1,157,433
要介護 3	316,515	712,847	881,602
要介護 4	338,901	629,757	820,826
要介護 5	290,457	563,671	603,460
合計	2,181,621	4,870,217	6,693,080
第1号被保険者数	21,654,769	28,945,267	35,577,741

注）人数は各年4月末時点。なお，2000年の「要支援 1」は，2005年改正で「要支援 1」と「要支援 2」の区分が導入される以前の「要支援」認定者数。
出典）厚生労働省『令和3年版　厚生労働白書　資料編』より作成

表3-2　介護サービス別受給者数，介護給付費

2020年4月サービス分	介護サービス受給者数（人）	介護給付費（月間・サービス種別・百万円）
居宅サービス（介護予防を含む）	3,836,886	381,730
地域密着型サービス（介護予防を含む）	843,943	132,505
施設サービス	954,487	259,815
合計	5,635,316	774,050

出典）厚生労働省『令和3年版　厚生労働白書　資料編』厚生労働省老健局「介護保険事業状況報告」より作成

サービス，夜間対応型訪問介護，認知症対応型通所介護，小規模多機能型居宅介護，認知症対応型共同生活介護などによる地域密着型サービス，介護老人福祉施設，介護老人保健施設，介護医療院などによる施設サービスに分類される。2020年4月の介護サービスの受給状況としては，居宅サービスの受給者数がもっとも多く，次いで施設サービスとなっている（表3-2）（厚生労働省2021：235）。介護サービスというと介護老人福祉施設（特別養護老人ホーム）に代表されるような施設入所をイメージするかもしれないが，統計資料からは，多くの方が在宅生活を維持しながら介護サービスを利用していることがわかる。

Practice Problems 練習問題 ▶1

　自分が住んでいる地域（市区町村）にどのような高齢者施設があり，また，どのような介護サービスがあるのかを確認してみよう。

2 家族介護の動向

　介護保険制度の導入後，家族介護の状況はどのようになっているのだろうか。要介護高齢者の在宅生活の状況を適切に把握するためには，世帯の状況や家族関係のあり方に目を向ける必要がある。

　2019年の「国民生活基礎調査」によると，要介護者等のいる世帯の世帯構

造の構成割合は，単独世帯 28.3％，核家族世帯 40.3％（そのうち夫婦のみ世帯 22.2％），三世代世帯 12.8％，その他の世帯 18.6％となっている。現代的特徴として，単独世帯や夫婦のみ世帯のように，子どもと別居，別世帯となっている要支援，要介護の高齢者の増加が指摘されている（浅利　2022a：192）。要介護度別にみると，単独世帯では要介護度の低い者のいる世帯の比率が高く，核家族世帯，三世代世帯では要介護度の高い者のいる世帯の比率が高いという傾向がある。

　要介護者等からみた主な介護者は，同居の家族が 54.4％，別居の家族等が 13.6％，事業者が 12.1％，その他が 0.5％，不詳が 19.6％となっており，同居の家族の比率は低下傾向にある（2001 年は 71.1％）。また，主な介護者の年齢は，男女ともに 60 歳以上が 7 割以上を占めており（男性 72.4％，女性 73.8％），かつてにくらべて 60 歳以上の比率は高くなっている（2001 年では男性 64.5％，女性 50.3％[2]）。高齢者が高齢者を介護している状況を「**老老介護**」というが，そこには夫婦間介護とともに親子双方が高齢者となっているケースがある（浅利 2022a：192）。

　また，同調査によると，同居の主な介護者の介護時間は要介護度が高くなるにつれて長くなっており，要介護 3 以上では「ほとんど終日」がもっとも多くなっている。要介護 5 になると「ほとんど終日」が 56.7％と過半数を超えており，「半日程度」が 12.3％，「2 〜 3 時間程度」が 7.9％，「必要なときに手をかす程度」が 3.0％，「その他」が 11.9％，「不詳」が 7.7％となっている。

　介護時間が「ほとんど終日」の同居の主な介護者（2019 年）をみると，女性が約 7 割を占めており，続柄としては，妻がもっとも多く，以下，娘，夫，息子，息子の配偶者（嫁）の順となっている（表 3-3 参照）（厚生労働省　2011：33，2020：27）。2010 年にくらべて「息子の配偶者（嫁）」の比率は減少傾向にあるものの，女性家族員が主な介護者の役割を担っていることがわかる。女性家族員と介護役割（ケア役割）の結びつきが強い要因としては，家族生活だけでなく社会生活上でも根強くみられる性別役割分業の実態やジェンダー規範の影響などをあげることができる。夫婦間介護の場合は，夫が先に要介護者にな

表3-3　介護時間が「ほとんど終日」の同居の主な介護者の要介護者等との続柄別構成割合

	男性				女性			
	配偶者 （夫）	子 （息子）	子の配偶者 （婿）	その他 の親族	配偶者 （妻）	子 （娘）	子の配偶者 （嫁）	その他 の親族
2010年	14.3	12.0	0.3	0.7	36.8	15.6	17.2	3.3
2019年	14.0	11.8	0.4	1.0	40.9	19.8	7.3	4.7

注）「その他の親族」には「父母」を含む。カッコ内の続柄は筆者加筆。
出典）厚生労働省「国民生活基礎調査の概況（平成22年，令和元年）」より作成

るケースが多いことも要因になっていると考えられる。

　稲葉昭英は，ケアを「他者の福祉の実現のために，他者の様々なニーズを充足する行為および対応」と説明した上で，2008年の「第三回全国家族調査」のデータから，夫婦間，親子間，友人関係でケアの多くを女性が担っていることを指摘している（稲葉　2013：227-244）。ここで興味深いのは，ケアが女性にとって関係維持や交流の重要な手段となっていることを示唆している点である。この研究は高齢者の介護について直接的に検討しているものではないが，女性を介護の主要な担い手とする要因を検討する際にも参考になるであろう。

3　家族介護をめぐる諸問題と介護の「再家族化」

　高齢者を介護する家族が抱える困難とはどのようなものなのだろうか。**井口高志**は，2001年から2004年にかけて実施した認知症高齢者を介護している家族に対するインタビュー調査の結果から，以下のように整理している[3]。

　第1に，家族介護者の中には，一時的に介護を他者に任せたとしても，要介護者のことが頭から離れないという人がいる。そうした状況では代替不可能な存在としての自己規定がみられるとともに，情報を集めて，介護の基準や範囲を確定するという**マネジメント役割**がみられるようになるという。介護の終わりがわかりづらく（終点の不確定性），今後の変化が予測しづらいこと（疾患経路の不確定性）に負担を感じるようになるが，介護に対して自己のマネジメン

トの責任範囲と感じる時は，他者への依託を控えてしまうことが指摘されている（井口　2007：145-162）。ここからは，家族が介護の問題を自ら抱え込んでしまう要因が読み取れる。

　第2に，家族介護者の多くは，非選択的で受動的に巻き込まれていく経験をしており，介護が必要になる以前の姿を知っている中で相手の衰えに直面している。そうした状況のもとで介護をしていると，保健医療における疾患モデルとは異なる，相手の過去の姿と結びついた「正常な人間」像が立ち現れるという。介護の場面では，行動理解の困難さを疾患の発現として理解しつつも，相手を「正常な人間」として位置づけようとする。しかし「正常な人間」のイメージを保持することを難しくする現実があり，そこで葛藤が生じているという（井口　2007：162-164，206-207）。以前の元気な時の姿を知っているからこそ，現状との違いの間で困難を抱えてしまうのである。

　こうした困難を含めて，高齢者介護についてはとくに同居の女性家族員の負担が指摘されているが，その一方で，以前にくらべると同居の男性家族員（夫や息子），別居の家族（近居介護，遠距離介護），事業者が主な介護者となる比率が増加傾向にあることにも関心が向けられるようになっている。ここでは，息子の介護に着目した研究を取り上げてみたい。**春日キスヨ**は，東京都保健福祉局の調査結果（2006年）と大阪市立大学の調査報告書（2007年）などから，実の息子が虐待者としてもっとも多いこと，有配偶息子よりも単身息子の方が虐待リスクが高く，また，経済的困難を抱えているケースが多いこと，壮年の息子介護者は「**男性稼ぎ主モデル**」の中で現役世代とされ，虐待の問題を抱えていたとしても利用できる社会的支援が乏しく，[4] 制度的支援の対象とされた時には家族の崩壊が避けられない状況になっていることが多いと指摘している（春日　2013：176-181）。適切な支援のあり方を考える際に，そもそも制度が利用しやすいものなのかといった観点は非常に重要である。

　以上のように，介護保険制度導入後も介護に果たす家族の役割がきわめて大きい状況は継続しているが，介護サービスが多くの人びとの生活維持にとって不可欠なものとなっているのも確かなことである。この点について，介護保険

制度の動向を検討した研究によると，制度の改正とともに施設ケアよりも在宅ケアが重視されるようになっているが，制度的支援の中心は身体介護サービスであり，家事支援などの生活援助サービスは利用が抑制され，家族に対する期待や責任が再拡大しているという意味で「**再家族化**」していることが指摘されている（藤崎　2009：55）。制度の動向が家族による介護のあり方にどのような影響を与えるのか，今後も注目していく必要がある。

Pract/ce Problems　練習問題 ▶ 2

　高齢者の介護について，家族に期待されやすい内容として何があげられるだろうか。考えてみよう。

4　介護従事者の動向

　次に，介護福祉サービスの実施において主要な位置を占めている介護従事者の現状と社会学分野の研究を取り上げたい。

　公益財団法人介護労働安定センターが実施した「介護労働実態調査」（令和3年度）によると，介護職員は男性26.1％，女性73.9％，無期雇用職員71.3％，有期雇用職員28.7％となっていた。また，訪問介護員と介護職員の離職率は14.3％であり，前年とくらべて低下傾向にあること，労働条件などの悩み，不安，不満などについてもっとも多い回答は「人手が足りない」が52.3％，次に「仕事内容のわりに賃金が安い」が38.3％であることが指摘されている[5]。

　このように，介護職については離職の動向や労働条件，労働環境上の諸問題に多くの関心が寄せられているが，社会学分野の研究では，それらの諸問題とともに，**ケア労働**としての諸側面が議論されている。たとえば，看護，保育，介護にみられるケア労働は，家庭内における性別役割分業の成立を背景に「母性」と結びつけられたこと，職業的専門性が十分に認められず「半専門職」と位置づけられたこと，子ども，障害者，要介護者，病者などの「依存的存在」に関わるが故に社会的評価が低くなっていることが指摘されている（三井

2013：206-207，2018：32)。

　ケア労働については，相手の気持ちに配慮したり，気遣いをするといったような**感情労働**としての側面も関心を集めている。感情労働について，A. R. ホックシールドは，社会生活の多くの場面において，その場にふさわしいとされる感情規則があること，人びとはその規則に合わせて感情管理をしていること，その際には，相手に合わせた表面的な対応（表層演技）だけでなく，意図的に感情を生じさせようとする対応（深層演技）が求められており，疲労蓄積の要因のひとつとなっていると述べた（Hochschild　1983＝2000：212-217)。関連する議論としては，肯定的感情が共感的理解や仕事のやりがいを生み出す一方で，否定的感情が辛さや無力感をもたらすことが指摘されていたり（石橋2013：208-209)，感情管理の技能向上を求める動きがある中で，感情労働に従事する人びとを周囲がいかにして支えるかを考えることが必要であると主張する研究がある（三井　2006：14-26)。また，感情労働が必要とされる職業には女性が多く働いているが，身体介護よりも評価されづらいために，結果として女性の低賃金と結びついていることが指摘されてきたという（田中　2005：60)。介護労働に含まれるケアや感情という視点は，労働としての特徴とともに，介護職の現状や課題を明らかにしようとしているのである。

　その他の介護従事者に関する関心としては，国家資格である介護福祉士資格取得者の就職状況，外国人介護労働者の受け入れ動向，施設内における不適切な対応（マルトリートメント）や施設内虐待への対策などをあげることができる。専門的支援の必要性や専門職への期待の高まりとともに問題点や課題も浮上しているが，これについては，業務内容を介護従事者自身でチェックし，問題点を認識する機会が重要であることを指摘しておきたい。

5　介護と地域社会：都市部と農村部の違い

　高齢者介護については，現在，地域生活の継続という点から支援体制の整備が進められている。この支援体制を**地域包括ケアシステム**という。

　地域包括ケアシステムは，2013 年に成立した「持続可能な社会保障制度の確立を図るための改革の推進に関する法律」の第 4 条第 4 項に「医療，介護，介護予防，住まい及び自立した日常生活の支援が包括的に確保される体制」と規定されている。厚生労働省は「高齢者の尊厳の保持と自立生活の支援の目的のもとで，可能な限り住み慣れた地域で生活を継続することができるような包括的な支援・サービス提供体制の構築を目指す」と説明している。

　2017 年には，包括的支援の対象を高齢者のみならず，障害者や子どもにも拡張した「**地域共生社会**」の理念が提示されている。厚生労働省によると「制度・分野ごとの『縦割り』や『支え手』『受け手』という関係を超えて，地域住民や地域の多様な主体が参画し，人と人，人と資源が世代や分野を超えつながることで，住民一人ひとりの暮らしと生きがい，地域をともに創っていく社会を目指す」ものであり，「地域課題の解決力の強化」「地域丸ごとのつながりの強化」「地域を基盤とする包括的支援の強化」「専門人材の機能強化・最大活用」を進めていくとされる。これらの政策動向から指摘できるのは，高齢者介護における地域生活の継続のために，行政機関や専門機関のネットワークだけでなく，地域住民の関わりを期待しているということである。この点について，都市部と農村部（離島，中山間地域）の違いに着目しながら整理してみよう。

　厚生労働省のウェブサイトには，地域包括ケアシステム構築に向けた事例として 10 都県 10 市区町村の取り組みの概要が掲載されている（2023 年 3 月現在）。この内，都市部の例として，東京都世田谷区についてみてみると，医療機関や介護事業者，地域包括支援センター，社会福祉協議会などが，医療，介護，予防，住まい，生活支援の各分野で大きな役割を果たしていることが示されていた（図 3-1 参照）（厚生労働省　2023）。また，世田谷区では，NPO・事業者・大学・行政などが連携・協力してネットワークを形成し，高齢者の社会参加の促進を目指すとされていた。都市部の場合，問題解決における専門機関や専門職の活動がとくに重視されているようであり，地域住民による活動に目を向ける必要がある。

60

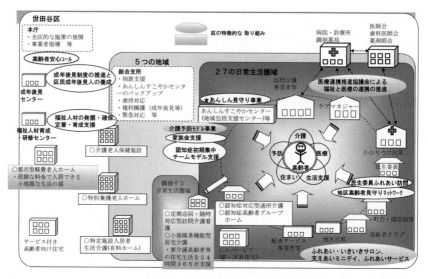

図3-1　東京都世田谷区の地域包括ケアシステムのイメージ図

出典）厚生労働省「都市部での医療・介護・予防・生活支援・住まいの一体的な提供に関する取組」
より

　一方，農村部の例として，奄美大島中央部に位置する鹿児島県大和村では，
野菜づくりやおかず販売，要介護者もサービス提供側として参加しているご近
所喫茶などの活動が取り上げられており，話し合いの場の提供や必要に応じた
財政支援という行政の役割とともに，住民主体的な関与の意義が強調されてい
た。専門機関や専門職の役割を軽視しているわけではないが，どちらかという
と住民による主体的活動の方が重視されているようである。

　中山間地域の複数の地区の住民を対象に，見守り活動などの生活支援活動の
参加経験について調査した研究によると，自治会の組織的活動がみられない地
区では，民生委員や個人的・家族的な経験，意欲のある方が生活支援活動を支
えており，自治会の組織的活動がみられる地区では，中高年の人びとを中心
に，地域活動のひとつとして生活支援活動が位置づけられていた。また，地域
内に支援を必要な方がいることを知っていると，生活支援活動の参加経験が多
くなっており，この点はいずれの地区でも共通していた（坂本　2016：17-19）。

農村部の中でも地域組織のあり方は一様ではないが，地域の現状を知っていることが実際の参加活動を促進している（逆に，地域の現状を知らないと低調になる）と考えられる点は，情報共有の重要性を示しており興味深い。

　地域包括ケアシステムについては，制度的サービスで対応できない部分に対して，コミュニティでの相互支援活動による福祉課題の解決を期待しており，住民もそれに応えようとしているのだが，住民自身が無理をして活動してしまうことや負担感を表明しづらいといったことが指摘されている（高野　2020：123）。主体的な互助的活動は地域課題の解決の担い手として期待されやすいが，限界や問題点を看過してはならない。

6　看取りの場所の変化

　次に，終末期介護や看取りをめぐる現状と課題について取り上げたい。死亡場所別死亡数・比率の年次推移（表3-4）をみると，2020年の時点で病院の比率がもっとも高いことがわかる（厚生労働省　2022）。この数値のすべてが介護サービスを利用している高齢者というわけではないが，在宅にしても施設にしても，終末期介護や看取りの際には病院を利用しているケースが少なくないことが推測できる。主に病院やホスピス・緩和ケア病棟で配偶者の看取りを経験した遺族に対する調査研究[6]によると，医療専門職による支援として，病状や治療法の説明だけでなく，意思決定の際の調整や対話の環境整備などの面でも重要性が高まるだろうと述べられている（浅利　2015：31）。

　病院の比率の高さの一方で，近年，自宅の比率が増加傾向に転じていることにも注目しておきたい。内閣府が2018年に実施した調査結果によると「完治が見込めない病気の場合に迎えたい最期の場所」について，60歳以上の男女では，51.0％が「自宅」，31.4％が「病院・介護療養型医療施設」，7.5％が「特別養護老人ホーム・有料老人ホームなどの福祉施設」となっており，自宅での看取りに対する関心の高さがわかる[7]。

　在宅の看取りを数多く実践してきた医師の**二ノ坂保喜**は，在宅ホスピスを実

表3-4　死亡場所別死亡数・比率の年次推移

(人，%)

	総数	病院	診療所	介護医療院，介護老人保健施設	助産所	老人ホーム	自宅	その他
1960年	706,599	128,306	25,941		791		499,406	52,155
1980年	722,801	376,838	35,102		30		274,966	35,865
2000年	961,653	751,581	27,087	4,818	2	17,807	133,534	26,824
2020年	1,372,755	938,130	21,455	45,606	0	125,722	216,103	25,738
1960年	100.0	18.2	3.7		0.1		70.7	7.4
1980年	100.0	52.1	4.9		0.0		38.0	5.0
2000年	100.0	78.2	2.8	0.5	0.0	1.9	13.9	2.8
2020年	100.0	68.3	1.6	3.3	0.0	9.2	15.7	1.9

注）上段：死亡数，下段：比率（％）。
出典）厚生労働省『令和4年度　厚生統計要覧』より作成

施する際には訪問医師，訪問看護師などの医療チームとケアマネージャー，訪問介護員（ホームヘルパー）などの生活支援チームの連携が必要であると述べている（二ノ坂・後藤　2017：14）。また，これらの職種に加えて，理学療法士，作業療法士，行政，民生委員，ソーシャルワーカー，近隣・友人，ボランティア等がチームとして関わることや，デイサービスやデイケア，病院などの協力体制があることも重要とされる。今後，訪問医療，訪問看護のさらなる充実とともに，介護サービスとも適切に連携しながら進めていくことが求められる。

　もちろん，在宅で看取ることが必ず正しいというわけではなく，個々の事情にあった対応が求められることはいうまでもない。老人ホームの比率も少しずつ高まっているので，施設における看取りについても注目していく必要がある。

⑦ 遺族ケア（グリーフケア）に対する社会的関心

　介護は看取りの時点で終了となるのかもしれないが，残された遺族は死別後も生活が続いていく。行政機関や金融機関などでの手続きのほか，死別後の喪

失感や悲嘆感情，生活の再構築などについては，従来，親族や友人，近隣，あるいは葬送儀礼などを通してサポートされてきたと考えられる。しかし近年，そうした既存の諸関係だけでは対応が不十分であるという動向認識とともに，とくに保健医療福祉分野において専門的支援がみられるようになっている。

　遺族ケアは生活全般にわたると考えられるが，その中でも悲嘆感情に着目した支援は**グリーフケア**とよばれている。介護福祉士養成課程のテキストでもグリーフケアについて言及されており，死別による悲嘆感情はさまざまなかたちで表現されるが，職員に対して感謝の気持ちを示すことも多く，出棺に際して仲間の高齢者や職員が総出で見送ることが遺族のグリーフケアになると記されている（柴田編　2009：262-263）。医療機関だけでなく高齢者福祉施設や在宅介護においても，終末期介護における適切な対応が死別後の家族生活に肯定的に作用することは十分に理解できるだろう。

　このように，専門職による支援の重要性は今後も高まることが予測されるが，本章で重視したいのは，死別後の遺族に対する支援の担い手は必ずしも専門職とは限らないということである。以下では，非専門職による支援の例として，**セルフヘルプ・グループ**による活動を取り上げる。

　セルフヘルプ・グループは，同じような問題を抱えた人びとによって自発的に結成された集団である。1930年代のアメリカにおける，アルコール依存症の患者，家族会の形成が最初といわれている。現在，保健医療，社会福祉分野を中心にさまざまなグループが活動を展開している。

　社会学分野の研究では，参加者にみられる特徴として，孤立と孤独からの解放，他者との共感・つながりの回復，問題経験の背景にある社会的要因の認識，アイデンティティの再構成といった諸側面が指摘されていたり（春日2001：235-236），専門的支援とは異なる非専門的支援の特徴として，支援の場では専門的知識の提供ではなく経験的知識を交換していること（久保・石川編1998：9），支援を受けていた方が支援をする側に変化するというように役割関係が流動化すること（野口　2006：197-200；藤村　2019：298），相互支援を基盤としていること（中田　2000：1）などが指摘されている。高齢者介護について

64

は認知症家族会に関する研究があり（井口　2007：205-246），「介護者としての自己」に対する肯定的評価が得られる場となっていることなどが述べられている。

Practice Problems 練習問題 ▶ 3

　セルフヘルプ・グループの具体的な活動例としてどのようなものがあるのかを調べてみよう。

8 セルフヘルプ・グループによる遺族ケア（グリーフケア）の事例

　本章では具体的な活動例として，遺族ケアの活動を展開しているセルフヘルプ・グループに関する調査研究の内容を紹介する。筆者は中長期的な期間（5年以上）にわたる事例研究を通して，グループによる支援の効果と，社会集団としての形成・定着過程の把握を試みた。具体的には，① どのようにしてグループが形成されたのか。② グループの活動では何が行われているのか。③ グループの活動を続けていくためには何が必要なのか。④ 遺族支援のセルフヘルプ・グループは現代社会でどのような意義をもっているか，などの諸点について検討している。調査事例の概要については資料3-1 の通りである。

　2005 年4 月から 2015 年9 月までの期間，定例会は47 回開催され，平均参加者数は8.99 人であった。毎回，4 名程度の世話人会の方のほか，継続的に参加される方もいるが，ほとんどの回で数名の初参加の方がみられる。女性の参加者が多いが，男性の参加者も少ないというわけではない。また，病気で配偶者と死別したという方が多いが，親を亡くした方や子どもを亡くしたという参加者もいた。

　定例会（分かち合いの会）では，開始時に会の目的や会合の進め方，配慮してほしいこと（約束事）などについて説明をしている。参加者には話す順番が回ってくるが，無理に話すように促すことはなく，他者の話を聞いているだけ

資料3-1　セルフヘルプ・グループの調査事例の概要

　グループの中心メンバーとなるA氏（1938年生まれ）は，1997年に夫と死別し，当初は1999年に結成された病院内の遺族会に参加していた。その後，より幅広い支援をしたいと考えるようになり，2001年に病院内の遺族会を退会して，独自に活動を開始した。散発的な会合の開催等を経て，2005年4月に市の会議室にて定例会を開始し，2006年10月には定例会への参加経験者等に声をかけて会員組織化した（任意団体）。
　2015年9月まで会員組織として活動を展開し，その間，年会費は2000円，予算や決算，活動内容や規約等を報告，協議する機会として総会を年1回開催していた。会員数は30名程度であったが，入退会による増減があり，2006年から2015年まで加入し続けていた方は10名程度であった。会員は40代から70代の配偶者を病気（主にがん）で亡くした女性の方が多かったが，グループとしては特定の続柄や死因に限定することなく，死別によって悲嘆の状態にある方を幅広く受け入れていた。
　主要な活動としては，定例会（分かち合いの会：3か月に1回の頻度で開催），会報の発行（会合の報告や会員の近況報告：年4回），レクリエーション活動（食事会等），情報発信活動（会のパンフレットを作成し，県の精神保健福祉センターに置かせてもらう等）が挙げられる。定例会は会員以外の方も参加可能となっており（日程はホームページや新聞の「お知らせ欄」に掲載），参加された方に会員組織についても説明がなされていた。

出典）浅利（2009：72-74，2016：11-14）の内容を加筆修正

でもかまわない。参加者が語る話題は多彩であるが，主なものとして，死別の経緯，喪失感や悲嘆感情（故人への想い），生活上の諸問題（日々の過ごし方，食事，年忌法要など），社会関係上の諸問題（家族・親族関係，地域関係，職場関係など），終末期介護や終末期医療への評価などをあげることができる。

　専門的知識の提供ではなく経験的知識の交換といった，既存のセルフヘルプ・グループの研究で指摘されていた点については，このグループの活動の中でも確認することができた。医療や介護に関する専門的知識が話題になることもあるが，それはあくまで「自分にとって有効だった」というように，個々の経験として語られる。グループの中心メンバーは，個別の内容は異なるけれども，死別による悲嘆や喪失感自体は参加者が共通して経験しており，そうした人たちの集まりだからこそ率直な心境を話すことができること，自らの経験を語り，他の人の経験を聞くことを通して，何か気づくことや参考になることがあればと考えていた。[8]

　当初は支援を受ける側だったが，次第に支援をする側に代わる人もいるという役割関係の流動化については，確かにそうした人もいるが多くの参加者は状況が落ち着くと会を離れていく。ただ，それ自体はとくに問題ということではない。また，支援をする側＝アドバイスをする側になるという意味ではなく，あくまで自分の経験を語り，他者の経験を聞くことが重要とされる。

　このようなセルフヘルプ・グループの活動が定着できた条件として，活動当初は行政機関や医療機関による直接的な支援が制度的に不十分だった一方で，当事者による活動を応援する雰囲気は形成されていたこと（浅利　2016：17），試行錯誤を重ねながらも，ルールの明示化などを通して会合を安定的に運営していったこと，会員制の導入による集団の組織化や参加者の事情に合わせて活動内容を更新していったことなどをあげることができる（浅利　2009：74-78）。「身近な方や既存の諸関係ではこうした話ができない」という参加者が少なくないことから，既存の社会関係とは相互補完的な関係にあると考えられる。

　活動上の課題としては，以下の諸点をあげることができる。① 積極的に参加する人には対応できるが，さまざまな事情によって参加が難しい人たちがいると考えられる。そのため，このような活動をしているグループがあることについて，継続的に情報発信していくことが求められる。② 中心メンバーへの負担が大きいが，交代することも難しいため，活動を引き継ぐ人がなかなか出にくい状況にある。ひとつのグループとしては解決が難しい面もあるので，同様のグループが他にも形成，活動することが期待される。③ 活動当初とは異なり，専門的支援が進みつつある現在，非専門的支援としてのセルフヘルプ・グループの独自性が問われている。この点については，県の精神保健福祉センターが作成したセルフヘルプ・グループを紹介する冊子に情報提供するといったように，地域の福祉資源として位置づけようとする動向などが注目される[9]。さまざまな課題を指摘することができるが，それでもセルフヘルプ・グループは一定の社会的意義を持ち続けると考えられる（浅利　2016：18-19）。

　本章では高齢者介護と遺族ケアについて，主要な動向と関連する社会学分野の研究を取り上げてきた。本人や家族が直面する諸問題に対して，社会制度や

専門機関，専門職による支援だけでなく，地域住民やセルフヘルプ・グループによる支援もまた重視されている。それぞれの支援の特色や課題とともに，連携のあり方に関心を向けていくことが求められる。

注 ··

1) 介護保険制度の概要や法改正などの詳細については，小竹雅子（2018：91-129）や厚生労働省のウェブサイトに掲載されている「介護保険制度の概要」（2022年11月8日取得，https://www.mhlw.go.jp/stf/seisakunitsuite/bunya/hukushi_kaigo/kaigo_koureisha/gaiyo/index.html）などを参照。

2)「国民生活基礎調査（2019（令和元）年，2001（平成13）年）」については，厚生労働省「国民生活基礎調査の概況」を参照（2023年1月25日取得，https://www.mhlw.go.jp/toukei/list/20-21kekka.html）。

3) 認知症高齢者数について，厚生労働省の「認知症施策」によると，2012年は462万人，65歳以上の15％とされるのに対して，2025年は約700万人，65歳以上の約20％になると推計されている（2023年1月19日取得，https://www.mhlw.go.jp/stf/seisakunitsuite/bunya/hukushi_kaigo/kaigo_koureisha/ninchi/index.html）。

4) 春日は，虐待加害者となった息子介護者たちにとっての実効性のある支援策としては，生活保護か，障害者としての認定を受け，障害年金の受給者となる以外にみるべき支援策がないが，「そうした支援を受けることさえ，持ち家で預貯金・年金収入がある親と同一世帯に属する息子介護者にとっては容易なことではない」と述べている（春日　2013：180）。

5) 公益財団法人介護労働安定センター「令和3年度介護労働実態調査結果について」（2023年3月13日取得，http://www.kaigo-center.or.jp/report/2022r01_chousa_01.html）。

6) 30代から80代の30名に対して，2001年から2009年にかけてインタビュー調査を実施している。

7) 内閣府『令和元年版　高齢社会白書』第1章第3節「〈特集〉高齢者の住宅と生活環境に関する意識」（2023年1月26日取得，https://www8.cao.go.jp/kourei/whitepaper/w-2019/zenbun/01pdf_index.html）。

8) 支援の効果については，浅利（2022a，2022b）でも言及している。

9)「ふくおかのセルフヘルプ・グループ（仲間に会いに行こう）」冊子について（2023年1月21日取得，https://www.pref.fukuoka.lg.jp/contents/selfhelp-group.html）を参照。なお，このグループは2015年10月以降も活動を継続しているが，会員組織の廃止や代表の交代といったように，活動内容や運営のあり方には変化がみられる。これらの動向については，浅利（2022b）にて検討している。

📖 参考文献 ···

浅利宙，2009，「現代社会における遺族支援グループの意義と課題」『西日本社会学会年報』7：67-80

────，2015，「家族ライフイベントとしての配偶者との死別の諸相─遺族に対するインタビュー調査データの社会学的分析⑵─」『広島法学』39⑵：21-48

────，2016，「セルフヘルプ・グループによるグリーフケア活動」『西日本社会学会年報』14：7-20

────，2022a，「高齢者介護の諸問題」園井ゆり・浅利宙・倉重加代編『家族社会学─基礎と応用（第4版）─』九州大学出版会：191-206

────，2022b，「パーソナルライフと継続する絆からみた遺族支援活動の展開」日本社会分析学会監修，室井研二・山下亜紀子編『生活構造の社会学2　社会の変容と暮らしの再生』学文社：83-101

藤村正之，2019，「医療・福祉と自己決定」長谷川公一・浜日出夫・藤村正之・町村敬志『社会学（新版）』有斐閣：273-308

藤崎宏子，2009，「介護保険制度と介護の『社会化』『再家族化』」『福祉社会学研究』6：41-57

Hochschild, A., 1983, *The Management Heart: Commercialization of Human Feeling,* University of Califolnia Press.（＝2000，石川准・室伏亜希訳『管理される心─感情が商品になるとき─』世界思想社）

井口高志，2007，『認知症家族介護を生きる─新しい認知症ケア時代の臨床社会学─』東信堂

稲葉昭英，2013，「インフォーマルなケアの構造」庄司洋子編『親密性の福祉社会学』東京大学出版会：227-244

石橋潔，2013，「ケア労働に感情は必要か？」福祉社会学会編『福祉社会学ハンドブック　現代を読み解く98の論点』中央法規出版：208-209

春日キスヨ，2001，『介護問題の社会学』岩波書店

────，2013，「男性介護者の増大と家族主義福祉レジームのパラドクス」庄司洋子編『親密性の福祉社会学』東京大学出版会：165-184

厚生労働省，2011，「平成22年　国民生活基礎調査の概況」（2023年1月25日取得，https://www.mhlw.go.jp/toukei/saikin/hw/k-tyosa/k-tyosa10/dl/gaikyou.pdf）

────，2020，「令和元年　国民生活基礎調査の概況」（2023年1月25日取得，https://www.mhlw.go.jp/toukei/saikin/hw/k-tyosa/k-tyosa19/dl/14.pdf）

────，2021，『令和3年版　厚生労働白書　資料編』（2023年1月10日取得，https://www.mhlw.go.jp/wp/hakusyo/kousei/20-2/）

────，2022，「令和4年度　厚生統計要覧」（2023年6月22日取得，https://www.mhlw.go.jp/toukei/youran/indexyk_1_2.html）

────，2023，「都市部での医療・介護・予防・生活支援・住まいの一体的な提供に関する取組」（2023年3月6日取得，https://www.mhlw.go.jp/stf/seisakunitsuite/

bunya/hukushi_kaigo/kaigo_koureisha/chiiki-houkatsu/)

久保紘章・石川到覚編, 1998, 『セルフヘルプ・グループの理論と展開』中央法規出版

三井さよ, 2006, 「看護職における感情労働」『大原社会問題研究所雑誌』567：14-26

――, 2013, 「ケアの専門職はなぜ女性が多いのか？」福祉社会学会編『福祉社会学ハンドブック　現代を読み解く 98 の論点』中央法規出版：206-207

――, 2018, 『はじめてのケア論』有斐閣

中田智恵海, 2000, 『セルフヘルプグループ―自己再生の援助形態―』八千代出版

二ノ坂保喜・後藤勝彌, 2017, 『在宅医が看取りを通して語る』木星舎

野口裕二, 2006, 「専門職と専門性の変容」藤村正之編『福祉化と成熟社会』ミネルヴァ書房：185-210

小竹雅子, 2018, 『総介護社会』岩波書店

坂本俊彦, 2016, 「地域包括ケアシステム構築における住民参加の可能性」『厚生の指標』63(7)：14-19

柴田範子編, 井上千津子・澤田信子・白澤政和・本間昭監修, 2009, 『介護福祉士養成テキストブック⑥　生活支援技術Ⅰ』ミネルヴァ書房

下山昭夫, 2000, 「高齢者の扶養と介護の社会化」染谷俶子編『老いと家族―変貌する高齢者と家族―』ミネルヴァ書房：205-225

高野和良, 2020, 「コミュニティとはなにか」『よくわかる福祉社会学』ミネルヴァ書房：122-123

田中かず子, 2005, 「ケアワークの専門性―見えない労働『感情労働』を中心に―」女性労働問題研究会『ジェンダー平等戦略のいま』青木書店：58-71

自習のための文献案内

① 春日キスヨ, 2001, 『介護問題の社会学』岩波書店
② 井口高志, 2007, 『認知症家族介護を生きる―新しい認知症ケア時代の臨床社会学―』東信堂
③ 木下衆, 2019, 『家族はなぜ介護してしまうのか　認知症の社会学』世界思想社
④ Glaser, B. G. and A. L. Strauss, 1965, *Awareness of dying,* New York, Aldine Publishing. (＝1988, 木下康仁訳『死のアウェアネス理論と看護　死の認識と終末期ケア』医学書院)
⑤ 田代志門, 2016, 『死にゆく過程を生きる　終末期がん患者の経験の社会学』世界思想社
⑥ 坂口幸弘, 2010, 『悲嘆学入門　死別の悲しみを学ぶ』昭和堂

　①は介護の担い手として家族，その中でもとくに女性が引き受ける背景やセル

フヘルプ・グループの特徴を論じた著作である。②③は家族による介護の諸相を検討した研究であり，認知症家族会についても言及がある。④は1960年代初頭の米国の医療現場における終末期の過程について，当事者の病状認識とそれに基づく相互作用に注目して整理した研究，⑤は死が近いことを患者と周囲の人びとが認識することが前提となっている現代日本の死にゆく過程の諸相を検討した著作である。⑥は死別による悲嘆研究についての概説書であり，主要なテーマと研究動向が解説されている。

第4章

女性のライフコース
──結婚と就業

黒川　すみれ

1　現代の結婚

　私たちは人生の中で，結婚と就業に関するさまざまな選択を行い，その選択は，生活の私的な領域（家庭）にも公的な領域（仕事）にも影響を及ぼす。とくに女性はその影響を強く受け，生活に大きな変化が現れる。結婚を選択したとして，仕事を続けるのか，夫婦の家事分担はどうするか，育児と仕事をどう両立するか。結婚しなかったとして，どのような働き方が可能なのか。結婚と就業をめぐる女性のライフコースに着目すると，女性が抱えやすい困難と必要な支援がみえてくる。本章ではまず，現代の「結婚」の実態から確認しよう。

　1970年代以降，日本の結婚をめぐる状況は大きく変化してきた。それまでは，ほとんどの人が人生で一度は結婚経験をもつ「皆婚社会」であったが，現代では結婚をしない選択をする人が増加し，**未婚化**が進む社会となっている。未婚化は「晩婚化」と「非婚化」の2つの現象により進行する。まずはこの2つに着目して，現代の未婚化がどのように進んだのかをみてみよう。

　晩婚化とは，結婚のタイミングが遅くなることである。図4-1のグラフ（左目盛り）で**平均初婚年齢**の推移をみると，近年になるにつれて，はじめて結婚する年齢が上昇していることが確認できる（厚生労働省　2022a）。戦後すぐの1950年の平均初婚年齢は男性が25.9歳，女性が23.0歳であり，長らく結婚年齢は20歳代に集中していた。しかし2020年時点では，男性が31.0歳，女性が29.4歳となり，30歳を超えて結婚（初婚）することも一般的となっている。

　もうひとつの視点である非婚化とは，生涯結婚をしない人が増えることであ

り，これは図4-1のグラフ（右目盛り）の**生涯未婚率**で確認することができる（総務省統計局　2022a）。生涯未婚率とは50歳時点での未婚率を指す[1]。1990年までは2％弱〜5％強を推移していた生涯未婚率は，2010年時点で男性が2割，女性が1割を超え，2020年では男性が28.3％，女性は17.8％まで上昇している。現在では，結婚をしないという選択は決して珍しいことではない。

　未婚化が進んだ現代では，人びとの結婚に対する意識も変化している。NHK「日本人の意識調査」（図4-2）によると，1993年には，結婚を「するのが当たり前」と考えている人が44.6％，「必ずしもする必要はない」と考えている人が50.5％であり，おおよそ半々に分かれていた（NHK放送文化研究所　2019）。しかし近年になるにつれて「必ずしもする必要はない」という考えの人が増加し，2018年には67.5％にまで増えており，結婚を当然視する考え方が弱まっている傾向にある。未婚化の進行によって結婚をしないライフコースを歩む人たちの存在が身近なものとなり，結婚は誰もが当然のようにするものではなく，個人の自由意思に基づくひとつの選択肢であるという認識が広まっている。

　さらに，結婚（法律婚）というかたちをとらない新しいパートナー関係があることも注目しておきたい。日本では，婚姻届を出さずに事実上の夫婦関係を結ぶ「事実婚」がある。内閣府男女共同参画局の「人生100年時代における結婚・仕事・収入に関する調査」によると，「配偶者（事実婚・内縁）がいる」と回答した人は回答者全体（未婚者含む）の2.3％であった（内閣府男女共同参画局　2022：63）。

　では，なぜ未婚化が現代日本で進んできたのだろうか。未婚化の理由に関する加藤彰彦の研究を紹介しよう。加藤（2011）は未婚化が進んだ主要な要因を2つ指摘している。まず，経済成長が停滞したことによって，主に職業による結婚のチャンスの格差が大きくなり，中小企業や非正規で働く男性から未婚化が進んだという理由である。もうひとつは，かつて親族・地域社会・会社などの身近な共同体が行っていた配偶者候補の紹介がなくなり，若者の結婚を支援する共同体のシステムが弱体化したことが，とくに女性の未婚化を進めたという説明である（加藤　2011：15-16, 23-28）。

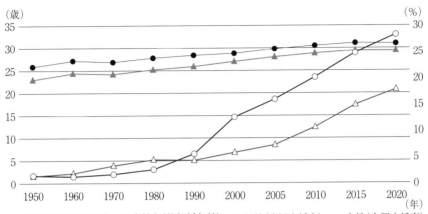

図4-1　平均初婚年齢と生涯未婚率の推移

注）生涯未婚率は45〜49歳と50〜54歳における割合の平均値で算出。
出典）平均初婚年齢：厚生労働省「人口動態調査（昭和25年〜令和2年）」より作成
　　　生 涯 未 婚 率：総務省統計局「国勢調査（昭和25年〜令和2年）」より作成

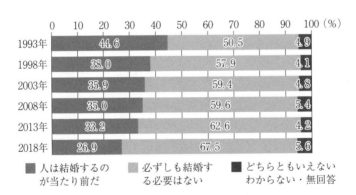

図4-2　結婚に対する考え方

出典）NHK 放送文化研究所「日本人の意識調査（平成5年〜平成30年）」より作成

2　女性の就業：M 字型就労

　結婚やそれにともなう出産といったライフイベントは，女性の働き方を左右する重要なターニングポイントとなる。女性の場合，結婚や出産を理由とする労働市場からの退出が起こり，若年期にキャリアの中断が生じるという就業の

あり方が，日本女性の代表的な就業パターンとして広く知られてきた。いわゆる「**M字型就労**（M字カーブ）」とよばれるもので，女性の就業率を年齢階層別にプロットすると，M字を描くことからそうよばれている。

　これをデータで詳しくみてみよう。図4-3は，総務省「労働力調査」から出生コーホート[2]別に女性の労働力率を示したものである（総務省統計局　2023）。20歳代後半から30歳代にかけて就業率が落ち込み，おおよそ30歳代後半から就業率が高まっていて，全体でみると「M」の形をしていることがわかる。注目したいのは，M字の底が若いコーホートほど浅くなっていることであり，近年になると20歳代後半から30歳代にかけても，仕事を辞めずに働く女性の割合が増えている。

　こうしたM字カーブの変化の背景には何があるのだろうか。現代でも20歳代後半から30歳代は，結婚や出産・育児などのライフイベントが生じやすい

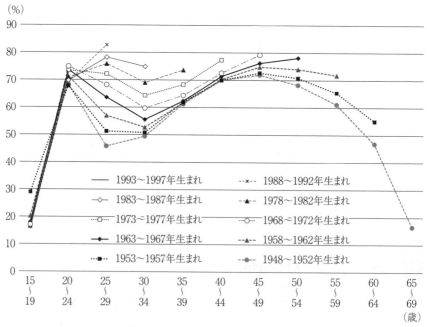

図4-3　出生コーホート別の女性の就業率

出典）総務省統計局「労働力調査（昭和43年〜令和3年）」より作成

年齢である。とくに出産・育児期に仕事を継続するのか，辞めるのかという選択は多くの女性が直面してきた問題だ。国立社会保障・人口問題研究所の「出生動向基本調査」によると，1985年から2000年代前半に第1子が生まれた妻の就業継続割合[3]は25％前後で推移していたが，2015〜2019年では53.8％となり大きく上昇している。**育児休業**制度を利用して就業継続した妻の割合も，2010〜2014年の31.6％から2015〜2019年では42.6％へ大きく上昇している。現代では勤務先の産休・育休制度などを活用しながら，妊娠・出産を経ても離職せずに仕事を継続する女性が増加傾向にある。一方で，出産を機に仕事を辞める女性も，2015〜2019年では23.6％となっており，第1子を生んだ妻の約4人に1人は出産を機に仕事を辞めている。

　出産を機に離職した場合，子どもが一定の年齢になると再び働き始める就業パターンをとる女性が多い。では具体的に，子どもの年齢によって，妻の働き方はどのように変わるのだろうか。同じく「出生動向基本調査」の2015年の結果から，子どもがいる夫婦の妻の就業について確認してみよう。なお，ここでは子どもが1人以上おり，子どもの追加予定がない初婚同士の夫婦について集計したデータを紹介する。末子の年齢が0〜2歳の場合，働いている妻の割合は47.3％であり，内訳は正規雇用が22.7％，非正規雇用が18.0％となっている。これが末子年齢3〜5歳になると，働いている妻の割合は61.2％となり，正規雇用が21.0％，非正規雇用が35.1％となる。子どもの幼稚園入園のタイミングなどで，パート・アルバイトや派遣社員として働き出す妻が増えると考えられる。その後も末子年齢が上がるほど妻の就業率は高くなるが，それは非正規雇用での就業が増えたことによるものであり，出産で離職した女性の再就職先の多くが非正規雇用となっている。

　育児をしながら働く女性にとっては，仕事復帰後に自分のキャリアをどう重ねるかが悩ましい問題となる。とくに正規雇用で働く女性は，残業や突発的な業務への対応が難しいことが多い。このような復職した女性たちが直面しやすいのは，出世や昇進からは程遠いキャリアコースにのせられる，いわゆる「**マミートラック**」問題である。家庭との両立への配慮として，長時間労働のない

部署への配置換えや，裁量度の低い定型的な仕事への業務変更が行われる結果，キャリアアップが望めない働き方に従事せざるを得ない状況が問題視されている（上野　2013：290-293）。仕事と家庭の両立のために，仕事ではキャリアアップの道を諦め，家庭では自分だけが多くの家事・育児を負担する。資料4-1の新聞記事にあるような「もやもや」は，現代の多くの妻たちが抱える問題である。

　最後に，就業を継続する女性が増えたことによるM字カーブの変化については，女性の社会進出によって，女性が結婚や出産を経ても働きやすい環境が整ったという解釈に対して，疑問を投げかける研究もあることを紹介しておこう。吉田崇は，M字カーブの底上げは晩婚化・晩産化によって引き起こされたものであると説明している。多くの女性が20歳代半ばで結婚し，出産を経験していた「団塊の世代」（1947〜1949年生まれ）とよばれる世代を含むコーホートでは，女性が仕事を辞めて家庭に専念するタイミングが同じ時期に集中するので，M字の底が深くなっていた。団塊の世代以降は，結婚年齢も出産

資料4-1　新聞記事「私に偏った育児　夫にもやもや」

　40代後半，家族は夫と中高生の子供2人です。大学卒業後からずっと同じ会社に勤めています。夫とは会社の同期，結婚後も出産まではほぼ同じペースで働き，順調に昇進もしてきました。しかし，出産後は育児休業，時短勤務，育児や家事のほとんどが私にのしかかりました。育児も家事も嫌いではなく，多分私の方が得意分野だろうとも思っていました。でも，仕事が苦手なわけでもなかったので，物理的に色々とあきらめることが増えたのは残念でした。

　その間，夫はマイペースに仕事をし，予想以上に昇進もし，順調そのものです。私からは意気揚々と仕事をしているように見えます。もちろん大変なこともあるのでしょうけど，それすらまぶしいのです。これまで私も何も言わなかったわけではなく，事あるごとに「あなたのビジョンに私や子供たちはいるのか」と。その度に夫は無言を貫き会話にはなりませんでした。

　もやもやしています。私には子供の成長や他の楽しみがあるし，仕事を続けてこられただけでもありがたいことだと言い聞かせて納得しても，すぐにまたもやもやが顔を出します。実際仕事を続けられたのは，大変な時に遠方から手伝いにきてくれた私の両親のおかげでもあります。とはいえ，このもやもやから何か善いものが生まれるとは思いません。早く手放したい。よい方法はありませんか。

出典）2022年12月24日の『朝日新聞』朝刊「悩みのるつぼ」より抜粋

年齢も中央値が高くなり，晩婚化，晩産化が進んだことが確認されている。結婚や出産のタイミングが遅れ，20 歳代後半も働き続ける女性が増加して，結果として女性の就業率は上昇して M 字の底は浅くなっていく。吉田は M 字の底上げを，仕事と家庭がトレード・オフの関係にあって両立が困難であるが故に，結婚・出産が先延ばしにされた結果であると指摘している（吉田　2004：67-68）。

③ 現代日本の分業体制

　これまでみてきたように，多くの女性は結婚や出産・育児などのライフイベントを機に，仕事と家庭をどのように両立させるかという問題に直面する。こうした両立の難しさが主に女性の問題として扱われやすいのは，女性に「家庭を守る」役割を期待する**性別役割分業**が日本社会にあることと関連している。

　性別役割分業とは，「男は外で働き，女は家庭で家事・育児・介護を担う」という分業体制のことである。男性は職場での賃労働に従事して家族を養い，女性は家庭内でケア労働をするという分業は，男性に経済的責任を，女性に家庭責任を求めるものであった。この性別役割分業は，戦後の**高度経済成長期**（1950 年代半ばから 1970 年代初め頃まで）に強まっていった。高度経済成長により産業構造が転換したことで，社会の中心的な労働者は，それまでの農家や自営業者から，企業で働くサラリーマンへと変わっていく。こうした社会の変化の中で，サラリーマンの妻として「**専業主婦**」になる女性が増加した（落合2019：22-23）。家庭内のケア労働を女性が一手に担うことで，男性は多くの時間を稼得就労に集約することが可能となり，経済面からみると，性別役割分業は効率的・合理的な分業スタイルであるとして，広く定着するようになる。

　このような性別役割分業を色濃く反映した家族のかたちを前提として，労働や教育，社会保障など多岐にわたる領域で制度が設計されていった。家計を支える男性に安定的な雇用と賃金を保障できるよう雇用システムが整備され[4]，男性の稼得能力の喪失というリスクに対して社会保険が備えられた[5]。女性と子ど

もは夫の扶養に入り，世帯主である男性を通して福祉を受ける仕組みが出来上がる（岩間　2008：84）。大沢真理はこうした日本の生活保障システムを**「男性稼ぎ主」型生活保障システム**とまとめ，1980年代にかけて形成された日本の生活保障のかたちであると論じた（大沢　2007：53-54）。

　ところが，高度経済成長期に確立した性別役割分業に基づくこの「男性稼ぎ主」型モデルは，バブル経済の崩壊や雇用の不安定化など，1990年代後半のさまざまな社会経済的変化のもとで，その有効性を失っていく。高度経済成長期には，男性が家族を養っていけるほどの収入が見込めたが，長期化した不況のもとでは，それまでのような安定的な収入は望めない。それはすなわち，女性も働いて家計の一端を担うことを求められるようになったことを意味する。かつてのような「稼ぎ手の夫」と「専業主婦」という組み合わせを維持できる社会ではなくなったのである。

　実際にデータで確認すると，かつて女性の代表的なライフコースであった専業主婦は減少していく。「労働力調査」によると，1980年には専業主婦世帯が1,114万世帯，共働き世帯が614万世帯だったが，1992年に専業主婦世帯903万世帯，共働き世帯914万世帯と逆転し，その後5年間ほど同程度で推移して，1997年以降は共働き世帯が大きく増加するという動きをしている[6]。2021年時点では，専業主婦世帯が566万世帯，共働き世帯が1,247万世帯となっている。

　共働き世帯が増え，働く女性の存在が一般的になると，人びとの意識面でも性別役割分業は変化していった。図4-4をみると，「夫は外で働き，妻は家庭を守るべきである」という考え方に「賛成」とする割合は，長期的に減少傾向にあることがわかる[7]（内閣府　2002a，2002b，2002c，2012，2019）。2019年の調査では，「反対」（「反対」＋「どちらかといえば反対」）は過去最多の59.8%となった。現在では性別役割分業に「反対」とする意識が「賛成」を大きく上回っているのである。

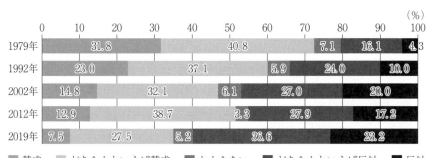

図4-4　性別役割分業についての意識の変化

出典）総理府「婦人に関する世論調査（昭和54年）」，総理府「男女平等に関する世論調査（平成4年）」，内閣府「男女共同参画社会に関する世論調査（平成14年，平成24年，令和元年）」より作成

Practice Problems　練習問題 ▶ 1

　これまでに，性別役割分業を感じた経験はあるだろうか。それはどのような経験で，その時どのように行動しただろうか。自分の経験を振り返ってみよう。

4　夫婦の役割分担

　男性と女性の分業が生活レベルでもっともよくあらわれるのが家事分担である。**家事分担**についても，人々の意識をみると，性別役割分業によらない分担を希望する割合が高い。内閣府の「男女共同参画社会に関する世論調査（令和元年度）」によると，（育児・介護以外の）家事について「自分と配偶者で半分ずつ分担（外部サービスは利用しない）」したいと回答したのが39.7％であり，男女ともにもっとも多い回答だった。「半分ずつ分担」と回答したのは若年になるほど多くなり，20 ～ 29歳の女性では52.6％，男性では55.1％となっている。

　このように人びとの意識レベルでは性別役割分業の弱化がみられるが，では，実態としても，現代日本は経済的責任と家庭責任を男女で分かち合うようになったのだろうか。これを夫婦の生活時間から確認してみよう。表4-1は

表4-1　夫婦（共働き世帯）の生活時間の推移

			夫			妻		
			1986年	2006年	2021年	1986年	2006年	2021年
1次活動		睡　眠	7:46	7:27	7:38	7:13	7:00	7:25
		身の回りの用事	0:47	1:02	1:13	1:03	1:18	1:25
		食　事	1:35	1:34	1:30	1:39	1:36	1:31
2次活動	仕事等	通勤・通学	0:48	0:51	0:53	0:24	0:27	0:29
		仕　事	7:44	7:31	7:12	5:08	4:16	4:04
		学　業	0:00	0:00	0:02	0:00	0:00	0:03
	家事関連	家　事	0:06	0:11	0:24	3:36	3:28	3:15
		介護・看護	—	0:01	0:01	—	0:04	0:04
		育　児	0:03	0:08	0:20	0:19	0:36	1:04
		買い物	0:06	0:13	0:16	0:35	0:37	0:35
3次活動			5:05	5:02	4:32	4:03	4:40	4:05

注）3次活動には「移動（通勤・通学を除く）」「テレビ・ラジオ・新聞・雑誌」「休養・くつろぎ」「学習・自己啓発・訓練（学業以外）」「趣味・娯楽」「スポーツ」「ボランティア活動・社会参加活動」「交際・付き合い」「受診・療養」「その他」が含まれる。
出典）総務省統計局「社会生活基本調査（昭和61年，平成18年，令和3年）」より作成

「社会生活基本調査」から，夫婦と子どもからなる世帯の内，夫も妻も働いている共働き世帯の夫と妻について，それぞれの生活活動の1日あたり平均時間を出したものである（総務省統計局　2022b）。夫の「仕事」の時間は7時間30分前後を推移しているが，妻は4〜5時間ほどであり，夫の労働時間の長さが目立つ。一方で家事については，夫が30分ないのに対して妻は3時間30分ほどであり，家事のほとんどを妻が行っていることがうかがえる。「育児」も同様に女性の方が時間が長い。なぜ夫婦の家事分担に偏りが生じるのだろうか。夫婦間で家事分担に差が生まれる理由を説明するため，これまでにさまざまな仮説が提唱され，その検証が行われてきた。ここではその一部を紹介しよう。

　まず，家事分担に関する仮説は大きく6つある。① 仕事をしていない時間が長い方，つまり時間に余裕がある方が家事を行うという「時間制約説」。② 多く稼いでいる方が家事を回避できるという「相対的資源説」。③ 性別役割分業に肯定的な考えをもつ人はその通りの分担を行うという「イデオロギー／性役割説」。④ 同居する親がいると家事を負担してくれるため，夫の家事参加が

減るという「代替的マンパワー説」。⑤ 子どもの数が多かったり年齢が小さい
と必要となる家事が増えるため，夫の家事参加が促されるという「ニーズ説」。
⑥ 夫婦間の情緒関係が強いほど家事も共同で行うようになるという「情緒関
係説」である。

　共働き世帯の既婚女性を対象とした岩間暁子の分析では，① から ④ の仮説
を検証した結果，① 時間制約説，③ イデオロギー／性役割説，④ 代替的マン
パワー説の 3 つの仮説が支持され（岩間　2008 : 137），夫が常勤で 3 歳以下の
子どもがいる妻を対象とした西岡八郎・山内昌和の分析では，① から ⑤ の仮
説を検証し，すべての仮説が支持された（西岡・山内　2017 : 110-112）。夫婦の
家事分担に関する研究は，分析対象や使用される変数の違いなどによって，得
られる結果が多少異なるものの，計量分析研究を中心に多くの先行研究が蓄積
されている。

5　仕事と家庭の両立

　現代の日本社会は意識面では性別役割分業の弱化がみられるものの，実態と
しては性別役割分業が強く残る社会であることを確認した。ここで，男性と女
性がそれぞれ担うとされている経済的責任と家庭責任を，「労働」という視点
で考えてみよう。

　一般的に労働という時，仕事をすることで賃金を得る有償労働（ペイド・ワ
ーク）のことを意味する。「外で働く」と労働への対価として金銭で報酬を得
ることができるが，「家庭で家事・育児・介護を担う」**家事労働**には賃金が発
生しない。家事労働は有償労働とは異なる無償労働，すなわち**アンペイド・ワ
ーク**となる。外で働くためには，家庭での炊事・掃除・洗濯や，育児・介護な
ど，生活の拠点となる家庭を維持するための家事労働やケア労働がなければな
らない。家事労働は社会が成立するために必要な労働であるにもかかわらず，
それに対価が支払われることがない。I. イリイチはこうした家事労働を，賃労
働を補完する「支払われない」労働であるとして，**シャドウ・ワーク**とよんだ

82

（Illich　1981＝2006：207-209)。

　また，**上野千鶴子**は，労働が「収入を伴う仕事」と「収入を伴わない仕事」
に分割され，さらにそれぞれが男／女という性別によって配当されることに問
題があると論じている。家事労働が「収入を伴わない仕事」であるのは不当に
搾取された「不払い労働」であり，この「不払い労働」から利益を得るのは，
「収入を伴う仕事」とその担い手である男性だと指摘している（上野　1990：
37)。

　そして，性別役割分業が強く残る現代社会においては，共働き女性は有償労
働（仕事）と無償労働（家庭）の二重負担を負うことになる。**A. R. ホックシー
ルド**は，外の仕事から戻ってからも，家庭での多くの家事労働を担わなければ
ならない共働き女性の状況を**セカンド・シフト**と名づけた。家での家事労働が，
外での仕事に続く「第2の仕事」となっていることを意味している
（Hochschild　1989＝1990：7，11)。さらにホックシールドは，外での仕事に自
由な時間ややりがい・幸福を見いだす一方で，子育てや家族との関係に疲弊
し，家庭が安息の場とはなっていないという，仕事と家庭の「逆転」現象につ
いても論じている（Hochschild　1997＝2022：88-95)。

6 働く女性の支援政策

　働く女性が増えた背景のひとつには，1990年代を中心に展開された女性就
業に関する社会政策の存在がある。ここでは，女性の就業に大きな影響を与え
た2つの政策を簡単に確認しておこう。図4-5は，「**男女雇用機会均等法**」と
「**育児・介護休業法**」について主な内容と法整備の流れをまとめたものである。

　男女雇用機会均等法（以下，均等法と表記）は，雇用における女性差別の禁
止と女性労働者の福祉増進から始まり，現在は男女で均等な機会・待遇を確保
するための法律となっている。育児・介護休業法は，育児や家族介護を行う労
働者が仕事と家庭を両立できるよう支援し，その福祉を増進することを目的と
して制定された法律である。いずれも現在に至るまで複数回の法改正が行わ

男女雇用機会均等法	
1985年　制定 ➡	1997年　2006年　2016年　法改正
• 「女性に対する差別」のみを禁止 • 募集・採用，配置・昇進について女性を男性と均等に取り扱う<u>努力義務</u>	• 「性別による差別」を禁止 • 募集・採用，配置・昇進の努力義務→<u>禁止規定化</u> • 間接差別*の禁止 • ポジティブ・アクション*特例規定 • ハラスメント防止のための措置義務

育児・介護休業法		
1991年 ➡ 育児休業法　制定	1995年 ➡ 育児・介護休業法　制定	1999年　2001年　2004年　2009年 2016年　2020年　2021年　法改正
• 1歳未満の子を養育するため，労働者（男女問わず）が育児休業を取得できる「権利」を明確化	• すべての事業所で育児休業が義務化 • 要介護状態にある家族を介護するための休業制度導入の<u>努力義務</u>	• 介護のための休業制度導入を義務化 • 休業することを理由とした解雇や降格などの不利益取扱いを禁止 • 有期雇用者の休業取得が可能に • 産後パパ育休（出生時育児休業）の創設　など

図4-5　男女雇用機会均等法と育児・介護休業制度の法整備

注1）間接差別とは，性別以外の事由を要件とすることが，実質的な性別による差別となる措置を講じること。（例：採用や昇進にあたり，転居を伴う転勤実態がないにもかかわらず，全国転勤できることを要件としている）
　2）ポジティブ・アクション（積極的格差是正措置）とは，事実上生じている男女格差を解消するために企業が行う取り組み。（例：従来の性差別的な雇用管理により管理職になっている女性が少ない場合に，昇進試験合格者から女性を優先して昇進させる）
出典）筆者作成

れ，法律で定める制度のさらなる充実化を図ってきた。

　これらの法律は女性の就業にどのような効果をもたらしたのだろうか。樋口美雄は，均等法が施行される前と後の世代を比較した分析を行い，均等法の改正が正規雇用で働く女性の離職を引き下げたことを指摘している[8]。ただし，女性が正規雇用で働き続けるためには，法整備だけでなく，法に基づく就業支援を企業がどう運用していくかという視点も必要である。とくに育児休業制度の導入について，「制度さえ導入されれば，自動的に継続就業率が上昇するわけではない」とし，「むしろ制度の導入とともに，それをいかにして利用しやすくしていくかといった企業の環境整備や運用上の工夫が重要である」と述べて

いる（樋口　2009：122）。育児休業制度については，制度単独の効果ではなく，親族による援助や保育所の利用と組み合わさることによって就業の継続を高めているという指摘もある（今井・池田　2006：40）。

　これらの法律は時代背景を反映しながら，今後も改正が続けられるだろう。2022年10月には改正育児・介護休業法により産後パパ育休（出生時育児休業）が施行された。男性の育児については5章でもふれられているが，男性の育休取得は，女性の出産後の復職やキャリア形成の選択肢を増やすことにもつながるだろう。法整備だけでなく，企業による女性社員の両立支援やキャリア形成を後押しする具体的な取り組みが，持続的に行われていくことが期待される。

Practice Problems　練習問題 ▶ 2

　厚生労働省のホームページに「女性の活躍推進・両立支援に積極的に取り組む企業の事例集」があり，企業名や業種，所在地で検索できる。自分の居住地や関心のある業種などを設定して，検索してみよう。

7 働く女性の就業実態

　働く女性の増加とともに，仕事と家庭の両立支援や，女性の就業支援政策の充実化が目指されている。では，現代社会で女性が働くという時，具体的に女性はどのような働き方をしているのだろうか。ここで，男性の就業と女性の就業を比較しながら，統計データをもとに女性就業の全体像を確認しよう。

　2021年の「労働力調査」によると，雇用者として働く男性は約2,994万人，その内正規雇用は約2,343万人（78.2%），非正規雇用は約652万人（21.8%）である。女性の雇用者は約2,635万人，その内正規雇用は約1,222万人（46.4%），非正規雇用は約1,413万人（53.6%）である。女性雇用労働者の半分以上が非正規雇用で働いており，非正規率は女性の方がかなり高くなっている。

　続いて，男女の収入はどうだろうか。男女の平均賃金（令和3年「賃金構造基本統計調査」より）は，男性が33万7千円，女性が25万4千円となっており，女性の方が賃金が低くなっている。男女の賃金について，もう少し詳しく

みてみよう。図 4-6 は一般労働者（短時間の労働ではなく，いわゆるフルタイム
勤務）における各年齢区分の所定内給与額（社会保険料などを控除する前の給与
額から，残業や休日出勤などの超過労働による給与額を差し引いた額）を示したも
のである（厚生労働省　2022b）。グラフをみると，給与水準がもっとも低いの
は非正規の女性，次いで非正規の男性，正規の女性，正規の男性の順になって
いる。同じ一般労働者（フルタイム勤務）であっても，非正規雇用は正規雇用
よりも給与水準が低い。女性には非正規雇用が多いため，単純に男女で平均賃
金を比較すると，女性の方が男性よりも低くなるのである。

　図 4-6 でもうひとつ注目したいのは，正規雇用の男女間の給与の格差であ
る。年齢が上がるにつれて男性の正規雇用の給与は大きく上昇するが，女性の
正規雇用はあまり上昇せず，男女の差が開いている。山口一男は，男女の**所得
格差**拡大の要因について，とくに 40 歳以降で拡大していく所得格差は，男性
に管理職が多いことが理由であり，男女の管理職への昇進機会の不平等の結果
生じるものであると指摘している（山口　2017：134-135）。実際に民間企業の
役職者における女性割合（令和 3 年「賃金構造基本統計調査」）を確認すると，

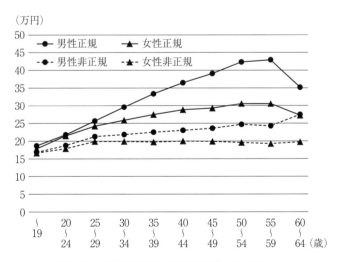

図4-6　各年齢階層における所定内給与額

出典）厚生労働省「令和3年　賃金構造基本統計調査」より作成

係長相当では21.3％，課長相当では13.2％，部長相当では8.9％となり，男女比にかなり偏りがあることに加えて，役職が上がるにつれて女性割合は少なくなる。

　男性と女性の就業は働き方や所得水準，管理職昇進などさまざまな面で異なっているが，未婚の女性は家計の担い手となることも多く，とくに単身世帯の場合は稼ぐことが求められ，男性と同様の働き方が想定される。しかし2021年の「労働力調査」をみると，未婚女性（15歳～64歳）の雇用者は約802万人，その内正規雇用は約493万人（61.5％），非正規雇用は約302万人（37.7％）であり，非正規雇用で働く未婚女性は少なくない。江原由美子は，経済的に不安定な状況におかれやすい未婚の非正規女性たちを「女性の貧困」問題のひとつとし，この「**女性の貧困**」がみえにくくなっていることを問題視している。すべての女性が「未婚期は父親に，結婚したら夫に，高齢になったら遺族年金か跡取り息子に扶養される」わけではなく，むしろ現代では「家族に包摂されない女性」たちが急速に増加しているのに，従来の性別役割観を前提にした女性労働（女性は稼ぎ手ではなく家計補助的に働くという位置づけ）が強固に維持されていることが「女性の貧困」をみえにくくしている（江原　2015：47-49）。

8 　農村に暮らす女性

　ところで，女性の結婚や働き方は，暮らしている地域社会によって大きく変わってくる。たとえば，都市部に暮らす女性と農村部に暮らす女性とでは「結婚すること」がもつ意味や，どのような職に就くかという働き方の選択肢が異なるだろう。そうした点でいえば，6節や7節で紹介した，働く女性の支援政策や未婚女性の就業についての議論は，企業に雇用されて働く都市部の女性を想定したものであるといえる。そこで本節では，農村で暮らす女性に焦点を当てて，**農村女性**のライフコースを結婚と就業という2つの視点からとらえてみよう。

　農村地域で農業に従事する女性は，一般的に「農家の嫁」となることで夫の
家の農業経営に携わっていた。齋藤理恵子は長崎県壱岐市でフィールドワークを
行い，1960〜90年代に農家の嫁として農村に生きた女性の姿を描いている。
農村女性は「嫁」や「妻」「母」「農家の主婦」など，さまざまな立場で農業経
営を支える重要な役割を担っていた。農家の跡取り息子と結婚した女性が，嫁
いだ頃は農家の嫁という農作業をする「テマ（労働力）」としてしかみなされ
なかったが，子どもが生まれ学校にいく頃になると，家計を任されるようにな
り，主体的に農業経営に関わる「農業のプロ」に転換していく。そこでは，村
落の婦人部やサークルの活動にも積極的に参加し，家の外で自分の時間をもち
ながら，そこでの活動を農業にも還元していこうとする，生き生きとした農村
女性の姿がある。齋藤はこうした変容を，農家の「嫁」から農家の「女性」へと
自己認識が変化する過程であると指摘している（齋藤　2007：144-146）。

　農村地域では，家の農業後継者である男性と結婚することは，すなわち農家
の嫁として農業に従事することであり，結婚と就業が密接に結びついていた。
実際は農業のみに専念するのではなく一時的な出稼ぎ労働をする場合もある
が，出産や農業への長期的な参加を経て，農家の嫁として，家の農業経営に関
与する主体的な農業従事者となっていく（柏尾　2014：234-244）。

　一方で，現代では農業に従事する女性は急激に減少している。農林水産省
「農林業センサス」によると，ふだん仕事として主に自営農業に従事している
「基幹的農業従事者」は，1960年には全体で約1,175万人という規模だった
が，1990年にはその4分の1の約293万人になり，2020年では約136万人に
まで減少した。女性においては数が減少しているだけでなく，基幹的農業従事
者に占める割合も低下しており，1990年に50％をきると，2020年には39.7％
となった。女性農業従事者の減少要因には，都市部への人口流出や，男性農業
従事者の未婚化によって農家の女性世帯員が減少したこと，農業以外の産業で
女性労働力の需要が高まったことなどがあげられている（佐藤　2018：105-
106）。

　農業に従事する女性が減少する中で，1990年代に注目され始めたのが**農村**

女性起業である。農村での企業は，地元産の農作物や景観などの地元の資源を活用して行うビジネスであり，女性が主な経営の担い手となって地元の地域振興に貢献するような経済活動を農村女性起業とよんでいる。農村女性起業の活動として代表的なのは地域農産物の販売や食品加工であり，直売所や道の駅などで野菜や生花，パンや総菜，土産用の加工食品などさまざまな商品を販売している（藤井　2011：139-140）。

　農林水産省が実施した「農村女性による起業活動実態調査（平成28年度)」によると，1997年に4,040件だった女性起業数は2016年には9,497件まで増加している。農村女性起業の活動としてもっとも多いのは「食品加工」(70.7％）であり，次いで「流通・販売」(69.1%)，農家民宿や農産加工体験，農家レストランなどの「都市との交流」(30.5%）となっている。

　農業に従事する人口が急激に減少し，現代では農村においても農業に従事する女性は少数派となった。農村に暮らすほとんどの女性が「農家の嫁」となり，結婚と農業が深く結びついていた時代から，現代は女性が農業に限定されない経済活動の主体として生きる時代に変化している。

⑨　女性の多様なライフコース

　女性のライフコースは「結婚」と「仕事」をどう選択するかによって大きく変わる。かつての代表的な女性のライフコースであった「専業主婦」は，結婚をして仕事を辞め，家庭での家事労働や育児に専念するという選択が行われたものであるが，これは社会の近代化や高度経済成長といった社会背景のもとで出現したものだった。

　しかし，長引く不況と雇用の不安定化という大きな変化を迎えた現代では，専業主婦は簡単に選択できるようなライフコースではなくなっていく。「男性稼ぎ主」型モデルを前提とした性別役割分業が色濃く残る中で，女性たちは無償労働（家事労働）と有償労働（賃労働）の双方に従事する「共働き」という選択をとるようになった。そして，女性の就業を支援する政策が展開されるよ

うになり，出産後も正規雇用で仕事を継続する女性や，出産を機に仕事を中断・再就職する女性など，共働き女性の中でさまざまな働き方の選択が行われる。

　一方で，結婚を選択しない「未婚女性」が増えている。家計の担い手となる女性も存在する中，非正規雇用で不安定な経済状況におかれる女性が少なくない。「女性の貧困」がみえなくなっている現代の社会構造について，いまいちど考える必要があるだろう。女性の結婚や就業が，暮らしている地域社会で変わってくることも重要である。都市部と農村部それぞれにおいて，結婚と就業という 2 つの視点から，女性のライフコースの変化をとらえてほしい。

✎ 注 ....

1) 人口学的には 50 歳時点の未婚率を「生涯未婚率」としている。

2) 出生コーホートとは，同時代に生まれた人口集団を指すもので，世代による変化を追うことが可能となる。

3) 第 1 子を生んだ妻（妊娠前から無職だった妻を含む）の内，就業を継続した者の割合。

4) この雇用システムは「日本型雇用システム」とよばれるもので，「長期雇用」「年功賃金」「企業別組合」の 3 つの特徴をもっている。「長期雇用」は終身雇用ともよばれ，定年まで雇用を維持するという会社と労働者の長期的な関係のこと。「年功賃金」は年功序列ともよばれ，労働者の年齢もしくは勤続年数に比例して賃金が上昇する賃金制度のこと。「企業別組合」は同じ企業の正社員で構成される労働組合で，労働者が賃金や待遇などについて会社と交渉するための労働組合を，企業別に組織すること。

5) リスクに対する社会保険とは，稼ぎ手としての男性雇用労働者を「標準」の被保険者とする社会保険制度を示している。

6) ここでの専業主婦世帯とは，「夫が非農林業雇用者で妻が非就業者」の世帯であり，共働き世帯とは「夫婦ともに非農林業雇用者」の世帯を指す。

7) 2012 年の「賛成」「どちらかといえば賛成」の割合が増えているのは，賛成の割合が高い高齢層（60 歳以上）が他の調査年度よりも比較的多く含まれていることの影響が考えられる。

8) 均等法が女性の就業継続にもたらした効果については解釈が分かれている。今井幸子・池田心豪は均等法以降の世代において，出産まで雇用を継続する女性が増えたわけではないことを指摘している（今井・池田　2006：36-37）。

■ **参考文献** ……………………………………………………………………………………

江原由美子，2015，「見えにくい女性の貧困—非正規問題とジェンダー——」小杉礼子・宮本みち子編『下層化する女性たち—労働と家庭からの排除と貧困—』勁草書房：45-72

藤井和佐，2011，『農村女性の社会学—地域づくりの男女共同参画—』昭和堂

樋口美雄，2009，「女性の継続就業支援策とその効果」武石恵美子編『女性の働き方』ミネルヴァ書房：106-130

Hochschild, A. R., 1989, *The Second Shift: Working Parents and the Revolution at Home,* Viking Press. (＝ 1990，田中和子訳『セカンド・シフト：第二の勤務—アメリカ共働き革命のいま—』朝日新聞社)

——, 1997, *The Time Bind: When Work Becomes Home and Becomes Work,* New York: Metropolitan Books. (＝ 2022，坂口緑・中野聡子・両角道代訳『タイムバインド—不機嫌な家庭，居心地がよい職場—』筑摩書房)

Illich, I., 1981, *Shadow Work,* Marion Boyars Publishers. (＝ 2006，玉野井芳郎・栗原彬訳『シャドウ・ワーク—生活のあり方を問う—』岩波書店)

今井幸子・池田心豪，2006，「出産女性の雇用継続における育児休業制度の効果と両立支援の課題」『日本労働研究雑誌』553：34-44

岩間暁子，2008，『女性の就業と家族のゆくえ—格差社会のなかの変容—』東京大学出版会

柏尾珠紀，2014，「農の世界の女性たち—農家の嫁，新規就農者，農家の娘—」徳野貞雄・柏尾珠紀『T型集落点検とライフヒストリーでみえる家族・集落・女性の底力—限界集落論を超えて—』農山漁村文化協会：232-261

加藤彰彦，2011，「未婚化を推し進めてきた２つの力—経済成長の低下と個人主義のイデオロギー——」『人口問題研究』67⑵：3-39

厚生労働省，2022a，「人口動態調査　確定数（婚姻）2021 年　全婚姻—初婚別にみた年次別夫妻の平均婚姻年齢及び夫妻の年齢差」（2022 年 12 月 4 日取得，https://www.e-stat.go.jp/dbview?sid=0003411844)

——，2022b，「令和 3 年　賃金構造基本統計調査　一般労働者　雇用形態別　正社員・正職員計／正社員・正職員以外計」（2022 年 12 月 10 日取得，https://www.e-stat.go.jp/stat-search/files?page=1&layout=datalist&toukei=00450091&tstat=000001011429&cycle=0&tclass1=000001164106&tclass2=000001164107&tclass3=000001164113&tclass4val=0)

内閣府，2002a，「婦人（1 部）に関する世論調査（昭和 54 年 5 月調査）」（2022 年 12 月 4 日取得，https://survey.gov-online.go.jp/s54/S54-05-54-02.html)

——，2002b，「男女平等に関する世論調査（平成 4 年 11 月調査）」（2022 年 12 月 4 日取得，https://survey.gov-online.go.jp/h04/H04-11-04-11.html)

——，2002c，「男女共同参画社会に関する世論調査（平成 14 年 7 月調査）」（2022 年 12 月 4 日取得，https://survey.gov-online.go.jp/h14/h14-danjo/2-3.html)

——，2012,「男女共同参画社会に関する世論調査（平成 24 年 10 月調査）」（2022年 12 月 4 日取得，https://survey.gov-online.go.jp/h24/h24-danjo/2-2.html）

——，2019,「男女共同参画社会に関する世論調査（令和元年 9 月調査）」（2022 年12 月 4 日取得，https://survey.gov-online.go.jp/r01/r01-danjo/2-2.html）

内閣府男女共同参画局，2022,『令和 4 年版　男女共同参画白書』

NHK 放送文化研究所，2019,『第 10 回「日本人の意識」調査（2018）結果の概要』（2022 年 11 月 15 日取得，https://www.nhk.or.jp/bunken/research/yoron/20190614_1.html）

西岡八郎・山内昌和，2017,「夫の家事や育児の遂行頻度は高まったのか？―3 歳以下の子を持つ常勤の夫に関する分析―」『人口問題研究』73(2)：97-116

落合恵美子，2019,『21 世紀家族へ―家族の戦後体制の見かた・超えかた（第 4版）―』有斐閣

大沢真理，2007,『現代日本の生活保障システム―座標とゆくえ―』岩波書店

佐藤真弓，2018,「家族農業経営における女性労働力の現状と動向」農林水産政策研究所編『日本農業・農村構造の展開過程―2015 年農業センサスの総合分析―』農林水産政策研究所：97-113

総務省統計局，2022a,「国勢調査　時系列データ　配偶関係（4 区分），年齢（5 歳階級），男女別 15 歳以上人口―全国（大正 9 年～令和 2 年）」（2022 年 12 月 4 日取得，https://www.e-stat.go.jp/dbview?sid=0003410382）

——，2022b,「令和 3 年　社会生活基本調査　調査票 A に基づく結果　時系列統計表　世帯の家族類型、共働きか否か、行動の種類別総平均時間の推移（夫・妻、週全体）（昭和 61 年～令和 3 年）」（2022 年 11 月 14 日取得，https://www.e-stat.go.jp/stat-search/files?page=1&layout=datalist&toukei=00200533&tstat=0000011158160&cycle=0&tclass1=000001158164&tclass2=000001158187&tclass3val=0）

——，2023,「労働力調査（基本集計）長期時系列データ　年齢階級（5 歳階級）別労働力人口及び労働力人口比率」（2023 年 3 月 1 日取得，https://www.e-stat.go.jp/stat-search/files?page=1&layout=datalist&toukei=00200531&tstat=0000011110001&cycle=0&tclass1=000001040276&tclass2=000001011681&tclass3val=0）

靏理恵子，2007,『農家女性の社会学』コモンズ

上野千鶴子，1990,『家父長制と資本制』岩波書店

——，2013,『女たちのサバイバル作戦』文藝春秋

山口一男，2017,『働き方の男女不平等―理論と実証分析―』日本経済新聞出版

吉田崇，2004,「M 字曲線が底上げした本当の意味―女性の『社会進出』再考―」『家族社会学研究』16(1)：61-70

自習のための文献案内

① Hochschild, A. R., 1997, *The Time Bind: When Work Becomes Home and Becomes Work,* New York: Metropolitan Books.（＝2022, 坂口緑・中野聡子・

　　両角道代訳『タイムバインド―不機嫌な家庭，居心地がよい職場―』筑摩書房）
②　Illich, I., 1981, *Shadow Work,* Marion Boyars Publishers.（＝2006，玉野井芳
　　郎・栗原彬訳『シャドウ・ワーク―生活のあり方を問う―』岩波書店）
③　藤井和佐，2011，『農村女性の社会学―地域づくりの男女共同参画』昭和堂
④　小杉礼子・宮本みち子編『下層化する女性たち―労働と家庭からの排除と貧困
　　―』勁草書房

　　① は仕事と家庭との間で抱える葛藤を描き出した著作。アメリカの共働きカッ
プルへのインタビュー記録は，現代日本においても多くの共感をよぶリアリティが
ある。② は社会哲学者のI. イリイチの著作で，決して平易な内容ではないが，ま
ずは本章の内容と関連する部分を読み進めてみてほしい。③ は農村の女性リーダ
ーに焦点を当てた地域社会学の研究書。④ は若年女性の下層化問題を多角的に検
討した研究書。

第5章

少子化と子育て支援

松本　貴文・市原　由美子

1 少子化・子育て支援と福祉社会学

　日本では，1990年頃から，**少子化**が重要な社会問題として認識されるようになり，さまざまな少子化対策が講じられてきた。その一環として，子育てにかかる経済的負担の軽減や，安心して子育てができる環境整備を進めるための**子育て支援**政策が推進されてきた。

　今日では少子化対策や子育て支援に関する報道を目にする機会も多く，これらが社会全体の幸福という意味での，「広義の福祉」（武川　2011：9）と関連しているということを理解するのは難しくないだろう。くわえて，子どもは生活していくために他者からのケアを必要とする存在であり，子育てに携わる親もケアの担い手としてのさまざまな負担を引き受けることになる。それ故，子育て支援は社会的に弱い立場にある人びとの幸福追求を支援するという意味での，「狭義の福祉」（武川　2011：9）とも関わっている。

　本章では，少子化と子育て支援に関連する統計資料や既存研究の成果を紹介し，読者にこれらのテーマについて社会学的に考えるための基礎を身に付けてもらうことを目的としている。少子化と子育て支援は，福祉以外にも家族，ジェンダー，産業，労働，社会的ネットワークなど社会学の幅広い領域と関わっている。本章では，とりわけ**地域社会（コミュニティ）**との接点に焦点をあてる。従来の少子化対策や子育て支援は，中央や都市部での子育てを念頭においていた。しかしながら，後ほど確認するように，地域社会ごとに少子化の進展状況や子育てを取り巻く環境には違いがある。そこで本章の後半部分では，農

94

村と地方都市の事例を取り上げ，それぞれの地域社会における子育て支援の特徴や意義に目を向けることにする。

2 統計資料からみる少子化 ：出生数と合計特殊出生率の推移

　2003 年に公布された**少子化社会対策基本法**の前文では，現代の「急速な少子化の進展」を「有史以来の未曾有の事態」と表現している。まずは，このように表現される少子化の現状を統計資料をもとに確認しよう。

　少子化という言葉は一般に，出生率が低下し子どもの数が減少することを意味している。そこで，**出生数**と**合計特殊出生率**の推移をみてみよう。合計特殊出生率とは，15 歳から 49 歳までの女性の年齢別出生率を合計した値であり，ひとりの女性が一生の間に産む子ども数の近似値として，少子化に関する議論で頻繁に参照される指標のひとつである。なお，その社会において，人口が増加も減少もしない均衡状態となる合計特殊出生率の値は**人口置換水準**とよばれ，現代の日本ではおよそ 2.07 とされている。合計特殊出生率の値がこれを長期的に下回る時，少子化が深刻となる。

　図 5-1 は，戦後日本の出生数と合計特殊出生率の推移を表したものである（厚生労働省　2022）。この図においてまず注目されるのが，1950 年代における急激な出生数と合計特殊出生率の減少である。1949 年に約 270 万人であった出生数は，1960 年には約 161 万人に減少し，同時期に合計特殊出生率は 4.32 から 2.00 まで低下している。その後，1966 年の例外（干支の組み合わせで「ひのえうま」にあたり，この年に生まれた女性は気性が激しいと信じられていたため，出生数が減少した）を除き，1970 年代前半まで出生数は緩やかに増加する傾向がみられ，合計特殊出生率も人口置換水準に近い値で推移していた。しかし，1970 年代の後半から出生数，合計特殊出生率ともに漸減傾向が続き，1989 年には合計特殊出生率が 1966 年の 1.58 を下回る 1.57 となった（**1.57 ショック**）。その後も現在まで大きな変化はみられず，2021 年の出生数は約 81 万人，

合計特殊出生率は 1.30 となっている。

　このように戦後の日本社会の少子化は，大きく 2 つの段階に分かれて発生した。第 1 段階である 1950 年代に生じた急激な出生数と合計特殊出生率の減少は，近代化という社会変動と密接に結びついている。近代以前の社会は，死亡率が高くそれを補うためにたくさんの子どもを産む多産多死社会であった。これに対し，近代化によって医療や公衆衛生が発展し，感染症の予防や治療法が確立されたことで平均寿命がいちじるしく上昇すると，子どもの数も減少し少産少死社会へ移行していく。これを**人口転換**とよぶ。この過程で子どもはたくさん生まれるが乳幼児死亡率などは低下する多産少子の時期が生じ，その社会の人口を増加させる（人口ボーナス）。日本ではすでに戦前から合計特殊出生率の減少が始まっていたが，戦後になるとそれまで違法であった人工妊娠中絶が，1948 年の優生保護法の成立により合法化され，少子化傾向が加速した。とはいえ，先ほど述べたようにこの段階の合計特殊出生率は人口置換水準近く

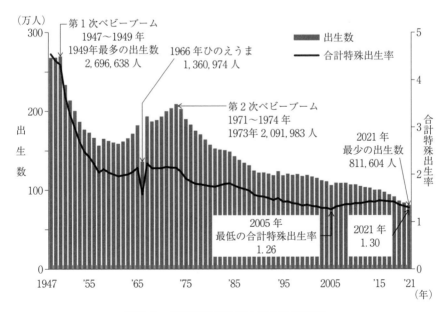

図5-1　合計特殊出生率と出生数の推移

出典）厚生労働省「令和3年　人口動態統計月報年計（概数）の概況」より一部修正

を維持しており, そのことが深刻な社会問題とはみなされなかった。

少子化の第2段階は, 1970年代後半から現在まで続くなだらかな出生数と合計特殊出生率の減少である。第2段階では, 合計特殊出生率の値が人口置換水準を大きく割り込むようになり, 少子化が社会問題化していく。2000年代後半からは総人口の減少も始まり, 人口に対する社会的関心がより一層高まった。この第2段階の少子化も人口転換と同様, 先進各国に広くみられる現象であり, これを近代社会からポストモダン社会への移行によって生じる第2の人口転換とする見方もある。

3 少子化と家族の変化

子ども数の変化は社会のさまざまな要因と関連するが, とりわけ, それぞれの時代の**家族**のあり方と密接な関係がある。

第1段階の少子化が生じた1950年代は, 日本において**近代家族**が一般化していく時代と重なっている。近代家族とは, その名の通り, 近代社会に適合的あるいは理想的とされる家族のことである。近代家族の特徴について田間泰子は, 「① かたちとして核家族であること, ② 家族のなかでの情緒的絆が強まること, ③ 夫婦が性別役割分業を行うこと」(田間 2015a : 27) の3つに整理している。こうした家族は工業化による産業構造の転換とともに登場し, 日本では戦後の**高度経済成長期** (1955 〜 73年) に全国的に広く一般化した。

落合恵美子は, このように近代家族が一般化したことで誰もが似たような人生を歩み, 似たような家族を形成した時代を, **家族の戦後体制**とよんでいる (落合 2019 : 75)。この家族の戦後体制の特徴のひとつに, ほとんどの既婚女性が2〜3人の子どもを産むようになる, **再生産平等主義**がある (落合 2019 : 70)。高度経済成長による産業構造の転換によって日本が「農業社会」から「サラリーマン社会」へ移行したことで, 「子どもの価値」が家業の担い手としての「生産財」から可愛がり一緒に生活を楽しむための「消費財」へと変化し, 愛情やお金を十分に注ぐために人びとは子ども数を制限するようになった

（落合 2019：57-58）。

　これに対し，1970年代後半からの少子化の第2段階は，近代家族の解体に
ともなう**家族の個人化**や**多様化**と対応している。近代家族は夫婦や親子の間の
愛情が強調され民主化された家族とされた一方で，夫が公的領域を妻が私的領
域を担うという，夫婦間の**性別役割分業**を内包していた。1960年代後半から始
まった第2波フェミニズム運動では，このような日常生活の中にある性差別が
問題化され，女性の社会進出を求める声が強まった。こうした家族と社会の変
化をとらえて目黒依子は，産業革命後に登場した近代家族を単位とする社会か
ら，性役割革命によって個人を単位とする社会への移行が生じる可能性がある
と指摘した（目黒 2007：251-255）。近代家族が解体したといえるのかについ
ては専門家の間でも見解の相違があるが，国立社会保障・人口問題研究所が実
施している「出生動向基本調査」の結果をみると，2021年の第16回調査で
は，結婚し子どもをもつが仕事を続ける「両立コース」を理想とする女性がは
じめて最多（34.0％）となったほか，結婚をせず仕事を続ける「非婚就業コー
ス」や，結婚するが子どもをもたず仕事を続ける「**DINKs**（Double Income No
Kids）コース」を理想とする女性も増加しており（国立社会保障・人口問題研究
所 2022：31-32），結婚や子どもをもつことに対する意識について，近代家族
の理想から明確な変化がみられる。

　なお，家族に関わる現象の中でも，第2段階の少子化と直接的に関係してい
るのは**未婚化（晩婚化と非婚化）**である。廣嶋清志（2000：16）によれば，1970
年から2000年までの合計特殊出生率の低下の内，56.7％が非婚化，13.5％が
晩婚化によって説明される。生涯未婚率がいちじるしく上昇していることにつ
いては，すでに4章で説明されている通りである。日本では，結婚している夫
婦の間に生まれてくる嫡出子が圧倒的に多く（非嫡出子の割合は2％程度），未
婚化が少子化に与える影響はきわめて大きい。

４ 少子化対策と子育て支援の展開

　ここまで少子化の進展とその背景にある要因を確認してきたが，そもそも子どもが減ることの何が問題なのだろうか。**松田茂樹**（2021：17-22）は，少子化によって生じる負の影響として，① 社会保障の持続が困難となること，② 労働力人口や消費者の減少による経済力・国力の低下，③ 政治において高齢者の希望が重視され若者の意見が届かなくなること，④ 地域社会における人と人とのつながりや助け合いが減少することの４点をあげている。これらの影響は国家にとっても看過できないものであり，子育て支援を含む少子化対策が必要とされてきた。そこで，次に少子化対策や子育て支援政策の展開について確認しよう。

　松田（2021：216-224）は，国の少子化対策を３つの時期に分けてそれぞれの特徴を以下のように述べている。第Ⅰ期である 1990 年代は，1994 年の**エンゼルプラン**とこれを実施するための緊急保育対策等五か年事業からはじまった。1999 年にはそれらを見直し，少子化対策推進基本方針と新エンゼルプランが策定された。この時期の少子化対策の中心は保育の充実であった。第Ⅱ期である 2000 年代〜 2010 年代前半は，それまでの保育の充実にくわえて仕事と子育ての両立支援が注目されるようになった。2003 年の少子化社会対策基本法と次世代育成支援対策推進法により方針が明確化され，各種政策が実施されていった。「**ワークライフバランス**」という言葉が注目されるようになったのは，この頃からである。第Ⅲ期である 2010 年代半ば以降は，新しい視点を含みながら少子化対策の幅が拡大していく。2014 年に始まる地方創生では，都市に焦点をあててきた少子化対策が地方に広げられた。これに続く，2016 年のニッポン一億総活躍プランでは，「希望出生率 1.8[1]」という目標が掲げられ，その実現のため働き方改革や子育て環境の整備がすすめられた。さらに，2019 年から実施された**幼児教育無償化**では，３〜５歳児に関しては共働き世帯，専業主婦世帯，ひとり親世帯を含むすべての世帯が対象となり，共働き世帯重視の従来路線とは異なる点で画期的だった。

　少子化対策・子育て支援政策の展開について，1990 年以降を 10 年区切りで
3 段階に分ける整理もある。井上清美（2015：72-73）は，1990 年代を「少子化
対策の始まり」，2000 年代を「総合的な子育て支援政策への転換」，2010 年代
を「望ましい子育て支援の模索」とし，少子化対策としての「保育に欠ける」
家庭を対象とする保育・子育て支援制度から，すべての子どもを対象とする普
遍的保育制度への転換期を迎えていると論じている。また，林寛子は，担い手
に着目しつつ，「国の施策に基づいた保育対策中心の公的支援から，地域住民
等によるボランティアが公的支援を補う，あるいは代わるものとして新たに地
域において創出される支援になってきている」（林　2017：229）と述べ，子育
て支援政策が地域づくりへと結びつけられるようになったと指摘している。

5　少子化対策はなぜ成功しないのか

　こうした国の少子化対策や子育て支援政策は，どの程度効果を発揮したのだ
ろうか。もちろん，少子化の進展を防ぐ効果があったことは否定できないもの
の，日本の合計特殊出生率が現在も 1.57 ショックの水準を下回っていること
から（図 5-1），根本的な解決には至っていないと評価せざるを得ない。

　このように，従来の少子化対策が期待された効果を発揮していない理由とし
て，松田（2021：228-229）は，これまで主に都市部の正規雇用者同士の共働き
世帯を主な対象として保育や両立支援を充実させてきたのに対し，実際の少子
化の要因は若年層の雇用や出会いの喪失による未婚化や，子どもを産むことに
関する価値観や規範意識の変化にあり，両者にミスマッチが生じていたからだ
と述べている。

　同様に，**山田昌弘**（2020：38-43）も，従来の少子化対策が「大卒，大都市居
住，大企業正社員」の男女を前提に進められ，「大卒でなかったり，地方在住
だったり，中小企業や非正規雇用者」の男女に目が向けられてこなかったこと
を失敗の要因としてあげている。くわえて，山田は，従来の政策が欧米中心主
義的発想に基づいており，「リスク回避」傾向や「世間体重視」，子どもへの強

100

い愛着という日本に特有の価値意識について考慮していない点を批判している（山田　2020：56-68）。

　また，赤川学は，関連する統計資料や調査結果の批判的検討および高田保馬の少子化論をふまえて，「男女共同参画・ワークライフバランス・男性の育児参加・雇用政策・地方創生が充実すれば，子どもが増える」というのは，「実効性のないスローガン」にすぎないと評価する。したがって，子どもが減っても社会が回るような仕組み作りが必要だという（赤川　2017：168-170）。少子化を解決せねばならない社会問題とする見方が常識となる中，このような指摘は重要な意味をもつといえる。

<hr>

Practice Problems　練習問題 ▶ 1

　これからの社会を考える上で，少子化は解決するべき社会問題だろうか，それとも社会を設計する上で前提とするべき事項だろうか。参考文献などを参照しつつ考えてみよう。

6　子育ての現状と支援の必要性

　ここまでみてきたように，少子化対策の一環として考えられることの多かった子育て支援だが，出生率の回復に効果がないとしてもその必要性が失われるわけではない。子育ての過程で何らかの困難に直面している人たちに対し，支援を提供することが望ましいという考え方は否定されないからである。すでに確認したように，政策的にも少子化対策とは別の視点から，子育て支援の必要性が議論されるようになってきている。

　では，子育ての過程でいったいどのような困難が生じるのだろうか。まずは日本における子育ての現状を，担い手に注目しながら確認しておこう。田間（2015b：149-151）の整理によれば，日本では近年も出産を機に退職する女性が4割以上おり，第1子を出産する女性の6〜7割は**専業主婦**となっている。父親と母親の間で子どもと過ごす時間には大きな差があり，父親の育児参加は「遊び相手」や「入浴」など楽しいことが中心で，母親とは過ごし方の内容に

も違いがみられる。さらに，子どもをもつ女性は，出産や育児で困った時の相
談や第 2 子出産時の第 1 子の世話などについて，夫より両親を頼りにする傾向
がみられる。したがって，日本社会における育児の主たる担い手は母親であ
り，それを祖父母が支えるという構造がある。4 章でも夫婦の役割分担につい
て触れられているが，表 4-1 のように，共働き世帯であっても夫婦の生活時間
には大きな違いがあり，夫の育児時間は妻にくらべて非常に短い。2021 年の
データをみると，夫は 1 日当たり 20 分に対し妻は 1 時間 4 分と 2 倍以上の開
きがある。

　こうした状況のもとで，子育てをする親たちは，どのような困難に直面して
いるのか。日本，フランス，ドイツ，スウェーデンの 20 ～ 49 歳の男女を対象
とした内閣府『令和 2 年度　少子化社会に関する国際意識調査報告書』によれ
ば，子育てに楽しさを感じるときが多いか，つらさを感じるときが多いかとい
う質問に対し，日本では「楽しさを感じるときが多い」が 78.9％に対し，「つ
らいと感じるときが多い」が 20.1％であり，他の 3 カ国と比較して「つらい
と感じるときが多い」と回答する人の占める割合が大きい（内閣府　2021：
43）。また，子育てをしていて負担に思うことを尋ねた質問については（複数
回答可），「子育てに出費がかさむ」55.6％，「自分の自由な時間が持てない」
46.0％，「子育てによる精神的疲れが大きい」43.1％，「子育てによる身体的疲

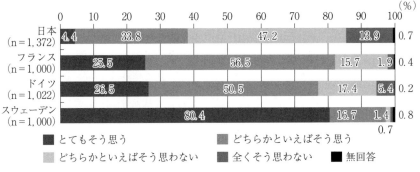

図5-2　子どもを産み育てやすい国だと思うか

出典）内閣府『令和2年度　少子化社会に関する国際意識調査報告書』より作成

れが大きい」42.0％などの回答が多くなっている（内閣府　2021：46）。子育て
の過程で経済的負担から精神的・身体的な疲労まで，さまざまな困難が生じて
いることがわかる。さらに，同調査では子どもを産み育てやすい国だと思うか
についても尋ねているが，日本は「そう思う」（「とてもそう思う」と「どちらか
といえばそう思う」の合計。ただし小数第2位の値により図中の値の合計値とは異
なる）の割合が38.3％と4つの国の中でもっとも低い（図5-2）（内閣府　2021：
73）。さらなる子育て支援の充実が求められているといえるだろう。

7 育児不安と近代家族の親子関係

　子育て中の親が抱える困難として，既存研究の中でとりわけ注目されてきた
のが，母親たちの**育児不安**である。**牧野カツコ**は，「子の現状や将来あるいは
育児のやり方や結果に対する漠然とした恐れを含む情緒の状態」（牧野　1982：
34）を育児不安とよび，乳幼児をもつ母親に対する質問紙調査の結果から，夫
との関係と妻の社会的な人間関係の2つの要因が，育児不安の程度と強く関連
することを明らかにした。夫婦間の分業体制が明確で夫が育児に責任をもって
いないと感じたり，母親と子どもの距離が密接で子どもだけを生きがいと感じ
たりする場合は育児不安が高くなりやすく，逆に母親が近隣や地域活動を通し
て広い人間関係をもつ場合は育児不安が低くなりやすい。

　こうした育児不安が拡大している背景として指摘されているのが，近代家族
における母子関係の規範と世帯の小規模化である。近代家族が日本社会で一般
化していく高度経済成長期ごろから，子どもは母親が育てるべきであり，女性
には子どもを育てる本能が備わっているとする**母性神話**や，子どもが3歳にな
るまでは母親の手で育てるのが望ましいとする**3歳児神話**が浸透し始め社会通
念化していった。しかし，その後，母親たちの育児不安への注目や，共働きの
一般化，フェミニズムの立場からの研究などを通して，子育てを母親だけで担
うというあり方に批判的な目が向けられるようになった（牧野　2018：88-89）。

　とはいえ，依然として母性規範が根強く存続していると指摘する研究もあ

る。母性を社会的に構築された制度であるとみる立場から，子殺しや中絶をめ
ぐる報道の言説を分析した田間（2001）は，70年代に登場した母性愛を喪失し
た母親による子捨て・子殺し・中絶という不幸の物語は批判的言説によって失
われたものの，それに代わる物語は依然として登場しておらず，母性という制
度は機能し続けていると論じている。こうした家族や母性をめぐる物語の変容
の中で，母親も子どもたちとともに犠牲者と位置づけられたことで，かえって
他者からの介入が正当化されることとなった（田間　2001：206-207）。

8 子育て支援に関する研究

　育児不安のような困難と関連して，さまざまな子育て支援に関する研究が展
開されてきた。これらの研究の中でとりわけ注目されてきたのが，**育児ネット
ワークと父親（男性）の育児参加**である。

　育児ネットワークとは，子育てを行っている人びとの形成している社会的ネ
ットワークであり，子育てをする親たちに対し急用の際に子どもの面倒をみて
もらうなどの手段的な支援，子育てに関するさまざまな情報の提供，子育てに
関連する悩み相談などを通した情緒的な支援などのソーシャル・サポートをも
たらし，育児不安を軽減する機能を果たすと考えられている。

　育児ネットワークに関する研究の嚆矢とされる落合の研究では，1986年に
兵庫県で実施した調査から，育児が近代家族の理念通り母親一人によって担わ
れているのではなく，夫方・妻方の祖父母，夫，保育園・幼稚園などの機関，
同年代の子どもをもつ母親などとの間に構築される，重層化した育児ネットワ
ークからの支援の中で成り立っていることが明らかにされた（落合　2022：
201）。

　その後もさまざまな育児ネットワークに関する研究が蓄積されてきたが，そ
の中で注目されるのが松田（2008）である。松田は，育児ネットワークに関す
る複数の質問紙調査の結果から，社会的ネットワーク論におけるソーシャル・
サポート仮説（緊密なネットワーク，強い紐帯がよい支援をもたらすという説）

と，社会的資源化説（多様性のあるネットワーク，弱い紐帯がよい支援をもたらすという説）について検討し，中庸なネットワークが有効であるという結論を導いている。ここで中庸なネットワークとは，疎でも緊密でもなくほどほどの密度で，強い紐帯と弱い紐帯がバランスよくあるネットワークを指す。中庸なネットワークは手段的な支援，情緒的な支援，情報の提供などさまざまなサポート力を発揮する総合力をもつ点ですぐれているという（松田　2008：163）。

　育児ネットワークと同様に子育て支援研究で注目されてきたのが，父親の育児である。大和礼子（2008：5-11）によると，1990年代に入るとそれまで重視されてこなかった父親の育児参加が注目されるようになった。その背後には，2つの問題意識があったという。ひとつは「発達論的パースペクティブ」とよばれる，育児参加が子どもや父親自身の発達に貢献することに関心を向ける立場であり，もうひとつは，「分業論的パースペクティブ」とよばれる母親の育児負担軽減や家事・育児と職業労働の男女共同参画に関心をもつ立場である。

　育児における**ジェンダー**に注目した大和らの研究では（大和ほか編　2008），子育てを「世話」「しつけ・教育」「遊ぶ」に分け，父親の育児に対する意識や育児ストレス，育児と仕事との葛藤，**育児休業**（以下，育休）の取得に対する意識などが検討されている。その結果，近年の傾向として以前の「父親不在」や育児からの「父親の疎外」ともいうべき状況から，「遊ぶ父親」へという変化が生じていることや，子どもの「世話」や育休の取得に関心をもつ男性が一定の割合いることが明らかにされている。しかしながら，実際に「世話」役割を担っている父親は少数にとどまっており，男性の育休取得もそれほど進んでいない（斧出　2008：208-211）。

　なぜ，父親の育児参加や育休取得は進まないのか。メアリー・C・ブリントンは，日本の育児・介護休業法は国際的にみても充実しており，男性が育休を取りたくても取れない要因は法的な制度にあるわけではないと指摘している。その上で男性の育休取得が進まない理由について，インタビュー調査をもとに，①ジェンダー本質主義的発想に基づく男性は育休を取得すべきでないという規範の存在，②規範を強化する多元的無知（男性が周囲の男性たちの間で

は育休反対が多数派だと思い込んでいること），③夫が育休を取得することによる収入減の3つをあげている（ブリントン　2022：94-95）。以上のブリントンの立場は，4章で紹介された「**男性稼ぎ主**」**型生活保障システム**に由来する社会規範を，父親の育児参加が進まない主たる要因とみなすものといえる。

　日本とアメリカにおける父親による子育てに関する研究を整理した石井クンツ昌子（2013：151）は，父親の育児への参加を規定する要因について日米ともに研究結果に統一性がないと保留しつつも，アメリカでは父親の意識と子育てをめぐる環境の両方が規定要因として報告されることが多いのに対し，日本では意識よりも環境の影響の方が大きく，夫の通勤時間や，育児分担について交渉する際の妻の発言権が重要な要因として報告されることが多いと述べている。したがって，日本において父親の育児参加を進めるためには，父親が育児をしやすくなるような環境整備と，女性のエンパワーメントが有効だという。

　育児ネットワークや父親の育児参加に関する研究は，子どもを育てる親に焦点をあてているが，子育て支援を行っている支援者側に注目した研究もある。松木洋人（2013：36-37）は，子育て支援をめぐる議論の整理から，子育ての社会化の論理が強調されるようになっていく一方で，子育ての責任を母親に帰属させる論理の効力も失われておらず，二重化状況が生じていると指摘している。その上で，子育て支援に携わる支援者たちへのインタビュー調査をもとに，家族以外による子育て支援の現場において，家族規範が重要な機能を果たしていることを明らかにしている。たとえば，乳幼児を自宅で保育する「保育ママ」（家庭的保育事業者）を対象とする調査からは，保育ママたちが自身の専門性を家庭性の否定ではなくむしろそれと結びつけることで，家族による育児責任の放棄を防ごうとしている姿が描かれている。保育ママたちは母親に子育ての責任があるということを前提としつつも，現代社会においてそれが十分果たされないことを考慮し，家庭で母親が行うものに近いケアの提供や，子どものケアの責任が母親によって遂行されるためのストーリーを提示することなどを通して，家族規範と子育て支援のジレンマを回避している（松木　2013：179）。

9 子育て支援と地域社会

　子育て支援について考える上で，どのような地域で子育てをするのかは，無視することのできない要因である。表5-1に示したように，市町村別にみた合計特殊出生率は，九州の農村部で高く大都市やその周辺部において低い[2]（厚生労働省　2020：3）。このことからも，地域社会の特徴が子育てに与えている影響を垣間みることができる。

　地域ごとの子育て環境の違いについて，少し具体的に考えてみよう。都市には企業や公的機関などが集中していることから，それらの提供する専門的なサービスに比較的アクセスしやすい環境にある。こうしたメリットは裏を返せば，保育施設を利用できない場合の**待機児童**問題の深刻さや，子育てに際しての経済的負担の大きさにつながる。とりわけ，待機児童については全国的に改善が進んでいるとされる一方で，大都市やその周辺部では厳しい状況が続いている。

表5-1　市町村別合計特殊出生率

（上位10位）

順位	市区町村	合計特殊出生率
1	沖縄県国頭郡金武町	2.47
2	鹿児島県大島郡伊仙町	2.46
3	鹿児島県大島郡徳之島町	2.40
4	沖縄県宮古島市	2.35
5	沖縄県島尻郡南大東村	2.30
6	沖縄県国頭郡宜野座村	2.29
7	鹿児島県大島郡天城町	2.28
8	鹿児島県大島郡知名町	2.26 (2.2618)
9	熊本県球磨郡錦町	2.26 (2.2565)
10	沖縄県島尻郡南風原町	2.22

（下位10位）

順位	市区町村	合計特殊出生率
1	大阪府豊能郡豊能町	0.84
2	京都府京都市下京区	0.89
3	福岡県福岡市中央区	0.91
4	大阪府大阪市浪速区	0.92
5	京都府京都市東山区	0.93
6	東京都豊島区	0.94
7	京都府京都市上京区	0.95
8	北海道石狩郡当別町	0.96
9	大阪府大阪市中央区	0.97 (0.9651)
10	埼玉県入間郡毛呂山町	0.97 (0.9655)

出典）厚生労働省「人口動態保健所・市区町村別統計の概況（平成25年〜平成29年）」より作成

　他方，農村では，専門的なサービスを提供する機関が少なく，また，近年の少子高齢化や人口減少によって保育所の閉鎖も発生している。その反面，育児ネットワークによるソーシャル・サポートについては，日常生活の中で家族・親族や近隣との関係が相対的に強いと想像されることから，都市よりも恵まれている可能性が高いと考えられる。また，子ども総数が少ないこともあり，待機児童問題などは都市部に比して深刻ではない。

　このように都市化の進展状況の違いは，子どもの数や子育ての過程で生じる困難とも大きく関係している。また，孤立した子育てが育児不安などの諸問題と結びついているのならば，地域社会における社会的ネットワークの構築や地域社会による子育て支援が，その解決に大きな役割を果たす可能性がある。そこでここからは農村と地方都市における子育て支援の事例を紹介しつつ，地域社会ごとのニーズや子育て支援の特徴についてみていく。

10 農村における子育て支援の事例

　2014年に実施された内閣府「農山漁村に関する世論調査」によれば，「子育てに適しているのは都市地域だと思いますか。それとも農山漁村地域だと思いますか」という質問に対し，「都市地域」と「どちらかというと都市地域」と答えたものの割合が39.6％であったのに対し，「農山漁村地域」と「どちらかというと農山漁村地域」と答えたものの割合は50.0％であった（内閣府2014）。このように，農村は子育てしやすい地域であると認知されている。

　こうしたイメージは実際に妥当なものなのだろうか。徳野貞雄（2014：179-182）は，南西諸島の高出生率の背後に，大都市と伝統的農山漁村との中間にあって地域社会の共同性を残しつつ所得を得るための産業やインフラも一定程度整備されていることで，住民たちが暮らしやすい生活構造を形成しているという要因があるのではないかとの仮説を示し，沖永良部島に位置する鹿児島県和泊町の事例をもとに検証を行っている。徳野があげているある花き農家の事例では，集落に住む親世帯と町内にＵターンしてきた農業後継者の二男世帯，

さらには島内の親族との間の緊密な関係にくわえて，地域社会や知人・友人から日常生活の中でさまざまな支援が得られることが紹介されている（徳野2014：208-212）。こうしたネットワーク構造は，松田のいう中庸なネットワークの特性を備えていると考えられることから，農村における育児ネットワークの充実が子育てのしやすさにつながっている可能性を示唆している。

　また，農村における子育て支援を研究している山下亜紀子（2022：75）も，従来の子育てに関する研究において，農村は都市に比較して母親の育児ネットワークが豊かで多様であり，親族による育児支援が充実しているとされていることから，育児を支える社会関係は農村の方が豊かであると想定されると述べている。このような農村の育児を支える豊かな社会関係の具体例として山下は，鹿児島県伊仙町の事例を紹介している。伊仙町は出生率の高い地域として知られる南西諸島の徳之島に位置しており，島内の徳之島町，天城町とともに出生率の高い自治体に名を連ねている（表5-1）。山下も参加している研究グループが2018年に実施した住民を対象とする調査では，子育てに関連して親族が，情緒面でのサポートにくわえて「子どもを預かる」という手段的サポートを提供していることが明らかになっている（山下　2022：73-74）。

　このように育児ネットワークによる支援が豊富な農村だが，都市とは異なる独自のニーズも存在する。具体的には，自然環境が豊かである一方で子どもが安全に遊べる場所が少ないなど遊び場に関するニーズ，忙しい農繁期の支援に対するニーズ，実家に頼ることのできない非地元層（都市部から転入してきたＩターン者など）のニーズなどがあげられる（山下　2022：75）。

　こうしたニーズに対して，具体的にどのような支援が行われているのか。宮崎県の地域婦人会による子育て支援活動に関する，山下の研究を紹介する。**地域婦人会**は，町内会や自治会などと同様，地域社会を構成する地域組織のひとつである。宮崎県では，宮崎市内の農村部を含む地域である木花地区婦人会が開始した子育て支援活動（一時預かり保育から授業参観時のきょうだい児預かりへと展開）をきっかけに，広く県内の地域婦人会で同様の支援活動が実施されるようになった。こうした地域婦人会のリーダーたちは，従来の地縁関係による

相互扶助の衰退を埋め合わせることを意図してこうした活動に取り組んでいた
という。地域婦人会による子育て支援は2000年代後半まで盛んに活動が展開
されたものの，2010年以降は撤退が進んでいく。NPO法人など新たな地域組
織による子育て支援が提供されるようになり，地域社会における子育てのニー
ズにフレキシブルに対応するという役割を終えたという認識が広がったからで
ある（山下　2014：167-168）。地域に根差した組織が地域のニーズに合わせた
子育て支援活動に取り組んでいるところに，農村における子育て支援の特徴が
あるといえる。

⓫ 地方都市における子育て支援の事例(1) ：NPO法人「みるくらぶ」の活動

　次に，地方都市における子育て支援の事例として，筆者のひとり（市原）が
これまで携わってきた，NPO法人「みるくらぶ」の取り組みについて紹介す
る。
　「みるくらぶ」が活動する熊本市東区は，混住化[3)]が進んでいる地域が多い。

表5-2　「みるくらぶ」の事業

事業名	活動内容	主な対象者	実施頻度	活動目的
① 相談支援	・カウンセリング ・情報提供 ・同伴支援	子育てなどに不安を持つ人	毎日	・心の安定 ・取次調整 ・福祉充実
② 親子居場所	・ガラポン抽選会 ・季節ごとの行事 ・親子活動	親子や地域住民	月1～2回	・出会いの機会 ・ニーズの把握 ・取次調整
③ 楽集会	・学習会 ・お楽しみ会	幼児から高校生まで（不登校や発達的特性のある子どもを含む）	毎週末（コロナ感染拡大の状況に応じて開催）	・安否確認 ・心のケア ・学習遅滞の解消 ・取次調整
④ こころリラクゼーション	・フラワーアレンジメント ・工作	幼児から高齢者まで	月1～3回	・心の安定 ・コミュニケーションスキルの涵養

出典）筆者の活動経験より作成

「みるくらぶ」の立ち上げに関わった母親たちが暮らしている地域でも，昔からの住民同士のつながりは強いものの，新しく移住してきた住民との関係は希薄であった。そうした中，孤立に近い育児環境の苦労を痛感した移住者の母親たちや，保育所などで知り合った母親たち10名ほどが集まり，1994年「みるくらぶ」が発足した。それ以来，子育て環境の改善を目指し「出会い・ふれあい・支えあい」をコンセプトに，孤立防止のための仲間づくりを目的とした活動を行っている。2007年6月には，特定非営利活動促進法（NPO法）の成立にともない法人化した。現在のメンバーは子育て中の母親や地域の自治会役員をはじめ，医療・福祉の専門家を含めた12名で構成されている。2016年の熊本地震発生後は，阿蘇地域など熊本市外まで活動の範囲を広げている。

　「みるくらぶ」が現在行っている主な事業は，① 相談支援，② 親子居場所，③ 楽集会，④ こころリラクゼーションの4つである（表5-2）。すべての事業はアウトリーチ形式で行っている。[4]

　相談支援は，設立当初から行っている活動である。母親たちの育児不安を軽減することを目的に取り組み始めた。相談は電話か対面で行っている。対象者はとくに限定していないものの，母親からの相談がもっとも多い。相談内容は，子どもとの関係についての悩みや不登校，発達的特性などに関するものである。大半のケースは数回程度で解決に至るが，継続的かつ福祉的な支援が必要となる場合には他機関に取り次ぎ連携して支援を行っている。また，新たな交流を促す契機として，相談にやってきた母親同士をお互いに紹介することもある。

　親子居場所事業は，孤立防止と，支援を必要とする人たちと接点を設け支援ニーズを明らかにすることを目的としている。そのために地域内交流を促し誰でも気軽に話ができる場作りが必要であると考え，ガラポン抽選会やスポーツゲーム，キャラクターショーなどのイベントを開催している。また，継続支援が必要になるケースを想定して食事作りなど協同作業の機会を設けつつ，他機関とも連携しながら見守り支援を行うこともある。

　楽集会事業は，2016年4月の熊本地震後に，子どもへの心のケアと学習遅滞の解消を目的として開始した。地震のあと避難所生活が長くなるにつれ，子

どもたちの日中の過ごし方が課題とされるようになった。共働き世帯や小規模世帯も多く，保護者がゆとりをもって子どもと接する時間を確保するのが難しい状況や，子どもたちなりの親への気遣いからひとりで悩みを抱え込んでしまう状況があり，心身への影響が懸念されたからである。それと同時に，母親たちから子どもの学習の遅れを懸念する声も寄せられるようになった。そこで，仮設住宅に入居している子どもたちや近隣に住む子どもたちを対象に，学習会やお楽しみ会の開催をはじめた。あわせて，親からの相談にも応じている。毎週月曜日と木曜日に開催していたが，仮設住宅の閉鎖や新型コロナウイルス感染症（Covid-19）の影響により現在は縮小している。

　こころリラクゼーション事業も，熊本地震後に始めた活動である。仮設住宅に入居している子どもたちや高齢者を支援することを目的として，幼児から高齢者までを対象に，フラワーアレンジメントや工作などの講座を開催している。この事業に取り組み始めた背景には，地震後に顕在化した格差意識やそれまで生活してきた地域社会からの断絶という問題があった。これらが，子どもたちの心理的な不安や高齢者の生活意欲と認知機能の低下につながるのではないかと危惧されたのである。そこで，第 1 に気持ちを安定させることが必要だと考え，この事業を開始した。講座については，仮設住宅入居者間の関係構築を促すことを意図し，人とつながる心地よさを実感する機会やコミュニケーションスキルを涵養する機会となるように留意し実施している。高齢者を対象にした講座は月 2 回，定期的に開催しており，子ども向けの講座は学校などからの依頼に応じてその都度開催している（現在はコロナ感染症予防のため，高齢者向けの講座は休止している）。

⓬ 地方都市における子育て支援の事例 (2)：「みるくらぶ」の特徴と課題

　「みるくらぶ」の活動の特徴を整理すれば次の 3 点になる。
　第 1 に，ニーズがあれば誰でも支援の対象とし，課題解決に向けて柔軟な対

応を行っている。同じ地域社会の中でも，混住化が進み住民の性格が多様化している場合，それぞれの家族ごとに抱える困難もさまざまである。また，それらの困難の中には，制度の網からこぼれ落ちてしまうような内容もある。「みるくらぶ」はNPO法人としての特性を生かしこうした現状に対応している。

　第2に，家族と地域社会における関係構築を重視し，自助・共助を実現するために人びとの交流を促す機会を提供している。育児ネットワークに関する研究でも指摘されているように，子育ての過程でさまざまな困難が生じた際，家族や地域社会のネットワークが手段的・情報的・情緒的な支援を与えてくれる場合も多い。そこで，困難に直面している個人だけでなく，日常生活の中で親子や地域住民の交流の機会を増やし，子育ての際に支援を得られやすい環境づくりを進めている。とりわけ，混住化や災害によって地域社会の関係が弱体化している場合，こうした支援の必要性は高まると考えられる。

　第3に，公助や専門的な支援を必要とする人びとと，サービスを提供する機関とを結ぶ機能を果たしている。子育ての過程で専門的な支援を必要としているにもかかわらず，それにアクセスできないまま現状から抜け出せなくなっているケースもある。そのような場合，状況をよく理解した上で，適切な専門機関へ取り次ぐことが必要となる。「みるくらぶ」は，困難を抱える親子と専門機関をつなぐ組織として重要な機能を果たしている。

　もちろん，「みるくらぶ」には課題も多い。そのひとつとして，活動資金の問題があげられる。「みるくらぶ」が実施している事業は収益を見込むことができず，プライバシーへの配慮から資金集めのために必要な情報発信には制約がある。また，プライバシーについては，他機関との連携に際しても十分な配慮が必要となることから苦労も多い。

⓭ 子育て支援を軸にした地域づくりの可能性

　ここまで農村と地方都市の子育て支援について紹介してきたが，地域社会ごとにあるいは地域社会の中にも多様な子育てに関するニーズが存在しており，

それに対応するためには柔軟な支援が必要となることが確認できた。そうした柔軟な支援を実施する過程で，地域社会の中のネットワークや地域で活動する組織の役割は大きいといえる。

　しかしながら，子育て支援を含む地域社会を主体とする地域福祉への期待が高まる一方で，地域社会の側では少子高齢化や人口減少による活動の停滞も危惧されている。そうした中で，地域社会が主体となって子育てを支援していくためにはさまざまな課題もある。こうした問題に関連して足立重和（2022：161-163）は，兵庫県における子育てサロンなどの代表者らへのインタビュー調査から，子育て支援活動の過程で形成されていく参加自由で結束も緩やかな地域的つながりが，利用者の「地域への愛着」を生み出していることを指摘している。足立の研究は，少子化対策や困難を抱える親子への支援という枠を超えた，子育て支援の多義性について気づかせてくれる。

　そもそも，地域社会にとって，地域の子どもたちは将来の担い手候補であり，これまでも子どもたちを地域社会に迎え入れていく仕組み作りが行われてきた。たとえば，石垣悟（2022：12-16）は，子どもたちによるミニまつりが，地域社会におけるまつりの担い手確保の仕組みとして機能していると指摘している。これと同様に地域社会による子育て支援も，参加する親子の地域社会への関心を高め将来の担い手確保へとつなげることができるかもしれない。少子化の進んだ農村地域であっても，都市に住む親子に対する支援を検討してみることもできるだろう。それをきっかけに都市と農村をむすぶ交流が生まれる可能性もある。このように，地域社会による子育て支援は地域づくりとも関連しており，今後，福祉社会学だけでなく地域社会学にとっても重要な研究テーマとなり得るといえる。

Practice Problems 　練習問題 ▶ 2

　身のまわりの地域やその地域で行われている子育て支援について調べてみよう。調べ終わったら友人と成果を報告しあい，お互いの事例を比較しながら特徴を整理してみよう。

注

1）希望出生率とは，若い世代における結婚，妊娠・出産，子育ての希望がかなう
　　とした場合に想定される出生率のことである。
2）出生率の地域格差については松本貴文（2019）も参照してほしい。
3）混住化とは，従来農家を中心として構成されてきた地域社会の枠組みが，就業
　　構造の変動や人口移入による急激な構成員の変化によって変容することである
　　（徳野　2002：227）。
4）アウトリーチとは，支援を必要とする人たちの生活の場に支援者が訪問して支
　　援を行うことである。

参考文献

足立重和，2022，「子育て支援とコミュニティ」鳥越皓之・足立重和・谷村要編
　『コロナ時代の仕事・家族・コミュニティ―兵庫県民の声からみるウィズ／ポス
　トコロナ社会の展望―』ミネルヴァ書房：139-167
赤川学，2017，『これが答えだ！少子化問題』筑摩書房
ブリントン，メアリー C.，池村千秋訳，2022，『縛られる日本人―人口減少をもた
　らす「規範」を打ち破れるか―』中央公論新社
林寛子，2017，「子育て支援と地域ボランティア」三浦典子・横田尚俊・速水聖子
　編『地域再生の社会学』学文社：225-241
廣嶋清志，2000，「近年の合計特殊出生率低下の要因分解―夫婦出生率は寄与して
　いないか？―」『人口学研究』26：1-20
井上清美，2015，「子育てへの社会的支援」加藤邦子ほか編『子どもと地域と社会
　をつなぐ家庭支援論』福村出版：71-84
石垣悟，2022，「『まつり』は守れるか―無形の民俗文化財の保存をめぐって―」石
　垣悟編『まつりは守れるか―無形の民俗文化財の保護をめぐって―』八千代出
　版：1-22
石井クンツ昌子，2013，『「育メン」現象の社会学―育児・子育て参加への希望を叶
　えるために―』ミネルヴァ書房
厚生労働省，2020，「人口動態保健所・市区町村別統計の概況（平成 25 年～平成
　29 年）」（2023 年 3 月 28 日取得，https://www.mhlw.go.jp/toukei/saikin/hw/jinkou/
　other/hoken19/dl/gaikyou.pdf）
――，2022，「令和 3 年　人口動態統計月報年計（概数）の概況」（2023 年 3 月 28
　日 取 得，https://www.mhlw.go.jp/toukei/saikin/hw/jinkou/geppo/nengai21/index.
　html）
国立社会保障・人口問題研究所，2022，「第 16 回出生動向基本調査結果の概要」
　（2023 年 3 月 22 日取得，https://www.ipss.go.jp/ps-doukou/j/doukou16/JNFS16gaiyo
　.pdf）
牧野カツコ，1982，「乳幼児をもつ母親の生活と〈育児不安〉」『家庭教育研究所紀

要』3：34-56

――，2018，「3歳児神話の変容と現在，性別役割分業」日本家政学会編『現代家族を読み解く12章』丸善出版：88-89

松田茂樹，2008，『何が育児を支えるのか――中庸なネットワークの強さ――』勁草書房

――，2021，『［続］少子化論――出生率回復と〈自由な社会〉――』学文社

松木洋人，2013，『子育て支援の社会学――社会化のジレンマと家族の変容――』新泉社

松本貴文，2019，「地域生活構造への接近⑴――農村家族，結婚研究から――」山本努編『地域社会学入門――現代的課題との関わりで――』学文社：119-148

目黒依子，2007，『家族社会学のパラダイム』勁草書房

内閣府，2014，「農山漁村に関する世論調査」（2023年3月28日取得，https://survey.gov-online.go.jp/h26/h26-nousan/index.html）

――，2021，『令和2年度　少子化社会に関する国際意識調査報告書』（2023年3月28日取得，https://www8.cao.go.jp/shoushi/shoushika/research/r02/kokusai/pdf_index.html）

落合恵美子，2019，『21世紀家族へ――家族の戦後体制の見かた・超えかた――（第4版）』有斐閣

――，2022，「現代家族の育児ネットワーク」『近代家族とフェミニズム（増補新版）』勁草書房：168-203

斧出節子，2008，「家庭内で遊ぶ父親と家庭外で自己実現を求める母親」大和礼子・斧出節子・木脇奈智子編『男の育児・女の育児――家族社会学からのアプローチ――』昭和堂：207-219

武川正吾，2011，『福祉社会（新版）――包摂の社会政策――』有斐閣

田間泰子，2001，『母性愛という制度――子殺しと中絶のポリティクス――』勁草書房

――，2015a，「『近代家族』の成立」岩間暁子・大和礼子・田間泰子『問いからはじめる家族社会学――多様化する家族の包摂に向けて――』有斐閣：23-48

――，2015b，「妊娠・出産・子育て」岩間暁子・大和礼子・田間泰子『問いからはじめる家族社会学――多様化する家族の包摂に向けて――』有斐閣：137-164

徳野貞雄，2002，「現代農山村の内部構造と混住化社会」鈴木広監修，木下謙治・篠原隆弘・三浦典子編『地域社会学の現在』ミネルヴァ書房：217-238

――，2014，「南西諸島の高出生率にみる生活充足のありかた」徳野貞雄・柏尾珠紀『T型集落点検とライフヒストリーでみえる家族・集落・女性の底力――限界集落論を超えて――』農山漁村文化協会：173-224

山田昌弘，2020，『日本の少子化対策はなぜ失敗したのか？――結婚・出産が回避される本当の原因――』光文社

山下亜紀子，2014，「地域婦人会による育児支援についての考察――宮崎県下で行われた活動の分析――」神田健策編『新自由主義下の地域・農業・農協』筑波書房：

151-169

———，2022，「農山村地域における子育ての社会化」山本努編『よくわかる地域社会学』ミネルヴァ書房：75-79

大和礼子，2008，「"世話／しつけ／遊ぶ"父と"母親だけでない自分"を求める母」大和礼子・斧出節子・木脇奈智子編『男の育児・女の育児—家族社会学からのアプローチ—』昭和堂：1-24

大和礼子・斧出節子・木脇奈智子編，2008，『男の育児・女の育児—家族社会学からのアプローチ—』昭和堂

自習のための文献案内

① 松田茂樹，2021，『［続］少子化論—出生率回復と〈自由な社会〉—』学文社
② 落合恵美子，2019，『21世紀家族へ—家族の戦後体制の見かた・超えかた—（第4版）』有斐閣
③ 日本家政学会編，2018，『現代家族を読み解く12章』丸善出版
④ 加藤邦子ほか編，2015，『子どもと地域と社会をつなぐ家庭支援論』福村出版

　①は日本の少子化を扱った研究書。日本の少子化や少子化対策の全体像を理解するために有益である。②は戦後の日本における家族の変化を中心に据えた，家族社会学のテキストブック。近代家族の登場からその後の変化までが取り上げられている。③は現代家族に関するさまざまなテーマについてトピックスごとに整理されており，興味のある項目から読むことができて便利である。④は「家庭支援論」のテキストブック。本章ではあまり触れられなかった保育所や子育て支援センター，ファミリー・サポート・センターなどの機関について丁寧に紹介されており参考になる。

第6章

子どもの貧困と支援

吉武　理大

1 日本における子どもの貧困

　「子どもの貧困」と聞いた時，どのような貧困の問題を想像するだろうか。発展途上国の飢餓に苦しむ子どもたちの問題を考える人もいれば，食べるものに困る日本の貧困な子どもたちの問題を考える人もいるかもしれない。それでは，日本において「子どもの貧困」はあるのだろうか。まず，学校現場において子どもの貧困が現れている事例についてみてみよう。資料6-1は，地域の小・中学校や保育園を訪問し，医療相談に乗っている女性医師が経験した事例である。

　この事例をみると，日本の学校に通う子どもの中にも，家の冷蔵庫に何もなく，朝ごはんを食べることができていない状態にある小学生がいることがわかる。また，この女性医師は，中学校での健康相談会においても，「医者と話すのは初めて。生まれて一度も病院にかかったことがない」という中学3年生の

資料6-1　学校現場における子どもの貧困の事例

　女性医師が「子どもの貧困」を強く意識したのは10年ほど前のことだ。日ごろから昼休みを利用して本の読み聞かせで小学校を訪問している。ある時養護教諭から「朝ご飯を食べていない子の話を聞いてほしい」と頼まれ，保健室で6年の女の子と向き合った。雑談しながら「お母さんが起きてくれないんだったら，自分で冷蔵庫のチーズを一つでも口に入れたらいいよ」と話しかけた。「冷蔵庫は空っぽなの」。女の子の言葉に衝撃を受けた。

出典）朝日新聞取材班（2018：96）より抜粋

男子生徒や,「一度でいいから病院にかかってみたかった」と打ち明けた中学
3年生の女子生徒に出会ったという（朝日新聞取材班　2018：96）。こうした事
例だけでなく，実際に東京都の「子供の生活実態調査」のデータをみても，子
どもの虫歯の数や子どもを「医療機関で受診させた方がよいと思ったが，実際
には受診させなかった」経験について，生活困難度[1]によって差があることが明
らかになっている（首都大学東京子ども・若者貧困研究センター　2017：125-
127）。日本において，本当に貧困の問題はあるのだろうか，と思う人もいるか
もしれないが，わかりやすい形で目にみえるわけではなかったとしても，この
ように子どもの貧困の問題は学校現場でも垣間みえることがある。

2 なぜ子どもの貧困の問題を問うことが重要なのか

　そもそもなぜ子どもの貧困の問題を問うことが重要なのだろうか。子どもの
貧困の問題の背景には「**機会の平等**」という問題がある。貧困な家庭と裕福な
家庭において，塾や習い事に通うことができるか，高校や大学への進学におけ
る選択肢を自由に考えることができるか，周囲の理解やサポートが得られる
か，卒業後にどのような職業に就くことができるかという時に，「機会」は果
たして平等だろうか。人生の中でいくつもある「選択肢」は必ずしも積極的に
選んだ選択肢ばかりではなく，「選択肢の数や種類が人によって違うこと」や
「特定の選択を周囲から期待される度合いが異なること」など，「人生の選択に
は不平等がからんでくる」（白波瀬　2010：6）ことが指摘されている。

　実際に，貧困世帯の子どもの調査では，子どもたちの中には，家庭生活にお
ける変化や困難を経験し，家族の事情に合わせた生活を送っており，そこに学
校生活における不利も重なった結果，進路の選択肢がない状況に陥っている場
合もみられる（林　2016：184-187）。貧困世帯の子どもたちは，さまざまな側
面において選択肢が少なかったり，一見，「自らの意思」による「選択」にみ
えたとしても，実際には実現可能な選択肢がなかったりする場合があることが
明らかになっており（林　2016：185-187），「機会」は平等とはいえない。さら

に，社会学の研究では，学歴や職業などのさまざまな側面においても，出身家庭による影響があることが明らかになっており，子どもの貧困の問題は，「**機会の不平等**」という点と，その「**結果の不平等**」として，その後の人生における格差や貧困につながりうるという点の2つの意味で重要な問題である。

　貧困の問題は，世間では時に自己責任や個人の問題として批判されることもある。しかしながら，古典的な貧困調査でも，貧困の要因は個人的な要因ではなく，社会的な要因であることが示されており，[2] 若者の就労をめぐっても，そこには労働市場の変化や雇用における格差の問題があることが明らかになっている（7章参照）。このように，社会において貧困の問題が生じており，それが雇用や社会保障の問題によって解決されていない状態にあるという意味では，貧困は社会の問題としてとらえることができる。加えて，子どもの貧困という視点から考えると，子ども自身にはどのような家庭で生まれて育つのか，ということが選べないという意味でも，子ども期の貧困の問題がその後の格差や貧困につながっている場合に，それは個人の責任とはいえない。[3]

3　貧困をめぐる基礎的概念：絶対的貧困と相対的貧困

　「貧困」とは何だろうか。貧困の主要な概念として，**絶対的貧困**と**相対的貧困**がある。**絶対的貧困**とは，生存に必要な最低限の生活のための資源が不足している状態に着目している。貧困を考える時，食べるものに困る状態のような，「絶対的」な貧困の問題に着目しがちであるが，**相対的貧困**の視点に立つと，このような状態のみを「貧困」とするわけではない。生存に必要な最低限の資源があったとしても，その社会における標準的な生活水準に満たない場合には**相対的貧困**であるとみなす。貧困の基準はそれぞれの国や社会によっても異なり，その社会における標準的な生活に着目して考える必要がある。

　それでは，「子どもの貧困率」という時の「貧困」とは何を指すのだろうか。2019年の「国民生活基礎調査」における**子どもの貧困率**は13.5％となっている（厚生労働省　2020：14）。この「子どもの貧困率」とは，OECD基準の**相対的貧**

困率とされるものである。簡単にいうと，「標準的な」世帯の所得の「半分に満たない」ような貧困世帯で生活している子どもの割合を示している。

　具体的には，税金や給付などを差し引いた手取りの世帯の収入について，世帯の人数の平方根で割った値（等価可処分所得＝世帯の手取りの収入÷√世帯の人数）を順番に並べ，その真ん中の人の値（等価可処分所得の中央値）のさらに「半分」の値を**貧困線**とし，それを下回る所得で生活をしている人の割合を算出している（図6-1 参照）。

　この相対的貧困率の指標を用いた「子どもの貧困率」によると，子どもたちの 13.5％が日本の「標準的な」世帯の所得の「半分にも満たない」貧困世帯で生活しているということになる（厚生労働省　2020：14）。加えて，子どもの貧困の問題を考える上では，「大人が一人の世帯」の貧困率が 48.1％と高い点も重要である（厚生労働省　2020：14）。この背景には，とくに母子世帯で非正規雇用の割合が高く，子どもがいる他の世帯とくらべて世帯の収入が低いことや（厚生労働省　2022：13，40），社会保障制度による貧困削減効果が低いことなどの問題がある（田中・四方　2018：175-180；田宮　2017：25）。

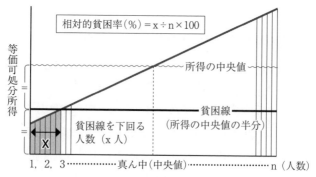

図6-1　相対的貧困率の算出方法

出典）厚生労働省（2021：3）を参考に作成

4 相対的剥奪と剥奪指標

　3節でみてきた相対的貧困率は所得に着目していたが，その社会の標準的な生活を考える時，所得以外のどのような側面に着目する必要があるだろうか。本節では，イギリスのP. タウンゼントの剥奪指標を手がかりに考えてみよう。まず，P. タウンゼントは，「**相対的剥奪 (relative deprivation)**」という概念を定義し，「所属する社会において，習慣になっている，または少なくとも広く推奨されているか認められているような，種類の食事を手に入れたり，活動に参加したり，生活水準や設備を得たりするための資源が不足している」ことに着目した（Townsend　1979：31；吉武　2022：196）。1960年代後半にイギリスで行われた調査を用いて，食事，住宅の設備，余暇や社会関係などの側面を含めた「**剥奪指標**」（表6-1）の分析を行った（Townsend　1979：251；吉武

表6-1　タウンゼントの剥奪指標

(%)

剥奪指標	該当者
1. この12か月，家を離れて1週間の休暇を過ごすことがなかった。	53.6
2. （大人のみ）この4週間，親戚や友人を食事や軽食に家に招くことがなかった。	33.4
3. （大人のみ）この4週間，食事や軽食に親戚や友人のところに出かけることがなかった。	45.1
4. （15歳未満の子どものみ）この4週間，友達を遊びやお茶に招くことがなかった。	36.3
5. （子どものみ）この前の誕生日に誕生日パーティーをしなかった。	56.6
6. この2週間，午後や夕方に娯楽のために外出することがなかった。	47.0
7. 1週間に4日間ほど多くは生鮮食品の肉を食べない（外食を含む）。	19.3
8. この2週間のうち1日以上，調理された食事をとらずに過ごした。	7.0
9. 1週間のうちのほとんどの日は，調理された朝食をとらなかった。	67.3
10. 世帯に冷蔵庫がない。	45.1
11. 世帯は普段，日曜日に肉のローストを食べない（4回のうち3回食べない）。	25.9
12. 世帯が単独では以下の4つの設備を室内で使用していない（水洗トイレ，流し台か洗面台と水の蛇口，備え付けの浴槽かシャワー，ガスか電気の調理器）。	21.4

出典）Giddens（2006＝2009：368）を参考に，Townsend（1979：250），吉武（2022：196）より作成

2022：196-197）。タウンゼントの研究では，社会における標準的な生活や社会関係にも着目し，相対的な視点から貧困がとらえられている。

Practice Problems　練習問題 ▶1

　　タウンゼントの剝奪指標の項目について，「現代の日本における生活」を想定した場合，各項目の妥当性はどうだろうか。また，「現代の子ども」の剝奪指標としては，他にどのような項目が必要だろうか。具体的に考えてみよう。

　タウンゼントの剝奪指標にはその当時のイギリスの生活が反映されていたが，日本の子どもの剝奪指標は，どのような項目によってとらえることができるだろうか。日本において，「子ども」の剝奪指標という観点から検討した研究をもとに考えてみよう。まず，分析に用いられた調査データは，2003 年に全国の 20 歳以上を対象に実施された「福祉に関する国民意識調査」（予備調査）と「社会生活調査」（本調査）である。[5] この予備調査において，各項目について「現在の日本の社会において，ある家庭がふつうに生活するために絶対に必要であるか」を尋ねており，各項目を「必要である」と回答した人の割合を表 6-2 の「必要であるとした人の割合」に示している（阿部彩　2008：29-31）。これをみると，「本・絵本」（67％），「子どもの学校行事への親の参加」（57％），「高校までの教育」（72％）の項目は，50％以上の人びとによって，「ある家庭がふつうに生活するために」「絶対に必要である」と支持されている。ただし，この予備調査の数値は，子どもがいる世帯のみに尋ねた結果ではなく，20 歳以上全体を対象とした回答結果であることや，2003 年の調査データであるため，やや前の数値であることには留意が必要である。

　次に，全国の 20 歳以上を対象に実施された本調査のデータにおいて，とくに 12 歳以下の子どもがいる世帯の回答を用いて，子どもに関する剝奪項目が検討されている。表 6-2 の各項目について，「持っているか」，持っていない場合には「欲しくない」のか，「経済的に持てない」のか，それぞれの回答の割合が示されている（阿部彩　2008：31）。これをみると，「子ども部屋」，「塾」，「短大・高専・専門学校までの教育」，「大学までの教育」の項目は，経済的に

持てないという理由で欠如している世帯の割合が20.0%を超えている。やや前の数値ではあるものの，子どもの教育や学習に関わる項目が経済的な余裕のなさによって欠如しているという世帯が一定数存在することがわかる。

さらに，**阿部彩の分析**では，経済的な理由で欠如している項目の該当数と世帯の所得との間に関連があることが明らかになっており，一定の所得の水準を下回ると該当数が増加する閾値が存在している（阿部彩 2008：33）。このことから考えると，世帯の経済的な状況によって，子どもたちの生活や手にすることができるもの，子どもたちのさまざまな体験や教育の機会なども限られる可能性がある。その社会で多くの子どもたちが手にすることができるさまざまな機会が得られないことは，子ども期だけでなく，その後の成人期の格差や貧困の問題につながりうる可能性があるという意味でも重要な問題である。

表6-2　子どもに関する剥奪項目の分析結果

	予備調査	本調査のうち12歳以下の子どもがいる世帯の回答			
	必要であるとした人の割合（%）	持っている（%）	持っていない		無回答（%）
			欲しくない（%）	経済的に持てない（%）	
スポーツ用品・ゲーム機などの玩具	26	84.5	10.0	5.5	0.0
子ども部屋	33	62.0	13.0	24.4	0.0
ヘッドフォンステレオ等	15	30.2	52.9	16.1	0.8
自転車・三輪車	45	87.3	8.3	4.4	0.0
本・絵本	67	97.8	0.8	1.4	0.0
毎月のお小遣い	46	30.2	53.6	14.7	2.5
毎年の新しい服・靴	28	87.5	4.7	7.5	0.3
お稽古ごと	22	53.2	24.7	19.9	2.2
塾	17	26.9	49.6	20.8	2.8
お誕生日のお祝い	46	94.7	1.7	3.3	0.3
クリスマスのプレゼント	33	90.9	5.0	3.6	0.6
子どもの学校行事への親の参加	57	86.7	9.1	2.5	1.7
高校までの教育	72	93.4	0.6	2.5	3.6
短大・高専・専門学校までの教育	—	70.6	3.9	20.5	5.0
大学までの教育	34*	65.1	5.3	26.9	2.8

注）*予備調査では「短大・大学までの教育」として尋ねて得られた回答。
出典）「福祉に関する国民意識調査（2003年）」「社会生活調査（2003年）」の分析結果（阿部彩 2008：31）より作成

Practice Problems 練習問題 ▶ 2

　高校生，大学生における剥奪指標について考えるとすれば，どのような項目が必要だろうか。具体的に考えてみよう。

5　子どもの貧困と教育における格差

　子どもがどのような出身家庭で育つかという格差は，子どもの教育面におけるさまざまな不利につながっている可能性がある。たとえば，文部科学省による全国学力・学習状況調査（小学6年生・中学3年生対象）の分析を行った研究では，世帯の収入と親の学歴という指標からみた，社会経済的背景と子どもの学力との間に関連があることが示されている（国立大学法人お茶の水女子大学 2014：41）。具体的には，表6-3にあるように，出身家庭の社会経済的背景の4つの区分ごとに各科目の問題の正答率をみると，どの科目においても，社会経済的背景が上位である場合に正答率が高く，下位である場合に正答率が低い。このように，出身家庭と子どもの学力との間には明確な関連がみられる。

　教育社会学の研究でも，一見，単なる子ども個人の「意欲」や「興味」，「努力」の問題と思われがちな側面についても，親の学歴や職業といった社会階層によって格差が生じていることが明らかになっている[6]（苅谷　2001：154，182，216-217）。**苅谷剛彦**は，「意欲や，意欲の源泉と想定される興味・関心は，各

表6-3　家庭の社会経済的背景と子どもの学力（各科目の正答率）との関連

	小6				中3			
	国語A	国語B	算数A	算数B	国語A	国語B	数学A	数学B
上	72.7	60.0	85.4	70.3	83.6	76.7	75.5	55.4
中の上	63.9	51.4	79.2	60.3	78.6	70.3	67.5	44.9
中の下	60.1	46.1	75.2	55.1	75.2	66.0	62.0	38.8
下	53.9	39.9	68.6	47.7	70.7	59.8	54.4	31.5

注）各科目について，Aは主に「知識型」の問題，Bは主に「活用型」の問題。
出典）「平成25年度　全国学力・学習状況調査」の分析結果（国立大学法人お茶の水女子大学　2014：2，41）より作成

人の心のなかにだけ存在するのではない。それらは社会的な真空のなかにあるのでもない」とし，それぞれを取り巻く「成育環境やその変化によって影響を受けるものである」ことを指摘している（苅谷　2001：181）。

　さらに，親が子どもにどれくらいの学歴を期待するかという側面についても，貧困世帯か否かによって格差が存在することが示されている（卯月・末富 2015：135-138；石田　2012：183）。また，その後の進学における格差についても，生活保護世帯出身者は高校進学率，大学等進学率が低く，高校卒業後に就職する割合が高いことが明らかになっている（内閣府　2018：1，2022：1）。

　確認してきたように，出身家庭の社会経済的背景によって，子どもたちの教育面にはさまざまな格差が存在しており，貧困世帯では実際に進学における格差も生じている。それでは，そのような貧困世帯の子どもたちは，学校生活や進学において，どのような不利や困難を抱えているのだろうか。具体的な事例から考えてみよう。以下の資料6-2は，44歳の女性教諭が在籍する，関西の全日制高校の生徒の事例である（朝日新聞取材班　2018：105-107）。

　これらの事例からは，アルバイトをして生計を立てている高校生において，

資料6-2　2人の高校生における貧困の事例

　少年は心の病と借金を抱える母との2人暮らし。ほぼ毎日，飲食店でバイトをし，笑顔にも疲れがにじんでいた。女性教諭は教頭，学年主任，担任，NPOのスタッフと支援策を検討。少年が欠席すれば連絡を入れ，バイトを減らすように勧めた。しかし少年が選んだのは学業の断念だった。働いて母を助けたいと言う。

　昨年入学した少女（16）はバイト漬けでたびたび遅刻する。（…中略…）小2の時に両親が離婚。母，弟2人と祖母の借家に移った。母は昼は弁当店，夜は居酒屋で働いた。家におもちゃはほとんどなく，欲しいものをねだった記憶もない。高学年になると，母が仕事でいない日は弟の保育所の送り迎えや夕食を任された。（…中略…）高校は電車代がかからない近くの学校を自分で選んだ。（…中略…）卒業後の進路希望は就職と伝えている。本当は美容系の専門学校を望んでいるが，2年で200万円近くかかる学費にたじろぐ。同じ希望を持ち，卒業後は専門学校に行くと言う同級生をうらやましく思う。でも奨学金で進学したいとは思わない。「奨学金といっても借金。将来仕事が見つからないかもしれないし，働き口があっても給料が少なければ返せないかもしれない。そんなの嫌です」

出典）朝日新聞取材班（2018：106-107）より抜粋

126

遅刻や疲れといった学校生活への影響が垣間みえる。また，その中には，2人目の女子生徒の事例のように，家事やきょうだいの送り迎えをしているなど，**ヤングケアラー**として家族の世話をしている生徒もいる。さらに，進路についても，ひとり目の男子生徒のように「働いて母を助けたい」と家族のことを考えて学業を断念したり，2人目の女子生徒のように高校は「電車代がかからない近くの学校」を選んでいたり，学費のことを考え，就職を希望していたりなど，家族の事情や経済的な厳しさが進路選択にも影響を及ぼしている。

さらに，全国調査の計量分析からは，子ども期の貧困は，学歴の格差を引き起こし，その後に非正規労働となる確率を高め，さらにそれらの影響を通して，成人期の低所得や貧困とも関連することが明らかになっている（阿部彩2011：360-362）。出身家庭における子ども期の貧困の問題は，子ども自身には選択できないにもかかわらず，学歴や職業，成人期の貧困など，長期的にも影響を与える可能性があり，貧困の世代的な再生産の問題にもつながりうる。

6 社会的養護

子どもの貧困と教育における格差について考えてきたが，そのような問題が生じているのは，貧困世帯だけではない。もうひとつの重要な問題として，児童養護施設出身者の教育面における格差の問題がある。児童養護施設出身者においては，高校進学の格差は縮小傾向にあるが，高等教育についてはいまだに格差が存在する（内閣府　2018：1，2022：1）。さらに，児童養護施設出身者が抱える困難は教育格差だけではなく，家族や周囲による支援が手薄になってしまうことも多く，施設を退所後の自立に困難を抱えやすいという問題もある。

児童養護施設出身者の困難について扱うまえに，まずは日本における**社会的養護**の現状について確認する。**社会的養護**とは，家庭での養育を受けることが困難な子どもたちについて，公的責任によって社会的に養育することを意味し，大きく分けると，乳児院や児童養護施設などにおける施設養護と里親やファミリーホーム（小規模住居型の養育）などにおける家庭養護とに分けられる。

2022年の厚生労働省の資料をもとに算出すると（厚生労働省子ども家庭局家庭福祉課　2022：2），対象児童の81.8%が乳児院・児童養護施設・児童心理治療施設・児童自立支援施設・母子生活支援施設・自立援助ホームなどの施設に入所しており，里親による養育は14.2%，ファミリーホームは4.0%となる。すなわち，社会的養護のうち，施設養護が大多数であり，里親による養育は少ないのが現状である。

　児童養護施設に入所している児童が社会的養護を受ける理由については，虐待やネグレクト，親の精神疾患などの理由が多く，入所している児童のうち，両親ともにいない割合は5.1%である（厚生労働省子ども家庭局・社会援護局障害保健福祉部　2020：12, 14）。そのため，実際には少なくとも片方の親は存在するという児童養護施設の入所児童も多いが，施設を出た後の自立の難しさという問題がある。先行研究の調査における事例では，家族には頼ることができない場合や，家族関係の困難から逃れるために遠く離れた職場を選ばざるを得ないような場合もあるという（妻木　2011：149-152）。また，施設退所後に家庭に戻る選択をした後も以前の困難が再び発生してしまうケース，ひとり暮らしを経た後に寂しさから保護者のもとにまた帰ってしまうケース，退所後に困難を抱えたとしても施設に頼ることを自制してしまうケースなど（藤間　2020：127-128），さまざまな困難が存在することも明らかになっている。

　そのような中で，厚生労働省によると「児童が心身ともに健やかに養育されるよう，より家庭に近い環境での養育の推進を図ることが必要」であると指摘されており（厚生労働省子ども家庭局家庭福祉課　2022：12），近年，里親やファミリーホームなど，より家庭に近い環境での養育を進めていこうとする動きがある。しかし，前述のように，里親による養育は依然として少なく，施設による養育が大多数となっている。それでは，なぜ日本では里親は普及していないのだろうか。すなわち，日本では里親は不足しているのだろうか，それとも里親はいるものの子どもを委託できない何らかの理由があるのだろうか。2021年度の「福祉行政報告例」によると，里親の登録者数は増加傾向にあるものの，実際に児童を委託されている里親は約3割となっている（厚生労働省

2023)。里親は不足しているのではなく，「任せられる」「実績・経験のある」里親が求められていること，里親と子どもの状況とのニーズの適合性の問題，実親が里親への委託を承諾しないという問題など，里親への委託が進まないさまざまな要因があることが明らかになっている（三輪　2018：99-100）。

7　子どもの貧困と公的な支援

　子どもの貧困に関わる支援には，どのようなものがあるのだろうか。まず，本節では公的な支援を中心にみてみよう。小中学生の保護者への支援として，「**就学援助**」という制度がある。**就学援助**とは，学校教育法第19条により，「経済的理由によって，就学困難と認められる学齢児童又は学齢生徒の保護者に対しては，市町村は，必要な援助を与えなければならない」と定められており，生活保護法による「要保護者」および市町村教育委員会が「要保護者に準ずる程度に困窮していると認める者」がその対象とされる（文部科学省　2022：16）。**就学援助**の制度によって，貧困世帯の義務教育に対する援助が行われており，対象となる具体的な項目は，学用品や通学費，学校給食費，医療費，クラブ活動費，校外活動費，修学旅行費などであるが，近年これらに加えてオンライン学習通信費も予算に含まれるようになっている（文部科学省　2022：16）。

　しかしながら，このような公的な支援であっても，地域間の格差が存在する。たとえば，「要保護者に準ずる程度に困窮していると認める者」という基準や，就学援助の内容や各費用の上限額なども，市町村によって異なる。さらに，就学援助の周知方法，新入生への学用品費などの入学前の支給への対応，家計が急変した世帯の認定状況についても，市町村で異なる（文部科学省　2022：2-4）。

　また，一部の自治体では，そのほかの別の支援制度として，受験料や塾の費用の無利子での貸付，入学した場合の返済免除などの支援も実施されている（東京都福祉保健局　2022）。しかし，そのような制度があるかどうかや，どの

ような内容で実施しているかという点については，地域間の格差が存在する。

　学習における支援としては，**学習支援事業**があるが，都道府県によっても実施率は異なることに加え，行政の直営か委託か，学習支援を実施している団体の種類，他の事業との連携の有無なども異なり，また，支援の内容や対象としている子どもの範囲も異なる（厚生労働省社会・援護局地域福祉課生活困窮者自立支援室　2023：3, 18-24）。また，学習支援事業の課題としては，高校生の参加者や中学／高校の既卒者，高校中退者の参加者が少ないこともあげられる（厚生労働省社会・援護局地域福祉課生活困窮者自立支援室　2023：23）。

　さらに，貧困世帯の「高等教育進学」に対する支援としては，生活保護世帯において 2018 年から始まった「進学準備給付金」と，非課税世帯とそれに準ずる世帯を対象として 2020 年から始まった高等教育の「**修学支援新制度**」がある。生活保護世帯において，短大・大学，専門学校などに進学した際，新生活の立ち上げ費用として進学準備給付金（自宅通学の場合は 10 万円，自宅外から通学の場合 30 万円）が給付されるようになった（厚生労働省社会・援護局保護課 2019：3）。また，高等教育の**修学支援新制度**においては，非課税世帯とそれに準ずる世帯の高等教育について，授業料等減免と給付型奨学金という支援が進められている。このように，公的な支援としても，貧困世帯の子どもたちの教育における支援が広がりつつあるものの，対象となる世帯にあてはまらないボーダーラインに位置する子どもたちへの支援が必要とされるという問題や，奨学金が成績や留年などの事情によって停止されうるといった問題は残っている。

　それでは，授業料減免や給付型の奨学金があれば，問題は解決するのだろうか。実際の貧困世帯の子どもの事例から考えると，「他のきょうだいのこと」を考えて，「自分が働いて家にお金を入れよう」と思ったというケースも存在する（林　2016：129-131）。また，これまでの筆者の調査においても，「早く家を出て自立したい」，親から「進学する必要はない，早く働いて」といわれたというような状況もきかれる。そのような場合には，たとえ給付型の奨学金があったとしても，進学を選択するとは限らないという難しさもあるだろう。

130

8 地域における支援のあり方：子ども食堂の取り組み

　教育に対する公的な支援や経済的な支援についてみてきたが，地域における子どもへの支援の可能性としては何があるだろうか。地域における民間主体の支援として注目されている活動に，子ども食堂の活動がある。本節では，子ども食堂における活動とそこでの地域の人と人との関わりについて考えてみよう。

　まず，全国における子ども食堂の取り組みの概要について確認する。**子ども食堂**は無料または低額で子どもに食事を提供する取り組みであるが，自治体や社会福祉協議会による運営は少数であり，任意団体やNPO法人，個人など，ほとんどは民間による活動となっている（農林水産省　2018：6）。2017年の全国の子ども食堂への調査結果では，開催頻度は月に1回程度の団体が48.5％であり，2週間に1回程度は24.5％，週に1〜2回程度は10.9％となっており（農林水産省　2018：7），月に1〜2回程度の団体が多いことがわかる。

　全国の子ども食堂への調査では，運営にあたって感じている課題についても尋ねているが，回答が多い順に「来てほしい家庭の子供や親に来てもらうことが難しい」「運営費の確保が難しい」「運営スタッフの負担が大きい」「学校・教育委員会／行政の協力が得られない」などの課題があげられている（農林水産省　2018：12）。加えて，子ども食堂が直面するその他の課題としてしばしば議論になるのは，子ども食堂が「貧困」と結びつけられてしまうことの問題である。そのようなイメージによって，子ども食堂の運営に周囲からの協力や理解が得られない場合があったり，「貧困な子どもたちが行くところなのか」と思われてしまい，参加者が少なくなったりするという問題も生じうる。

Practice Problems　練習問題 ▶ 3

　子ども食堂は，子どもや親，活動に参加する人にとって，どのような意味をもつだろうか。具体的に考えてみよう。

　子ども食堂の概要について確認してきたが，実際の具体的な子ども食堂の事

例として，山口県下関市「生野きらきら子ども食堂」の活動から，地域における支援や居場所について考えてみよう。まず，団体の成り立ちについては，「生野きらきら子ども食堂」は下関市で最初の子ども食堂であり，「高齢社会をよくする下関女性の会（2003年〜）」の活動として2016年から始まった。もともとは高齢者の介護予防やサロン，市民福祉講座などの活動が中心であったが，市民福祉講座の中から子ども食堂が始まり，現在では地域の子どもの支援や育児のケアという側面にもつながっているという。

　「生野きらきら子ども食堂」の主な活動をまとめたものが表6-4である。子ども食堂の活動場所として家を借り，スタッフが作った料理を持ち寄る形で食事を提供している。参加者は限定されておらず，地域の親子，高齢者，大学生のボランティアなど，幅広い地域住民が参加している。さらに，子ども食堂の隣にプレハブを建て，勉強したり，遊んだりする場所もできている。新型コロナウイルス感染症（Covid-19）の影響により活動が中断されていたが，2023年5月の新型コロナウイルスの第5類への移行にともない，6月から活動が再開した。

　さらに，ひとり親家庭，経済的に厳しい家庭，お昼を一人で食べる子どもた

表6-4　山口県下関市「生野きらきら子ども食堂」の活動

活動名	活動内容	主な対象者	実施頻度	活動目的
①子ども食堂	•食事の提供 •季節ごとの行事 •遊び •宿題や学習	親子や地域の住民	月1回：平日の夕方（コロナの状況に応じて再開・土曜日の開催に変更）	•栄養のある食事や行事食の提供 •居場所づくり •多世代交流 •学習支援
②フードパントリー	•食料・お菓子，文房具などの送付 •行事に応じた物の送付	ひとり親家庭，経済的に厳しい家庭，お昼を一人で食べる子どもたちなど	月1回	•困難を抱える世帯への支援
③お弁当の配布会	•小学校におけるお弁当の配布		月1回：土曜日（コロナ禍から）	•困難を抱える世帯への支援

出典）代表者へのインタビュー調査より作成

ちなどを対象とし，小学校で希望者に申込書をボックスに入れてもらう形で，フードパントリーとお弁当の配布会も実施している。フードパントリーでは，野菜・お米・お菓子などの食料，文房具・図書券，おもちゃ，季節の行事に応じたものなど，寄付されたものや購入したものを箱に入れ，現在約16世帯に配布している。この活動は，フードバンクや農家，スーパーなど，さまざまな寄付や協力によって可能となっている。加えて，コロナ禍から，小学校でのお弁当の配布会も行っており，フードパントリーと同様に希望者を募り，業者にお弁当を500円で発注し，子ども100円，大人300円でお弁当を配布している。

　これらの活動の背景には，さまざまな工夫も存在する。まず，助成金や寄付が継続的に利用できるとは限らないという課題に対して，リサイクルバザーを開催し，資金を集めている。その他にも，地域の団体や企業と関係性を築いたり，協力や寄付をお願いして回ったり，寄付をしている人や企業にチラシや報告書を送ったりなど，多くの工夫や献身的な活動によって支えられている。

　活動の特徴として，スタッフに高齢の女性が多く，調理の技術もあり，子育てやフルタイムの就労はないため，今度は自分たちが育児のケア，地域の子どもたちの育ちや体験といった支援をするということが可能となっている。子どもたちにとっては，「挨拶をしたり片づけたり，生活の面はきちっとしながら，普段とは違うものを食べたり，いろいろな世代の人と交流したり，友達と遊んだり，体験ができたりする場になっている」という。また，保護者にとっては，子ども同士で遊んでくれると落ち着くことができる時間となり，親同士で話ができたり，高齢のスタッフに子育ての相談ができたりするという側面もある。さらに，スタッフ間においても，「コミュニケーションが活発となったり，関係性ができたりする」という意味でよい面があるという。

　このような子ども食堂は，貧困世帯や社会的孤立の状況にある子どもとその家族だけではなく，地域における幅広い子どもと家族，高齢者や大学生，さまざまな地域の人びとにとっても，人と関わることができる居場所となる可能性があるだろう。とくに，今回取り上げた事例においては，ボランティアや地域

の高齢者も活動に関わることで，多世代が交流することができる場所となっている。そのような意味でも，幅広い参加者やスタッフを含めたさまざまな地域の人びとにとって，居場所や生きがい，人との関わりを見いだせる場所として，公的な支援や経済的な支援とはまた異なる，大きな意義をもつ可能性がある。

注

1) 「低所得」，「家計の逼迫（経済的な理由で光熱費，電話，家賃などの料金の滞納があったか，お金が足りなくて家族が必要な食料／衣料が買えなかったか）」，「子どもの体験や所有物の欠如」の3つの内，2つ以上該当する場合に「困窮層」，ひとつ該当する場合を「周辺層」，いずれも該当しない場合を「一般層」としている（首都大学東京子ども・若者貧困研究センター　2017：6-8）。
2) C. ブースや B. S. ラウントリーなどの古典的な貧困調査における，貧困層の割合や貧困の要因については以下の文献を参照してみよう（阿部實　1990：3，44-45，55-56，62-64；Rowntree　1901：117-121；吉武　2022：194-195）。
3) 本章は貧困の問題を子どもという側面からみているが，子ども以外の貧困も重要な問題である。たとえば，急な病気や，経済状況の悪化による失業など，人は貧困に陥るリスクを抱えており，それは個人の責任であるとはいえない。
4) 他の調査やデータでは目的によって，貧困線として中央値の半分（＝50％）だけではなく，60％や40％が基準として用いられることもある。
5) 厚生労働科学研究費補助金政策科学推進研究事業「公的扶助のあり方に関する実証的・理論的研究」の一環として，国立社会保障・人口問題研究所が民間会社に委託することで実施された調査である（阿部彩　2008：39）。
6) 具体的には，「落第しない程度の成績をとっていればいいと思う」，「授業がきっかけとなって，さらに詳しいことを知りたくなることがある」という意識に関する項目と，学校外の学習時間数について，出身階層による格差があることが明らかになっている。

参考文献

阿部彩，2008，「日本における子育て世帯の貧困・相対的剥奪と社会政策」『社会政策学会誌』19：21-40
——，2011，『弱者の居場所がない社会—貧困・格差と社会的包摂—』講談社
阿部實，1990，『チャールズ・ブース研究—貧困の科学的解明と公的扶助—』中央法規出版
朝日新聞取材班，2018，『増補版　子どもと貧困』朝日新聞出版
Giddens, A., 2006, *Sociology Fifth Edition*, Polity Press.（＝2009，松尾精文・西岡

八郎・藤井達也・小幡正敏・立松隆介・内田健訳『社会学（第5版）』而立書房）

林明子，2016，『生活保護世帯の子どものライフストーリー——貧困の世代的再生産——』勁草書房

石田浩，2012，「相対的貧困世帯と親及び子の行動と意識」内閣府子ども若者・子育て施策総合推進室編『親と子の生活意識に関する調査報告書』：180-190

苅谷剛彦，2001，『階層化日本と教育危機——不平等再生産から意欲格差社会（インセンティブ・ディバイド）へ——』有信堂

国立大学法人お茶の水女子大学，2014，「平成25年度　全国学力・学習状況調査（きめ細かい調査）の結果を活用した学力に影響を与える要因分析に関する調査研究」（2023年3月11日取得，https://www.nier.go.jp/13chousakekkahoukoku/kannren_chousa/pdf/hogosha_factorial_experiment.pdf）

厚生労働省，2020，「2019年　国民生活基礎調査の概況」（2022年9月12日取得，https://www.mhlw.go.jp/toukei/saikin/hw/k-tyosa/k-tyosa19/dl/14.pdf）

——，2021，「国民生活基礎調査（貧困率）よくあるご質問」（2023年2月28日取得，https://www.mhlw.go.jp/toukei/list/dl/20-21a-01.pdf）

——，2022，「令和3年度　全国ひとり親世帯等調査結果報告」（2023年2月28日取得，https://www.mhlw.go.jp/content/11920000/001027808.pdf）

——，2023，「令和3年度　福祉行政報告例　児童第48表里親数，里親の種類×新規−取消別」（2023年3月10日取得，https://www.mhlw.go.jp/toukei/saikin/hw/gyousei/21/index.html）

厚生労働省子ども家庭局家庭福祉課，2022，「資料集『社会的養育の推進に向けて（令和4年3月31日）』」（2023年3月1日取得，https://www.mhlw.go.jp/content/000833294.pdf）

厚生労働省子ども家庭局・社会援護局障害保健福祉部，2020，「児童養護施設入所児童等調査の概要」（2022年11月1日取得，https://www.mhlw.go.jp/content/11923000/001077520.pdf）

厚生労働省社会・援護局地域福祉課生活困窮者自立支援室，2023，「生活困窮者自立支援法等に基づく各事業の令和2年度事業実績調査集計結果」（2023年3月1日取得，https://www.mhlw.go.jp/content/000965106.pdf）

厚生労働省社会・援護局保護課，2019，「社会・援護局関係主管課長会議資料」（2023年3月1日取得，https://www.mhlw.go.jp/content/12201000/000484809.pdf）

三輪清子，2018，「『里親の不足』の意味するもの——なぜ『里親は足りない』のか——」『福祉社会学研究』15：93-113

文部科学省，2022，「令和4年度　就学援助実施状況等調査結果」（2023年3月1日取得，https://www.mext.go.jp/content/20221222-mxt_shuugaku-000018788_001.pdf）

内閣府，2018，「平成30年度　子供の貧困の状況と子供の貧困対策の実施状況」（2023年2月28日取得，https://www8.cao.go.jp/kodomonohinkon/taikou/pdf/h30_

joukyo.pdf）

――, 2022,「令和 3 年度　子供の貧困の状況と子供の貧困対策の実施の状況」（2023 年 2 月 28 日取得, https://www8.cao.go.jp/kodomonohinkon/taikou/pdf/r03_joukyo.pdf）

農林水産省, 2018,「子供食堂と地域が連携して進める食育活動事例集」（2022 年 9 月 12 日取得, https://www.maff.go.jp/j/syokuiku/attach/pdf/kodomosyokudo-33.pdf）

Rowntree, B. S., 1901, *Poverty: A Study of Town Life,* Macmillan.

白波瀬佐和子, 2010,『生き方の不平等―お互いさまの社会に向けて―』岩波書店

首都大学東京子ども・若者貧困研究センター, 2017,「東京都子供の生活実態調査報告書【小中高校生等調査】」（2023 年 2 月 28 日取得, https://www.fukushihoken.metro.tokyo.lg.jp/joho/soshiki/syoushi/syoushi/oshirase/kodomoseikatsujittaityousakekka.html）

田宮遊子, 2017,「親の配偶関係別にみたひとり親世帯の子どもの貧困率―世帯構成の変化と社会保障の効果―」『社会保障研究』2(1)：19-31

田中聡一郎・四方理人, 2018,「子育て世帯向け給付つき税額控除の貧困削減効果―所得補償としての有効性と問題点―」山田篤裕・駒村康平・四方理人・田中聡一郎・丸山桂『最低生活保障の実証分析―生活保護制度の課題と将来構想―』有斐閣：166-181

東京都福祉保健局, 2022,「受験生チャレンジ支援貸付事業」（2023 年 2 月 28 日取得, https://www.fukushihoken.metro.tokyo.lg.jp/seikatsu/teisyotokusyataisaku/jukenseichallenge.html）

藤間公太, 2020,「依存か自立かの二項対立を超えて―児童自立支援施設における『18 歳問題』―」元森絵里子・南出和余・高橋靖幸編『子どもへの視角―新しい子ども社会研究―』新曜社：123-135

Townsend, P., 1979, *Poverty in the United Kingdom: A Survey of Household Resources and Standards of Living,* University of California Press.

妻木進吾, 2011,「児童養護施設経験者の学校から職業への移行過程と職業生活」西田芳正編『児童養護施設と社会的排除―家族依存社会の臨界―』解放出版社：133-155

卯月由佳・末冨芳, 2015,「子どもの貧困と学力・学習状況―相対的貧困とひとり親の影響に着目して―」『国立教育政策研究所紀要』144：125-140

吉武理大, 2022,「排除と貧困」『よくわかる地域社会学』ミネルヴァ書房：194-207

自習のための文献案内

① 阿部彩, 2008,『子どもの貧困―日本の不公平を考える―』岩波書店
② 阿部彩, 2014,『子どもの貧困Ⅱ―解決策を考える―』岩波書店
③ 林明子, 2016,『生活保護世帯の子どものライフストーリー―貧困の世代的再

生産―』勁草書房
④　松岡亮二，2019，『教育格差』筑摩書房

　①は，子どもの貧困に関する有名な新書であり，関連するデータも提示されな
がら，子どもの貧困について議論されている。②は，①の続編として，さまざま
なデータや研究，国内外における貧困対策の取り組みも紹介されており，制度や政
策から貧困の解決策を考えることができる。③は，生活保護世帯の子どもたちへ
のインタビューをもとに書かれており，事例から子どもたちの困難や貧困の実態に
ついて学ぶことができる。④は，教育格差に関連するデータとともに，これまで
の格差の動向，教育におけるさまざまな格差の状況，国際比較など，教育格差の実
態について考えることができる。

第7章

若者の抱える困難と支援

吉武　理大・三代　陽介

1 若者の逸脱と困難 (1)：「まなざしの地獄」

　若者はどのような生きづらさや困難を抱えているのだろうか。若者における逸脱や困難をめぐっては，著名な研究として見田宗介による『まなざしの地獄』がある（見田　2008）。この研究は，1968 〜 69 年に起きた 19 歳の少年 N・N による連続射殺事件を取り上げ，当時の日本の社会構造と若者の状況を描き出したものである。射殺事件という極端にも思える一事例を取り上げつつも，そこから，当時の若者がおかれた一般的な状況や社会構造を分析している点が特徴である。少し古い事件だと感じるかもしれないが，本章を始めるにあたり，まずはこの事件からみていきたい。当時の新聞記事によると（1969 年 4 月 7 日朝日新聞夕刊），1968 年 10 〜 11 月に 4 件の射殺事件を起こし，翌年 4 月に警備員に軽傷を負わせたとして，当時 19 歳の少年 N・N が逮捕されている[1]。

　N・N の生まれは北海道網走市であり，3 人の兄，3 人の姉，妹，姪（長男の娘），母，父，N・N の 11 人家族であった[2]。しかし，母親は長男だけに「父が酒を飲んで家に金を入れない，子供も多いし大変生活が苦しいから父と別れて実家へ帰る，お前もたまには金を送つてくれ（本文ママ）」と告げ，次女，一番下の妹，姪を連れて実家のある青森に帰り，網走に 13 歳の三女，11 歳の次男，8 歳の三男，4 歳の N・N をおいて出ていってしまう（堀川　2013：76-86）。

　父親はほとんど行方不明という状態であったため，4 〜 13 歳のきょうだいは子ども 4 人だけで，新聞配達や近所の手伝いをし，鉄屑拾いをしてそれを売

138

り，ゴミ箱を漁って飢えをしのぐという生活を送り，秋から冬，春にかけての時期をなんとか過ごした（永山　2010：182；堀川　2013：76-86）[3]。網走や青森での子どもたちの生活をみると，貧困，虐待，暴力，ネグレクトなどの厳しい生活を送っており，周囲からも貧しさをバカにされたりする状況の中で，小学校や中学校の長期欠席を経験するとともに，N・Nは兄や近所の人からも暴力を受けていた（見田　2008：10，堀川　2013：81-84，76，103）。

　このような生い立ちを経て，N・Nは家族や故郷に嫌悪感を抱き，東北での貧困な暮らしから抜け出して東京で生活することに希望をもち，1965年に東北の中学校を卒業し，当時の多くの若者と同様に集団就職により上京している（見田　2008：8，10-16，29-34）。最初の就職先では「仕事は非常に積極的で熱心」と評価されていたものの，半年ほどで仕事を辞めてしまう（見田　2008：9，23）。その後，3年間ほどで複数回の転職を経験したが，当時の若者の半数は3年以内に転職を経験しており，めずらしいことではなかった（見田　2008：23，24）。

　N・Nがある時期勤務していた米屋によると，N・Nはささいな理由で辞めたという。しかし，N・Nの母親によると，職場で戸籍謄本が必要となり送ったところ，出生地が北海道網走市の呼人番外地となっていたことで，網走刑務所で生まれたのかという誤解や偏見があったとされる（見田　2008：29，37-39；永山　2010：191-194）。加えて，幼少期にやけどをしてできた「顔面のキズ」によって，犯罪者かもしれないという周囲からの偏見を感じていたという。N・Nは当初，東京での生活に希望を抱いていたにもかかわらず，ついにはそうした周囲からの「まなざし」に絶望し，戸籍謄本を送った母親への返事の末尾に「オレハモウダメダ，シヌゾ」と書いていた（見田　2008：29-34，37-42）。

　N・Nの生い立ちを振り返ると，貧困やネグレクト，家族関係における困難など，幼少期から何重にも困難を経験している。さらに，上京後も，戸籍や顔の傷に対する周囲の偏見や誤解など，さまざまな不利や困難に直面している。見田による研究では，こうした他者からの執拗な「まなざし」が若者を追い詰

める状況が，「まなざしの地獄」と表現されているのである。

2 若者の逸脱と困難(2):「まなざしの不在の地獄」

　前節の事件は 1968 ～ 69 年のものであったが，見田はその後，2008 年の秋
葉原の無差別殺人事件を取り上げて，現代の若者の生きづらさを論じている。
若者の直面する困難とは，1960 年代の「まなざしの地獄」から，現在では「ま
なざしの不在の地獄」ともいうべき状況へ変化しているという。これはどうい
う意味だろうか。2008 年の事件についてみていきたい。

　25 歳の K は 2008 年に秋葉原の交差点で通行人をトラックではねたあと，ナ
イフで刺すという無差別殺傷事件を起こし，7 人が死亡，10 人が重軽傷を負っ
ている。K は青森県内有数の進学校（高校）を出て，短大を卒業後，6 年あま
りのほとんどを派遣労働者として働き，事件当時も自動車産業の工場で派遣労
働者として働いていた（朝日新聞　2008 年 6 月 9 日夕刊；毎日新聞　2022；乾
2010：8；見田　2012：12）。

　しかし，工場での生産縮小にともない，派遣労働者の大幅な削減が予定され
ており，K は事件の 10 日ほど前に契約打ち切りを通告され，「生産が大幅に減
るので派遣は必要ないようです」「やっぱり私は要らない人です」とインター
ネットの掲示板へ書き込みをしている（乾　2010：8，16）。その後，打ち切り
とされていた契約は若干の延長となり，「別に俺が必要なんじゃなくて，新し
い人がいないからとりあえず延期なんだって」と書き込んでいる（乾　2010：
17）。

　そして，事件の 3 日前の朝に工場に出勤すると自分の作業着がなくなってい
たことで，作業着がなくなったのは 2 度目であったことや，誰かの嫌がらせで
隠されたと思ったことで怒りが爆発し，無断で仕事場から飛び出して帰宅し，
「作業場行ったらツナギが無かった　辞めろってか　わかったよ」と書き込み
をしている（乾　2010：8，18-19；見田　2012：12；加藤　2013：117，148）。

　K は普段からインターネットの掲示板に頻繁に書き込みを行っており，そこ

での関係性がKにとって大きな意味をもっていた。その掲示板で他者から自分が書き込んだかのような「なりすまし」をされ，謝罪させようとするも，無視され続けたと感じ，事件直前まで犯行予告を書き込み続けた（加藤　2013：90，151；朝日新聞　2008年6月9日夕刊）。Kのおかれた状況として，社会との接点が少なく，「仕事と職場の友人を失い，他には何もない」，友人関係や職場にも頼りにできる「誰か」はおらず，自分にはもう「なりすましとの関係しか残っていない」と感じていたことなどがあったという（加藤　2013：121，130)[4]。

　事件に関する比較的多くの論評が注目している側面のひとつに，小さい頃からの育てられ方という側面がある（乾　2010：9）。「いい成績をとって進学校へ，という母親の厳しすぎるしつけが，『信頼できる他者』の形成を阻害したという指摘は確かに重要である」とされており，「教育家族の中で親の強い期待を受けて育てられ，そして挫折したことは，ひとつの背景的要因であることは否定できないだろう」との事件への言及がなされている（乾　2010：9）。しかし，このような側面だけではなく，この事件の背景には，雇用の不安定さとそこからくる不安感があり，何よりも職場や社会においてひとりの人格として承認を得られていないという孤立感が大きかったということもあげられている（乾　2010：20）。「彼が職場などでもう少し尊重と敬意を受け取ることができ，あるいはそのしんどさを共有し，自分たちの正当性を擁護できる仲間関係があれば，たとえ生育史のある段階で不足を抱えていても，なんとかいまを生き延びて明日につなぐことができたのではなかろうか」との指摘がなされている（乾　2010：20）。

　見田はこの事件を分析し，Kは「自分は誰からも必要とされていない人間だとつくづく思って」いたこと，度重なる犯行予告を行っていることやリアリティが充実している人への恨みがあったことなどからもわかるように，誰もみてくれないという状況の中にあったことを指摘している（見田　2012：12-15）。こうした状況を見田は「まなざしの不在の地獄」と表現する。1960年代のN・Nの事件では，人びとからのまなざしが濃すぎる状況が描かれ，「まなざしの地

獄」と表現されていた。それに対し，2008年の秋葉原の事件にみられるのは，誰もみてくれない，誰にも必要とされないという「まなざしの不在の地獄」であったと考察されている（見田　2012：2-15）。

　若者による2つの犯罪の事例をみてきたが，2人のおかれた状況の背景には，幾重にも重なる複合的な不利や困難があった。N・Nは幼少期から貧困やネグレクト，家族関係の困難を経験し，都会での新しい生活においても，他者からの偏見や差別に直面した。Kの事件の背景にも，養育環境の困難，雇用の不安定さ，他者からの承認の欠如があった。それぞれの事件は，二人がおかれた社会の状況と無関係とはいえない。単なる個人の問題ではなく，社会との関わりの中で生きづらさが生まれるのであり，事件は社会構造の問題としてもとらえられるのである。社会においては，若者の抱えるさまざまな困難が存在し，社会との関係性が希薄であることや周囲の援助や公的な支援が十分に機能しないことによって，厳しい状況におかれることがある。そのような問題について考えることも福祉社会学においては重要である。次節以降では，現代の若者における困難や支援について，とくに学校や仕事という視点から考えていく。

③ 若者の学校から仕事への移行

　1～2節では，若者における逸脱と困難として，1960年代と2008年の事件を取り上げ，「まなざしの地獄」から「まなざしの不在の地獄」へという社会の変化と若者の生きづらさをみてきた。本節では現代社会における学校への進学，その後の仕事への移行という視点から，若者の不利や困難についてみていく。

　まず，近年の若者の学校をめぐる状況について，高校などへの進学率をみると（図7-1），1960年には6割弱であったが，1970年には8割，1975年には9割を超え，2020年には95.5％（通信制も含むと98.8％）と，近年ではほとんどの若者が高校に進学している（総務省統計局　2021）。次に，短大・大学への進

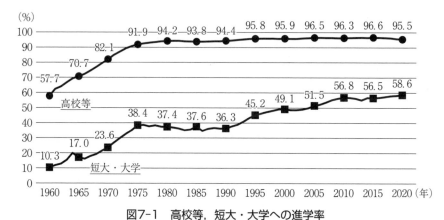

図7-1　高校等，短大・大学への進学率

出典）総務省統計局「学校基本調査／年次統計（昭和23年〜令和3年）」より作成

学率[5]をみると，1960年には10.3％であったが，1970〜80年代には2〜3割，1995年には4割，2005年には5割を超え，2020年には58.6％と，半数以上が短大・大学に進学している（総務省統計局　2021）。

　このように進学率は近年上昇している傾向にあるが，「**学校から仕事への移行**」には，どのような変化が生じているのだろうか。1節で述べたようにN・Nが集団就職をしていた時代には，求人数も多く，1950〜60年代は中学卒業後または高校卒業後に就職する者も多い状況にあった。しかし，その後，まずは中学卒業者における就職者が減少し，さらには，高校卒業者における就職者も減少した。とくに高校卒業後の進路に着目すると，1960年代には高校卒業者の約6割が就職していたが，1970年代中頃から後半にかけて約5割から約4割，1990年代には約3割から約2割に減少し，2000年代からは2割を切り（総務省統計局　2016），専門学校，短大，大学などに進学する人も増加し，高校卒業後にすぐに就職するという若者たちは近年少なくなっている。

　かつては高校卒業後に学校を経由した仕事への就職という道をたどる若者たちも多く存在し，そのような「**学校経由の就職**」は，「1980年代までは大きなほころびが顕在化することなく，自明のもの，むしろ合理的で効率的なものとして日本社会に受け入れられていた」（本田　2005：39-40）という。その背景

には，高度経済成長期において新規労働力の需要が高まったこと，高校進学率が上昇したこと，学校側の就職斡旋機能が進行したことなどの変化があった（本田　2005：39）。そして，若者たちは高校から卒業後に空白期間なく，学校から仕事への「間断のない移行」を経験していた。しかし，そのような学校経由の就職は1990年代以降には自明なものではなくなり，若者の学校から仕事への移行をめぐる状況は大きく変容した（本田　2005：40）。

　加えて，近年は学校を中退した者や学卒後の進路が未定である者など，そのような「**学校から仕事への移行**」がスムーズにいかない層の問題にも注目されるようになってきた。とくに若年層や低学歴層において失業率が上昇したことや，非正規雇用が増大したことなど，さまざまな若者の雇用における困難が明らかになってきた（玄田　2001：11-12，25-28；小杉・堀　2002：16-17など）。

　厚生労働省の「若年者雇用実態調査」より，最終学歴別の就労状況に着目すると（図7-2），大学卒，大学院卒では卒業から1年以内に正社員として働いた者の割合は約8割，高専・短大卒では74.7％，専門卒では71.8％である。それに対し，高校卒では61.9％，さらに中学卒では11.7％にすぎず，パート・アルバイト，契約社員などの正社員以外として働いていた者は66.5％，働いていなかった者も16.1％存在する。[6] このように学歴によって就労に格差が生じているが，とくに高校中退者を含む中学卒の若者は，不安定な就労状況に直

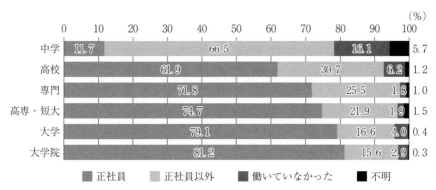

図7-2　若年労働者における学歴別の卒業から1年間の就労状況

出典）厚生労働省「平成30年　若年者雇用実態調査」より作成

面している。

さらに，学校を離れてから「正規雇用の職」へ移行するのにかかる「期間」についても，高学歴であるほどかかる期間は短い傾向にあり，とくに高等教育卒である者の多数は近年でも学校から仕事への移行に大きな間断はみられない（中村　2017：51）。それに対し，高校卒やとくに中学卒では，正規雇用の職に到達するのにかかる期間が長い傾向にあり，中学卒の者の中には高校中退者も多く含んでいるため，正規の卒業者でないことも不利な状況を生み出す可能性があることが指摘されている（中村　2017：51）。かつての若者の移行は，学校から仕事への間断のない移行が特徴的であったが，近年は学歴や中退経験によっても移行に格差がみられるようになっているといえる。

4 若者と仕事をめぐる困難

近年，若者の移行は必ずしも間断のない移行とはいえない状況になっており，学歴によっても非正規雇用の職に就いている者の割合に格差が生じていることに加え，離学後に正規雇用の職に移行することができるまでの期間にも学歴による格差が生じている。それでは，そのような非正規雇用の若者はどのような困難を抱えているのだろうか。

まず，1990 年代頃から 2000 年代頃にかけて中心的に議論されてきた，「フリーター」についてみていこう。内閣府による定義を確認すると，「フリーター」とは，「15 〜 34 歳の若年（ただし，学生と主婦を除く）のうち，パート・アルバイト（派遣等を含む）及び働く意志のある無職の人」（内閣府　2003：48）と定義されている。しかし，もともとはフリーターという言葉は，1987 年にリクルート社の雑誌『フロムエー』で「正規雇用ではなく自由（フリー）に働く人（アルバイター）」を指す言葉として使われたという（耳塚　2001：90）。

その後，2000 年前後からフリーターの増加をめぐる報道や論説が増加したが，それらの論調の多くは，若者の意識の問題や就労への意欲といった「若者の責任」に言及するものであった（本田　2005：10-11，2007：27-28；乾

2017：28など)。また，1990年代末の山田昌弘による「パラサイト・シングル」
をめぐる議論の中では，「学卒後もなお，親と同居し，基礎的生活条件を親に
依存している未婚者」(山田　1999：11) という見方が登場し，親元で豊かな生
活を享受する，パラサイト・シングルの若者の存在が指摘された。

　しかしながら，実際には若年層の雇用における状況の背景には，そのような
若者の意欲という問題ではなく，社会の構造の変化や若年労働市場の悪化とい
った原因があった (太郎丸　2009：125-130；玄田　2001：49-52など)。具体的に
は，1990年代半ば以降における若年層の非正規雇用者増加の背景には，サー
ビス産業化やグローバル化といった社会や経済の構造による非正規雇用の需要
拡大，企業による若年層や高卒者の新規採用の抑制，それまで重要な役割を果
たしていた「学校経由の就職」の後退などの要因が指摘される (太郎丸　2009：
125-130；玄田　2001：49-54；小杉・堀　2002：16-19；本田　2005：49-50；中島
2002：115-116)。そうした状況があるにもかかわらず，フリーターは「現実面」
と社会における「言説面」という「二重の排除」の問題を抱え (本田　2007：
25-28)，雇用における問題や困難を抱えているにもかかわらず，フリーターに
対する社会からのまなざしは厳しく，社会における矛盾が生じていたと考えら
れる。

　非正規雇用者は，賃金の格差や福利厚生，雇用期間などの問題や，失業のリ
スクなど，さまざまな雇用の問題や経済的問題を抱えやすい状況にあるが，非
正規雇用の若者が抱える困難は，そのような経済的側面における困難だけでは
ない。聞き取り調査では，将来的見通しが立たないことによる不安感や焦燥感
が語られることもある (益田　2012：96-97)。さらに，将来の見通しも立たず，
将来のことよりも現在を重視して生きればよいという意識をもつこともでき
ず，非正規雇用を逸脱としてとらえる社会規範に日々責め立てられる中で，も
ろく崩れやすい「希望」を見いださざるを得ない若者が存在しており，「希望」
が崩壊したあとには現在志向に身を委ねざるを得ない状況も描き出されている
(益田　2012：95-101)。加えて，1節や2節と同様に，他者からの「まなざし」
という側面に着目すると，フリーターは世間からの厳しい視線を感じている場

146

合もあるという（下村　2002：78-79）。このように，非正規雇用の若者たちは，経済的な問題に限らず，不安感や焦燥感を抱えていたり，社会における自分たちへの厳しいまなざしを感じていたりと，複合的な困難を抱えている可能性がある。

　近年，不安定就労の若者の増加が，貧困や**社会的排除**の問題としてとらえられるようになり（宮本　2015a：211），若者の意欲といった個人の問題としてではなく，社会の問題としての見方がなされるようになっている。**社会的排除**とは「主要な社会関係から特定の人びとを閉め出す構造から，現代の社会問題を説明し，これを阻止して『社会的包摂』を実現しようとする政策の新しい言葉」（岩田　2008：12）であり，**社会的排除**は，不利の複合的な経験の中に生じうるとされる（岩田　2008：24）。今日の**社会的排除**の起源となったのは，1980年代に若年者の失業問題を抱えていたヨーロッパ諸国であるとされるが，当時，若者や長期失業者を中心に貧困が深刻化するとともに，複合的に重なり合った問題が拡大した（岩田　2008：18；福原　2007：12）。1980年代におけるそのような新しい貧困の問題とは，不安定な仕事と長期失業，家族や家族外の社会的ネットワークの弱体化，社会的地位の喪失といった多次元の諸問題に関わるものであり，したがって，**社会的排除**は社会経済的構造の変化と関連しているという（Balla and Lapeyre　2004＝2005：4）。貧困が生活に必要な「資源」の不足に着目しているのに対し，**社会的排除**は「関係」の不足に着目しており，その特徴として社会の諸活動への「参加の欠如」や「複合的不利」といった特徴ももっている（岩田　2008：22-24）。このように，若者の抱える困難について，人や社会とのつながりという視点や，複合的な不利の問題にも着目する必要がある。

5 高校中退者と仕事(1)：先行研究から

　学校を離れる若者は，必ずしも学校を「卒業して」離れる若者だけではなく，「高校を中退する」若者たちも存在する。そのような高校を中退する若者

たちは，社会全体における割合としては多くないが，学校から仕事への移行において複合的な不利や困難を抱えている可能性がある。確認してきたように，高校中退者や中学卒において，正規雇用への移行に不利が存在し，非正規雇用の割合が高い傾向にあるとともに，非正規雇用の若者はさまざまな困難を抱えている。そのような意味では，高校を中退した若者たちは，現代社会においてより困難や不利を経験しやすい可能性があり，そのような若者たちの問題についても考えていく必要がある。

　そこで，まず，高校中退者の数に着目すると「児童生徒の問題行動・不登校等生徒指導上の諸課題に関する調査」における 2021 年度の高校中退者数は 38,928 人である（文部科学省初等中等教育局児童生徒課　2022：5）。高校進学率が上昇している一方で，高校に進学したとしても中退を経験する者も一定数存在する。それでは，高校中退者はどのような理由で中退しているのだろうか[7]。前述の調査から，**高校中退**の「主たる理由」を確認すると，「学校生活・学業不適応」，「別の高校，専修・各種学校への入学を希望」，「就職を希望」，「学業

表7-1　高校中退の「主たる理由」の構成比（％）と人数

中退の「主たる理由」	％	人数
学業不振	6.6	2,560
学校生活・学業不適応	30.5	11,855
進路変更　合計	44.2	17,219
別の高校，専修・各種学校への入学を希望	26.8	10,417
高卒程度認定試験受験を希望	3.3	1,297
就職を希望	8.2	3,183
その他の進路変更	6.0	2,322
病気けが死亡	4.9	1,919
経済的理由	1.4	532
家庭の事情	3.8	1,478
問題行動等	2.5	954
その他の理由	6.2	2,411
合計	100.0	38,928

出典）文部科学省「令和3年度　児童生徒の問題行動・不登校等生徒指導上の諸課題に関する調査」をもとに一部修正・算出して作成

148

不振」などの理由がみられる（表7-1）。ただし，この調査は「主たる理由」を調べたものであるため，高校中退をめぐっては，実際にはこれらの理由が単独というよりも複合的に生じている可能性もある。先行研究でも，不本意入学，友人関係や教師との関係，家庭環境，経済的背景や社会階層など，さまざまな要因が存在すると指摘されている（杉山　2011：9-18；片山　2008：24-25）。

　また，中退した生徒自身は中退という選択をどのように認識しているのかを明らかにすることも重要である。先行研究では，退学してよかったと自己評価する者もいることや，中退後の進路として通信制高校などへの再入学や独学での勉強など，何らかの学習・就学を経験し，学び直しを試みる者も少なくないことも指摘されている（古賀　2014：39-44）。表7-2にあるように，主な高校中退後の**学び直し**の可能性としては，高校などへの再入学や編入（表7-2の1，2），高卒認定の取得（3）や大学通信教育部の特修生としての入学資格の取得（4），サポート校や予備校での学習などがある（5，6）。しかし，高校中退者の中にも階層的な差異があり，経済的困難や家族関係の困難などによって，学び直しや安定した就労が難しい場合や，社会関係の有無によって得られる支援に差異が生じている場合もある（横井ほか　2018：139-140）。

　前述のように，高校生をとりまく労働市場の変化や非正規雇用の問題が生じているが，そのことが中退者の雇用にも影響を与えている。労働市場における

表7-2　若者における主な学び直しの可能性

No.	名　称	内　容	運営主体
1	定時制／単位制／通信制高校	高校への再入学／編入など	各自治体・法人等
2	専修学校高等課程 （高等専修学校）	中学卒業程度の受け入れ	各法人
3	高卒認定試験 （旧大学入学資格検定）	高卒資格の取得	文部科学省
4	大学通信教育部の特修生	正科生への入学資格の取得	各法人
5	通信制サポート校	学習における支援	各法人
6	高卒認定試験予備校		

出典）伊藤（2012：33-37）を参考に作成

非正規雇用の常態化と貧困・格差の拡大の深刻化を受け，中退者の離学後の職業への移行の困難や生活困窮へ直結しやすいことが危ぶまれているという（宮本　2002：121-126）。そのような中退者の困難をめぐっては，「中退という出来事が起こる前後に押し寄せる排除の質やその深化のプロセスに目を向け，問題を把握する視点」（古賀　2015：52）が必要であることが指摘される。若者たちの困難と支援を考えるためには，中退が起こる前後にどのような困難に直面しており，どのようなプロセスを経て，現在に至っているのかを明らかにしていく必要があるだろう。そこで，次節では具体的な事例から考えていく。

Practice Problems 練習問題 ▶ 1

　　高校中退者が抱える困難にはどのようなものがあるだろうか。次節の事例から，中退した当初の困難とその後の困難について，具体的に考えてみよう。

6 高校中退者と仕事 (2)：調査事例から

　前節では，高校中退に関する先行研究を整理しつつ，高校中退を長期的なプロセスとして把握していくことの重要性を確認してきた。そこで，本節では，高校中退者を長期的に追った調査の事例から，中退に至るプロセスとその後の仕事への移行や困難について考える。Ａさん，Ｂさんの事例をみてみよう。

　2 人の事例から中退に至ったプロセスについて考える（資料 7-1，資料 7-2）。Ａさんは「高校に通う意味があるのか」と考え高校を中退したものの，その背景には，母子家庭で経済的に厳しかったことや，それにともない友人関係の維持が難しかった状況が読み取れる。Ｂさんの場合も，教員とのトラブルに加え，家庭での居心地の悪さがあり，親から止められることもなく，中退に至っている。このように，中退の要因はひとつではなく，そこに至るまでには，経済的困難や家族関係の困難など，さまざまな困難や不利が存在することがわかる。

　次に，中退後の仕事への移行については，公的支援が十分に機能しておら

150

資料7-1　Ａさん（男性）の事例

【Ａさん：中学卒業→私立普通科→退学→就労→学び直し→自営業】

　Ａさんの両親は離婚しており，母親，姉，Ａさん，妹の４人で生活してきた。中学校時代は非行文化に憧れるも，中学校の教員のＡさんへの関わり方は温かった。高校は，スポーツ特待生で私立の普通科へ進学する。部活へ加入すること，入寮することが必須だったが，金銭的な負担がないことが一番の入学理由だった。しかし，高校の友人と出かけるときの小遣いがなく，次第に人間関係が億劫になり部活を辞める。退部後は授業料が課せられ，寮を出て自宅からの遠距離の通学が必要になったことから，「高校に通う意味があるのか」と考え，「自由になる金が欲しい」と高校１年の10月に退学した。

　退学後はハローワークに通うも，利用登録をするだけで話が進まなかった。16歳であったことと，運転免許を持っていなかったことで，面接に進むことすら難しかった。仕事が見つからず，タウン誌に掲載されている会社へ何件も電話をかけ，雇ってくれるところを探し，現場仕事を見つけた。「親に頼らず経済的に自立したい」との強い思いがあったという。しかし，使途不明の天引きや当初と異なる理不尽な労働条件が続いたことで，仕事を辞めた。

　その後，困難な状況を知った知人（小学校時代のサッカークラブの監督）の紹介で法面会社の仕事を得た。法面の会社に転職してからは，周囲から「力持ち」「前職（現場仕事）の経験でいろいろな道具を使用できる」「仕事の段取りがよい」と頼られることが多く，認められていると感じた。あわせて，中学校の教員の勧めで私立広域性通信制高校への入学もした。再度，高校卒業の資格を目指し通った通信制高校は教員との相性が良く，仕事との両立を応援してくれた。高校卒業後の進路としては，お世話になった中学校の先生への憧れがあり，当初は大学への進学を目指していた。その後，独立して法面工事の会社を自ら立ち上げ，個人事業主となり，地元の後輩らを引き入れた。だが，通信制高校の卒業目前になると，大学に通いながら仕事を続けるのは困難と考え，大学進学は断念した。「いつかは会社を任せ大学に通いたい」という。

出典）筆者の調査事例より作成

ず，初職の確保に困難を抱えていたことが読み取れる。Ａさんは「親に頼らず経済的に自立したい」と考えていたが，ハローワークでは登録だけが行われ，実際には面接にすら進むことができていない。Ｂさんも「すぐにでも生活する場所とお金が必要」と考え仕事をみつけようとしたが，ハローワークでは条件に合う仕事がみつからず，SNSを利用して不安定なスポット派遣の仕事をしたものの，待遇や雇用条件も悪かった。

　他方で，その後の転職については，地元における知人や友人との関係性が転[9]職につながっていた。Ａさんは知人からの紹介で仕事を得ており，Ｂさんは地元の友人からの紹介により露天商の仕事を得たり，中途採用試験を受けること

資料7-2　Bさん（男性）の事例

【Bさん：中学卒業→進学校3年退学→不安定就労→正社員就労】

　Bさんは高校3年の9月に高校を退学した。通っていた高校は進学校であり，卒業生の多くは大学へ進学し，高校卒業後に就職する生徒はほとんどいなかった。退学した直接の原因は夏季補講をめぐり教員とトラブルになったことであった。しかし，その背後には，家庭で長らく兄と学力を比較され続け，居心地の悪さがあったこと，将来への目標が持てないこともあった。退学の際，母親から「好きにすれば」と言われ，「これからは，勝手に生きてやる」と退学した。

　退学後すぐにハローワークに行くも，料理屋の仲居などの女性向きの求人が多く，仕事が見つからなかった。家庭での居心地の悪さから，すぐにでも生活する場所とお金が必要であったため，中学の友人から聞き，携帯電話のSNSを活用してスポット派遣の仕事（主に警備，足場鳶，塗装工）を見つけた。しかし，交通費などを引くとわずかな金額しか残らないことや「派遣先から人の扱いすらされない」ことに不満を抱き，次第に引き受けなくなった。少しでも高い給料を求め，無料のタウン誌にて足場鳶や塗装工などの仕事をした。だが，高校3年で退学したことを揶揄され，ほかの職人との軋轢があり続かなかった。

　収入がなく困っている状況を知った中学の友人が，露天商のアルバイトを紹介してくれた。露天商の人たちと家族のように関われることに居心地の良さを感じ，専業とするようになった。露店の仕事で出会った女性と23歳の時に結婚し，子どもを授かった。妻は複雑な生い立ちで両親がおらず，児童養護施設にいたが，高校を中退したために施設に残ることができず，転々としていた。妻は家族団欒に憧れがあり，子どもができたことで，疎遠であったBさんの母親との交流も生まれた。露天商として，全国の祭事を巡りながら収入を得ていたが，移動や留守が多くなることや，新型コロナウイルス感染症（Covid-19）の拡大により祭事が行われなくなったことで収入が減り，止むなく転職した。現在は，子どもを養うためにも経済的な安定が必要と考え，中学校時代の友人の紹介により，大手製鉄会社の中途採用試験を受け，そこで正社員として働いている。「転職は子どものことを考えると適切な判断だった」という。

出典）筆者の調査事例より作成

　ができたりしている。また，学び直しという観点からみても，Aさんは，中学校の教員の勧めで通信制高校に入学しており，大学への進学という目標をもつようにもなっている。ここでも，人間関係が重要な意味をもっていたことがわかる。

　2人の事例からは，インフォーマルな関係性によって仕事を得て，なんとか生活していく道をみつけていく若者たちの姿がみられた。ただし，AさんやBさんのように，知人や友人がサポートし，それがうまく就職や学び直しにつな

がっていく場合ばかりではないだろう。地元の人間関係や家族関係に恵まれない若者たちへの継続的な支援も必要である。これらの若者への就職支援や学び直しの機会の提供についても，考えていく必要があるだろう。

Pract*i*ce Problem*s* 練習問題 ▶ 2

　高校中退者の職業選択や学び直しにおいて生じる困難を軽減するような支援やサポートにはどのようなものがあるだろうか。この節の事例から，中退者の支えとなりうるものを具体的に考えてみよう。

7 若者の就労支援とその課題

　ここまで，学校から仕事への移行が困難になってきていることを確認し，中退などの複合的な困難を抱えた若者の事例をみてきた。それでは，若者への就労支援には，どのようなものが存在し，どのようなものが必要とされているのだろうか。若者への主な就労支援をまとめたものが表7-3である。就職の問題に対応している相談支援機関としては，まず，若者だけを対象としているわけではないが，職業紹介や職業訓練の斡旋を行っている**ハローワーク（公共職業安定所）**があげられる。主には，「民間の職業紹介事業等では就職へ結びつけることが難しい就職困難者や人手不足の中小零細企業を中心に，国が無償で支援を行う雇用のセーフティネットの中心的役割を担うもの」（厚生労働省 2023a：3）とされている。具体的には，求職者に対する職業紹介や雇用保険に関連する手続き，雇用対策として企業に対して指導や支援などを行っている（厚生労働省 2023a：3）。とくに近年では「新卒応援ハローワーク（学生や卒業後3年以内の者対象）」や「わかものハローワーク（35歳未満のフリーター等対象）」などの専門支援窓口を設け，若年層の対応に力を入れている（厚生労働省 2023a：4）。

　また，若者を対象とした相談支援機関としては，無職の若者や就学中でない若者（15～49歳）を対象とした，**地域若者サポートステーション（サポステ）**がある（厚生労働省 2023b）。厚生労働省が委託した全国の若者支援の実績があ

表7-3　若者における主な就労支援

No.	名　称	内　容	運営主体
1	ハローワーク（公共職業安定所）	職業紹介，職業訓練斡旋	厚生労働省
2	地域若者サポートステーション（サポステ）	無職，在学中でない者へ職業意識啓発事業等	厚生労働省委託事業
3	ジョブカフェ（若年者のためのワンストップサービスセンター）	職業体験，カウンセリング等	都道府県

出典）伊藤（2012：33-37）を参考に作成

　る民間団体などが運営しており，すべての都道府県に設置されている（全国177ヵ所）。同施設は2006年より実施されており，支援内容としては，支援対象者の把握，個別継続的な相談，支援プログラム，保護者へのサポート，関係諸機関との連携などである。これらに対応すべく，**サポステ**では，さまざまな講座やセミナー，就業体験，就労支援なども行っている（厚生労働省　2023c）。

　その他には，都道府県が設置している，若者のためのさまざまな就職支援を行うワンストップサービスセンターである，**ジョブカフェ**という取り組みもある。**ジョブカフェ**では，各地域の特色を活かした就職セミナーや職場体験，カウンセリングや職業相談，職業紹介などを行っている（厚生労働省　2023d）。

　しかし，若者への就労支援がある一方で，さまざまな課題も存在する。まず，行政によるジョブカフェなどの支援が整備されたとしても，大企業は若者の採用について，依然として新規学卒予定者からの採用に偏っているという問題もある（松丸　2005：44）。さらに，利用者である若者の視点に立つと，行政による就労支援が存在しても，若者の中には，支援の窓口へのアクセスすらできず，支援につながらないという者もいる。たとえば，ジョブカフェは，大卒社会人や大学生の利用が多く，ジョブカフェの利用につながらない層も存在することが指摘されている（横井　2006：435）。加えて，サポステの問題として，訓練への参加や通所のための経済的支援が弱く，「経済的に困窮していない家庭の若者しか支援機関を利用することができない」ことや（宮本　2015a：214），経済給付や住宅支援を併用しつつ就労支援をすることはできず，重複する困難を抱える若者への支援には限界があること（宮本　2015b：26）も指摘さ

れる。

　それでは，中退後の困難を抱えた若者に着目すると，どのような対応や支援
が求められるだろうか。中退者の支援を想定した事業であっても，中退してし
まうと，それまで在籍していた高校の教員との接点が希薄になり，支援機関と
の継続的な関わりが難しいという問題がある。このような問題に対応して，と
くに高校中退者に関しては，サポステなどの支援機関の職員が中退者の自宅等
を訪問するといったアウトリーチ型の事業も取り入れて積極的な関わりを始め
ている。近年では中退者に限らず，若者全体に対して安定した就労への移行支
援を目的とした取り組みが行われ，困難を抱える若者への支援網の整備が進め
られている。

8 多様な若者たち

　本章では，過去と現代の事例から，若者の生きづらさ，高校中退や学校から
仕事への移行の困難，不安定就労など，若者の抱える社会におけるさまざまな
困難についてみてきた。若者をめぐっては，とくに学校や仕事における困難
が，社会の状況とともに変容しながら存在しており，そうした困難を解消する
ようなフォーマル／インフォーマルな支援とその課題が存在した。ただし，福
祉社会学において若者の困難や支援について考える際には，対象となる若者が
生活する環境や若者を取り巻く社会関係がどのようなものであるのか，また，そ
れがどのような困難や支援につながっているのか，検討することも重要である。

　本章で中心的にみてきたのは，都市部で暮らす若者たちであったが，地方や
農村で暮らすことを選ぶ若者たちも存在する。九州地方や中国地方の農村（大
分県日田市中津江村地区や広島県山県郡北広島町など）で実施された調査でも，
生まれてからずっとその地域に住んでいるという人のほかに，学校や就職でし
ばらく離れてから戻ってきたＵターン層，地域の外から仕事や結婚によって
転入してきたという層など（山本　2017：114；山本・ミセルカ　2022：29），さ
まざまな人びとが暮らしていることが報告されている。また，若者の進学や就

職という視点からみても，高校生に対して卒業後の居住地の意向を尋ねた，熊本県上益城郡山都町における調査では，「町外に住むが，いずれ戻る」と回答したＵターン志向の高校生が３割程度存在することが指摘されている（徳野2014：166）。

　さらに，都市部から農村漁村への移住に関心をもつ若者たちもいる。内閣府による全国調査である「農村漁村に関する世論調査」では，現在都市に住んでいる 18 ～ 29 歳の若者において，37.3％が農村漁村地域に移住してみたいという願望が「ある／どちらかというとある」と回答している（内閣府政府広報室2021：19）。実際に先行研究でも，農村における「里山ライフ」に憧れて，もともとのつながりがない農山村地域に単身で移住した若者の事例も紹介されている（轡田　2017：218-221）。この若者は農繁期のアルバイトに携わっているが，それだけでは生計を成り立たせるのが難しいと感じている。しかし，里山の暮らしは楽しく，「今住んでいるところに一生住んでもいいと思っている」という（轡田　2017：218-221）。経済的な側面のみをみれば，「困難を抱えた若者」にみえるかもしれないが，そこには農村での暮らしの幸福がある。

　また，地域への移住に関連して，近年では総務省による「地域おこし協力隊」という制度がある。地域おこし協力隊は，約１～３年の任期期間で各自治体に移住し，地域を支援するための活動を行うというものである（総務省2023）。地域おこし協力隊として活動を行い，任期が終わってからも地域に定住することを選ぶ若者も存在する。[11]任期や雇用の不安定性という問題はありつつも，若者の中には，家庭の事情で進路に関する挫折を経験し，それ以降は一度も正規職に就いたことはないが，協力隊の活動の傍らでその地域での自営業の開始を目指しているという人もいる（中澤　2020：80）。

　本節で紹介した農村で働く若者や地域おこし協力隊に限らず，さまざまな形で地元で生活することを選ぶ若者たちや，地方への移住を選択する若者たちもいる（轡田　2017：137-227）。若者たちが生活をするという時，必ずしも大都市における生活を選ぶのではなく，農村における生活や地方都市における生活を選ぶ場合もあり，そこにみられる幸せがあることもおさえておきたい。

156

注 ‥‥

1) 当時の新聞記事から詳細をまとめると（1969年4月7日朝日新聞夕刊），1件目は窃盗目的で東京のホテルに侵入し，警備員に捕まえられたことで射殺してしまい，2件目は逃げた京都の神社で「寝るつもりだったが警備員がうるさくつきまとうので」ピストルを撃ったとされる。3，4件目はそれぞれ函館と名古屋でタクシー運転手を射殺し，金品を奪っている。5件目は東京で専門学校に侵入したところをみつかり，その警備員をピストルで撃ち軽傷を負わせて逃げたが，その後警察に捕まっている。

2) N・Nが3歳頃までは働く母親に代わって，長女が家事や子どもたちの面倒をみていたが，N・Nが4歳になる前に長女が精神疾患により長期に入院することになり，子どもたちの前からいなくなってしまう（堀川　2013：70-75）。

3) 母親は子どもたちをおいて出ていったが，父親も飲酒や暴力，博打の問題を抱え，ほとんど行方不明であった。最終的には福祉事務所が介入して母親の居場所を探し出し，家族は再び合流している（堀川　2013：84，103）。

4) そのほか，精神状態がよくなかったことや子どもの頃の養育環境の問題なども事件の背景に存在する可能性がある（乾　2010：8-9，20；加藤　2013：163）。

5) 大学（学部）・短期大学（本科）への進学者（過年度高卒者などを含む）をもとに算出された進学率である。

6) ただし，若年者雇用実態調査の調査概要から考えると（厚生労働省　2021：1-2），常用労働者が0〜4人しかいない職場で働く若者や，現在無職である若者については，調査の対象に含まれていない可能性があり，不安定な雇用を経験している層の一部を把握できていない可能性はあるだろう。

7) 高校中退の要因に関する研究は，必ずしも結果が一致しているわけではなく，中退の要因を明らかにするのは難しい側面がある（横井ほか　2018：113）。

8) 同調査における高校中退の理由の項目は，文部科学省の配布する調査票に各学校の担当者が記入する方法をとっており，中退の理由は担当教員の判断によるものと考えられるという問題点も指摘されている（杉山　2011：1）。

9) マーク・グラノヴェターの研究によると，転職においては，特定の集団内部の強い紐帯ではなく，たまに接触する程度の知人ネットワークの周辺部にかろうじて含まれるような相手との弱い紐帯を通じて，転職の情報が得られることが明らかになっている（Granovetter　1973＝2006：137-138）。

10) ジェームズ・S・コールマンの社会関係資本の研究では，高校中退について，家族構造や親の教育期待，どのような高校であるかといった家族内・外の社会関係資本によって，子どもの中退率が異なることが明らかになっている（Coleman 1988＝2006：223-236）。

11) 調査によると，任期終了後も「定住する予定である」との回答が5割を超え（56％）（移住・交流推進機構　2019：328），定住して農業や自営業に従事する場合も多いことが指摘されている（平井　2019：240）。

■ 参考文献 ....

Balla, A. S. and F. Lapeyre, 2004, *Poverty and Exclusion in a Global World 2nd Edition*, Palgrave Macmillan.（＝2005，福原宏幸・中村健吾監訳『グローバル化と社会的排除—貧困と社会問題への新しいアプローチ—』昭和堂）

Coleman, J. S., 1988, "Social Capital in the Creation of Human Capital", *American Journal of Sociology*, 94: S95-S120.（＝2006，金光淳訳「人的資本の形成における社会関係資本」野沢慎司編・監訳『リーディングス　ネットワーク論家族・コミュニティ・社会関係資本』勁草書房：205-241）

福原宏幸，2007，「社会的排除／包摂論の現在と展望—パラダイム・『言説』をめぐる議論を中心に—」福原宏幸編『社会的排除／包摂と社会政策』法律文化社：11-39

玄田有史，2001，『仕事のなかの曖昧な不安—揺れる若年の現在—』中央公論新社

Granovetter, M. S., 1973, "The Strength of Weak Ties", *American Journal of Sociology*, 78: 1360-1380.（＝2006，大岡栄美訳「弱い紐帯の強さ」野沢慎司編・監訳『リーディングス　ネットワーク論家族・コミュニティ・社会関係資本』勁草書房：123-158）

平井太郎，2019，「協力隊と導入地域の実像—『活性化感全国調査』の分析—」椎川忍・小田切徳美・佐藤啓太郎・地域活性化センター・移住・交流推進機構編『地域おこし協力隊—10 年の挑戦—』農山漁村文化協会：230-244

本田由紀，2005，『若者と仕事—「学校経由の就職」を超えて—』東京大学出版会

——，2007，「若年労働市場における二重の排除—〈現実〉と〈言説〉—」『現代の社会病理』22：23-35

堀川惠子，2013，『永山則夫—封印された鑑定記録—』岩波書店

移住・交流推進機構，2019，「現役隊員の実態—平成 29 年度地域おこし協力隊員向けアンケート結果から—」椎川忍・小田切徳美・佐藤啓太郎・地域活性化センター・移住・交流推進機構編『地域おこし協力隊—10 年の挑戦—』農山漁村文化協会：322-330

乾彰夫，2010，『〈学校から仕事へ〉の変容と若者たち—個人化・アイデンティティ・コミュニティ—』青木書店

——，2017，「若者たちの 5 年間」乾彰夫・本田由紀・中村高康編『危機のなかの若者たち—教育とキャリアに関する 5 年間の追跡調査—』東京大学出版会：25-49

伊藤敬太郎，2012，「辞めさせない方法と次の進路の助言—『高校中退』の進路指導—」リクルート進学総研『キャリアガイダンス』14：30-37

岩田正美，2008，『社会的排除—参加の欠如・不確かな帰属—』有斐閣

片山悠樹，2008，「高校中退と新規高卒労働市場—高校生のフリーター容認意識との関連から—」『教育社会学研究』83：23-43

加藤智大，2013，『解＋—秋葉原無差別殺傷事件の意味とそこから見えてくる真の

事件対策―』批評社

古賀正義，2014，「液状化するライフコースの実証的分析―都立高校調査からみた中途退学者の意識と行動―」中央大学『教育学論集』56：21-64

――，2015，「高校中退者の排除と包摂―中退後の進路選択とその要因に関する調査から―」『教育社会学研究』96：47-67

小杉礼子・堀有喜衣，2002，「若者の労働市場の変化とフリーター」小杉礼子編『自由の代償／フリーター』日本労働研究機構：15-35

厚生労働省，2019，「平成30年　若年者雇用実態調査の概況」（2022年12月29日取得，https://www.mhlw.go.jp/toukei/list/dl/4-21c-jyakunenkoyou-h30_gaikyou.pdf）

――，2021，「平成30年　若年者雇用実態調査結果の概況」（2022年12月29日取得，https://www.mhlw.go.jp/toukei/list/dl/4-21c-jyakunenkoyou-h30_gaiyou.pdf）

――，2023a，「公共職業安定所（ハローワーク）の主な取り組みと実績」（2023年4月25日取得，https://www.mhlw.go.jp/content/000935626.pdf）

――，2023b，「サポステ　地域若者サポートステーション」（2023年3月17日取得，https://saposute-net.mhlw.go.jp/#link03）

――，2023c，「サポステ　地域若者サポートステーション　主な支援内容」（2023年3月23日取得，https://saposute-net.mhlw.go.jp/yell.html）

――，2023d，「ジョブカフェにおける支援」（2023年3月23日取得，https://www.mhlw.go.jp/stf/seisakunitsuite/bunya/koyou_roudou/koyou/jakunen/jobcafe.html）

轡田竜蔵，2017，『地方暮らしの幸福と若者』勁草書房

毎日新聞，2022，「事件がわかる　秋葉原通り魔事件」（2022年12月29日取得，https://mainichi.jp/articles/20220517/osg/00m/040/001000d）

益田仁，2012，「若年非正規雇用労働者と希望」『社会学評論』63(1)：87-105

松丸和夫，2005，「労働市場における若年雇用の今日的位相」『社会政策学会誌』13：31-49

耳塚寛明，2001，「高卒無業者層の漸増」矢島正見・耳塚寛明編『変わる若者と職業世界―トランジッションの社会学』学文社：89-104

見田宗介，2008，『まなざしの地獄―尽きなく生きることの社会学―』河出書房新社

――，2012，『現代社会はどこに向かうか―《生きるリアリティの崩壊と再生》―』弦書房

宮本みち子，2002，『若者が「社会的弱者」に転落する』洋泉社

――，2015a，「若者の移行期政策と社会学の可能性―『フリーター』『ニート』から『社会的排除』へ―」『社会学評論』66(2)：204-223

――，2015b，「若者無業者と地域若者サポートステーション事業」『季刊・社会保障研究』51(1)：18-28

文部科学省初等中等教育局児童生徒課，2022，「令和3年度　児童生徒の問題行動・不登校等生徒指導上の諸課題に関する調査結果について」（2022年12月30

日取得，https://www.mext.go.jp/content/20221021-mxt_jidou02-100002753_1.pdf）

永山則夫，2010，『新装版　木橋』河出書房新社

内閣府，2003，『平成 15 年版　国民生活白書』ぎょうせい

内閣府政府広報室，2021，「『農山漁村に関する世論調査』の概要」（2023 年 5 月 1
　　日取得，https://survey.gov-online.go.jp/r03/r03-nousan/gairyaku.pdf）

中島史明，2002，「1990 年代における高校の職業紹介機能の変容—初回就職形態に
　　見る高校から職業への移行の多様化—」小杉礼子編『自由の代償／フリーター』
　　日本労働研究機構：101-118

中村高康，2017，「学校を離れてから正規職に就くまでの移行期間」乾彰夫・本田
　　由紀・中村高康編『危機のなかの若者たち—教育とキャリアに関する 5 年間の追
　　跡調査—』東京大学出版会：50-52

中澤高志，2020，「地方都市でなりわいを創る—大分県佐伯市にみる雇われない働
　　き方の可能性—」『日本労働研究雑誌』718：67-84

下村英雄，2002，「フリーターの職業意識とその形成過程」小杉礼子編『自由の代
　　償／フリーター』日本労働研究機構：75-99

総務省，2023，「地域おこし協力隊」（2023 年 3 月 23 日取得，https://www.soumu.
　　go.jp/main_sosiki/jichi_gyousei/c-gyousei/02gyosei08_03000066.html）

総務省統計局，2016，「学校基本調査　年次統計　就職率（1950 年〜）」（2022 年
　　12 月 17 日取得，https://www.e-stat.go.jp/stat-search/database?page=1&statdisp_
　　id=0003146982）

——，2021，「学校基本調査／年次統計　総括表 4 進学率（昭和 23 年〜）」（2022
　　年 9 月 7 日取得，https://www.e-stat.go.jp/stat-search/file-download?statInfId=00
　　0031852304&fileKind=0）

杉山雅彦，2011，「高等学校中途退学に関する文献研究—研究の動向と今後の課題
　　〔論説〕—」『東北薬科大学一般教育関係論集』24：1-36

太郎丸博，2009，『若年非正規雇用の社会学—階層・ジェンダー・グローバル化—』
　　大阪大学出版会

徳野貞雄，2014，「現代農山村分析のパラダイム転換—『T 型集落点検』の考え方
　　と実際—」徳野貞雄・柏尾珠紀『家族・集落・女性の底力—限界集落論を超えて
　　—』農山漁村文化協会：114-172

山田昌弘，1999，『パラサイト・シングルの時代』筑摩書房

山本努，2017，『人口還流（U ターン）と過疎農山村の社会学（増補版）』学文社

山本努，ミセルカ・アントニア，2022，「過疎農山村地域への人口還流と地域意識
　　—大分県中津江村 1996 年調査・2016 年調査，広島県北広島町 2006 年調査より
　　—」高野和良編『新・現代農山村の社会分析』学文社：25-41

横井敏郎，2006，「若者自立支援政策から普遍的シティズンシップへ—ポストフォ
　　ーディズムにおける若者の進路と支援実践の展望—」『教育学研究』73（4）：432-
　　443

160

横井敏郎・伊藤健治・横関理恵, 2018, 「高校中退の軌跡と構造—北海道における 64 ケースの分析—」『北海道大学大学院教育学研究院紀要』131：111-144

自習のための文献案内
① 高原正興・矢島正見編, 2016, 『関係性の社会病理』学文社
② 見田宗介, 2008, 『まなざしの地獄—尽きなく生きることの社会学—』河出書房新社
③ 玄田有史, 2001, 『仕事のなかの曖昧な不安—揺れる若年の現在—』中央公論新社
④ 益田仁, 2012, 「若年非正規雇用労働者と希望」『社会学評論』63(1)：87-105

　①は，不登校，いじめ，少年非行，非正規雇用なども含めた，社会病理学の各テーマを扱っている。②は，1節で紹介したN・Nの事件について，見田宗介による「まなざしの地獄」という視点からの考察を読んでみてほしい。③は，若者をめぐる雇用の問題や転職など，さまざまなデータをもとに議論がなされている。④は，非正規雇用の若者のインタビュー調査を通して，彼らが抱える困難や生きづらさ，葛藤がみえてくる。

第 8 章

性的マイノリティの困難と支援

井上　智史

1 性的マイノリティとは誰か

　近年，**性的マイノリティ**や「LGBT」や「LGBTQ」という言葉を目にすることが多くなってきた。メディアで性的マイノリティとされる人びとの存在が取り上げられたり，SNSなどで性的マイノリティとされる当事者が自らの状況を発信したりする例は枚挙にいとまがない。また，性的マイノリティの権利をどのように保障するか，性的マイノリティが抱える困難をどのように認識し対処するかは，政策上の重要な争点にもなっている。

　それでは，そもそも性的マイノリティとはどのような人びとのことをいうのであろうか。まず，マイノリティ（minority）とは社会や集団における少数派を指す言葉であり，その対義語は多数派を意味するマジョリティ（majority）である。また，マイノリティという言葉は，たんに数的な多少に注目して用いられるだけではなく，社会的に差別されている，弱い立場におかれている少数者集団という意味合いで用いられることも多い。このような意味合いでのマイノリティをとくに**社会的マイノリティ**ともいう。

　性的マイノリティとは，ひとことでいえば，性自認のあり方や性的指向に関して，社会の中で多数派の人びととは異なる経験をする人びとのことである。

　性自認（gender identity）とは，自分自身がどのような性別であるかという持続した自己認識のあり方を表す概念である。性自認と出生時に割り当てられた性別（出生証明書の性別，戸籍の性別）に食い違いが生じる状態を性別違和といい，性別違和を経験する人びとを**トランスジェンダー**（transgender）という。

　性的指向（sexual orientation）とは，どのような性別の人に恋愛感情や性的欲求が向かうのか，あるいは向かわないのかを表す概念である。性的指向が異性に向かう場合を異性愛といい，同性に向かう場合を**同性愛**という。同性か異性かのどちらか一方にではなく，複数の性別に対して性的指向を有する場合をバイセクシュアル（bisexual）という。

　LGBT という言葉は，レズビアン（lesbian 女性の同性愛者），ゲイ（gay 男性の同性愛者），バイセクシュアル，トランスジェンダーの頭文字をとったもので，これらの性的マイノリティを総称する際に用いられる。性的マイノリティには LGBT のほかにも，他者に対して恋愛感情や性的欲求を抱くことがないアセクシュアル（asexual）や性自認が男女のどちらにも当てはまらない X ジェンダー，性自認や性的指向が明確ではないクエスチョニング（questioning）などさまざまな人びとがいる。そのため，狭義の LGBT 以外のアセクシュアルなどの頭文字も明示した「LGBTQ」や「LGBTQA+」という表現が用いられることもある。[1]

　また，性的指向や性自認はその頭文字をとって **SOGI**（sexual orientation and gender identity）とも表現されるが，これらは性的マイノリティの人びとだけに関連するものではなく，多数派とされる異性愛者やシスジェンダーの人びと（出生時の性別と性自認が一致している人）を含めて，すべての人がもつ属性として考えることができる。

　この考え方に基づけば，あらゆる人びとがそれぞれの SOGI をもつ中で，多数派の SOGI が当たり前とされ，それとは異なる SOGI をもった人びとが社会的に差別され，権利を守られずに弱い立場におかれているために，性的マイノリティは社会的マイノリティになると説明することができるだろう。性的マイノリティの SOGI のあり方が尊重されない社会には，出生時に割り当てられた性別と性自認が一致しているのが当然であるという考え方（**シスジェンダー規範**）や男女間の異性愛関係のみが正しいものであり，それ以外の性愛のあり方は異常であるとみなすような考え方（**異性愛規範**）が存在しているのである。

Practice Problems 練習問題 ▶ 1

　性的マイノリティ以外の社会的マイノリティの例をあげてみよう。また，数量的には少数派であるものの社会的マイノリティとはいえない属性にはどのようなものがあるか考えてみよう。

2　日本における性的マイノリティに関する研究の展開

　「LGBT」や性的マイノリティという言葉がメディアで取り上げられるようになったのは，近年のことであるが，性的マイノリティの人びとが突然現れたり，急増したりしているとは考えにくい。むしろ，2015 年 6 月のアメリカ全州で同性婚を合法化する連邦最高裁判所による判決や同年 11 月の東京都渋谷区での**同性パートナーシップ制度**の運用開始以降，「LGBT」という言葉の流行とともに，性的マイノリティを社会の一市民として包摂していこうという動きが加速している状況にあるというのが適切であろう。

　それでは，近年の包摂の動きに先立って，日本社会において性的マイノリティはどのようにとらえられてきたのだろうか。この点について歴史社会学的研究を概観することによって示そう[2]。

　明治維新から昭和初頭にかけての近代日本における同性愛に関する言説の変遷について分析した古川誠は，前近代において武士や僧侶の間で営まれていた「男色」を基調とする同性愛観が明治期にも継続していたが，大正期以降，西洋の性科学の影響を受けて成立した性欲学によって，同性愛を「変態性欲」として異常視する認識枠組みが形成されたことを明らかにしている（古川 1994：51）。同じく，古川によれば，1911（明治 44）年に新潟県でおこった女学校の卒業生同士の心中事件をきっかけとして，明治末から大正期にかけては女学生の同性愛が注目を集めるようになり，男性同士の関係にも女性同士の関係にも適用可能な「同性愛」という用語が定着していくこととなった（古川 2001：88-90）。さらに，「同性愛」という用語は戦前においては女性同士，とくに女学校における女性同士の親密な関係と強く結びついていたとする研究も

ある（赤枝　2011：101-137）。

　また，トランスジェンダーに関連した研究も進められており，三橋順子（2008）は，日本は近世社会まで女装に対して寛容な文化をもっていたが，1873（明治6）年に発布された「各地方違式詿違条例」によって異性装が禁じられるなど，近代化の中で異性装に関する規範が変化していったことを指摘している（三橋　2008：129-132）。くわえて，性科学の影響により異性装は同性愛とともに「変態性欲」のひとつとして位置づけられた（三橋　2008：150-156）。

　赤枝香奈子は，これらの歴史研究を含む研究をふまえて，日本に西欧の「性欲学」が導入されることで，「正常」ではないものとしての「同性愛」や「異性装（を含むトランスジェンダー現象）」というとらえ方をもたらしたことを確認した上で，これらの人びとが「特殊な人々」としてとらえられるようになったのは戦後のことであり，差別が激しくなっていったのはさらに後のことと考えられると指摘している（赤枝　2017：180）。

　風間孝・河口和也（2010）は，エイズ・パニックや同性愛者への**ヘイトクライム**などを取り上げ，1980年代以降の日本社会における**同性愛嫌悪**（ホモ・フォビア）のありようを論じている。1990年代に同性愛者らの当事者団体（アカー）が東京都を相手取って裁判を展開した「府中青年の家事件」においては，日本の裁判ではじめて同性愛者の人権が争点となった。この裁判はアカーが1990年2月に府中青年の家を利用した際，他の団体の利用者からの同性愛差別的な言動をきっかけに，差別発言の被害者であるアカー側が都によって施設の利用を拒否されたことをめぐる裁判であった。6年間に及ぶ裁判を経て，高裁判決において，施設の利用拒否という都の対応は同性愛者に対する無理解に基づくものであり違法であると判断された（風間・河口　2010：68-71）。

　今日では行政は性的マイノリティの人権を擁護し，社会への包摂に向けた重要なアクターとして認識されているが，1990年代当時，社会における偏見や無理解を追認し，性的マイノリティを排除するアクターでもあったのである。

③ 日本社会のシスジェンダー規範と異性愛規範

　以下では，いくつかの社会調査データから日本社会におけるシスジェンダー規範や異性愛規範のありようをみていこう。

　性的マイノリティに関する社会意識を調査したものとして，早い段階から実施されているものに世界価値観調査協会による「世界価値観調査」がある。この調査は，日本を含む世界各国の人びとの価値観について経時的に国際比較を行うことを目的としたものであり，1981年に第1回が実施され，1990年の第2回以降は5年おきに実施されている。この調査は性的マイノリティに関する調査項目が多く含まれているわけではないものの，同性愛に対する寛容度を問う設問が一貫して含まれている点で注目に値する。1981年調査から2010年調査の日本データを分析した石原英樹（2017）によれば，日本における同性愛に対する寛容性得点などの経年変化は表8-1に示すとおりである。1981年調査，1990年調査では中位数が「1」となっており，同性愛を「全く間違っている（認められない）」とする回答が過半数であったものの，1990年代以降に同性愛に寛容な方向へと回答分布がシフトし，寛容性得点が上昇していることがわかる。また，石原（2012：30-31）によれば世代や性別によって寛容度の高まりに

表8-1　同性愛に対する寛容性得点の経年変化

調査年	平均値	第1四分位数	中位数	第3四分位数
1981年	2.52（n＝1,021）	1	1	4
1990年	2.45　（n＝915）	1	1	3
1995年	3.47　（n＝970）	1	3	5
2000年	4.36（n＝1,200）	1	5	6
2005年	4.77　（n＝976）	2	5	7
2010年	5.14（n＝2,000）	2	5	8

注1）寛容性得点は，同性愛について「全く間違っている（認められない）」を「1」，「全く正しい（認められる）」を「10」として，1から10までの数字で回答するものである。数字が高いほど，同性愛に対し寛容であり，低いほど不寛容であることを示す。
　2）表中の第1四分位数，中位数，第3四分位数とは，データを小さい順に並べたときに小さい方から数えて，それぞれ25％，50％，75％の位置にある数を示す。
出典）石原（2017：21）より作成

は差があることがわかり，世代では若年層，性別では女性でより寛容度が高まっているという。

　石原の分析が，広く社会意識に関して行われる「世界価値観調査」の性的マイノリティに関する設問について行われたものである一方で，性的マイノリティへの意識そのものに焦点を当てて実施されたものとして，釜野さおりらによる「性的マイノリティについての意識—2015年全国調査—」がある（釜野ほか2016）。この調査では，性的マイノリティに関する知識や身近な人が性的マイノリティであった時の抵抗感，同性間・異性間の性行為や恋愛感情についての意識などさまざまな項目について調査が行われている。また，同性愛に関する項目だけでなくトランスジェンダーに関する項目が設けられている点にも先述の調査との違いがあるといえる。[3]

　この内，身近な人（近所の人，同僚，きょうだい，子ども）が性的マイノリティであった場合の抵抗感についての項目に着目すると（図8-2），全体としては，「同性愛者」と「性別を変えた人」の場合とで抵抗感を示す割合の差は小さいものの，「同性愛者」の場合のほうが抵抗感を示す割合がやや高いといえ

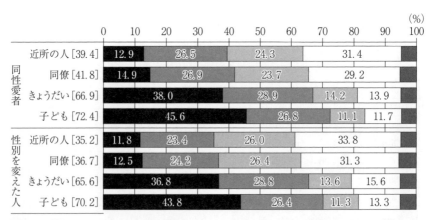

嫌だ　どちらかといえば嫌だ　どちらかといえば嫌ではない　嫌ではない　無回答
回答者数：1,259人。[　]内の数値は「嫌だ」と「どちらかといえば嫌だ」を足した割合（％）。

図8-1　身近な人が「同性愛者」，「性別を変えた人」である場合の抵抗感

出典）釜野ほか（2016：97）より

る。

　身近な他人（「近所の人」,「同僚」）が性的マイノリティであった場合の抵抗
感と身内（「きょうだい」,「自分の子ども」）の場合の抵抗感についてみると,
「近所の人」や「同僚」が性的マイノリティであることへの抵抗感は低く寛容
的であるものの,「きょうだい」や「自分の子ども」が性的マイノリティであ
る場合については強い抵抗感が存在していることがうかがわれる。つまり,性
的マイノリティに対する寛容性のあり方は,誰が性的マイノリティであるかに
よって一様ではないのである。

　また,性的マイノリティが抱える生きづらさには,明確な嫌悪感や抵抗感,
異常視による差別だけではなく,性的マイノリティが自己の存在を不可視化さ
れる中で生じるものもある。図8-2は同調査における,仲のよい友人から「同
性愛者」であることを告げられた（**カミングアウト**された）場合の反応につい
て,回答結果をまとめたものである。カミングアウトに対する感情として,も
っとも多くの人が選択したのが「理解したい」であり,これは友人が同性でも

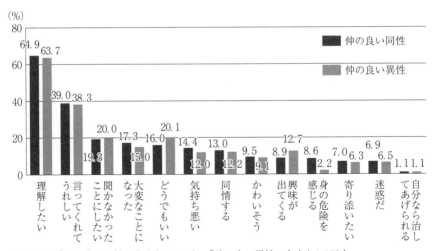

回答者数：「仲の良い同性の友人」1,153人,「仲の良い異性の友人」1,138人

図8-2　仲の良い友人から「同性愛者」だと告げられた場合の反応

出典）釜野ほか（2016：137）より

異性でも 6 割台，ついで回答割合が高いのが「言ってくれてうれしい」で 4 割程度となっている。受容的な反応が上位となっている一方で，これらに次いで回答が多くなったのは，「聞かなかったことにしたい」や「どうでもいい」であった。同性愛者であることのカミングアウトに対する「聞かなかったことにしたい」，「どうでもいい」といった反応は，カミングアウトを無化し，その存在を不可視化する反応としてとらえることができるだろう。

Practice Problems 練習問題 ▶ 2

　シスジェンダー規範や異性愛規範が社会のしくみの中に組み込まれている事例にはどのようなものがあるだろうか。身近な事例を探してみよう。

4 性的マイノリティに寛容な都市／不寛容な地方という図式

　先述の石原（2017）の研究では，同性愛への寛容性について地域別の比較が試みられている。それによれば，東京都の特別区や政令指定都市といった主要都市部で先行して寛容度が上昇し，その後，周辺部で上昇する傾向がみられ，主要都市部と周辺部との差は縮まっている。ただし，近年でも首都圏で寛容性が高く，東北の周辺部などで寛容性が低い傾向が依然としてみられ，地域や都市規模による差異は存在している可能性があるという（石原　2017：17）。

　しかしながら，都市こそが性的マイノリティが抑圧にさらされずに幸せに暮らすことができる場所であり，地方におかれた性的マイノリティは抑圧的な状況で耐え忍んでいるという理解にも問題がある。河口和也（2016：76）はこのような理解が，地方で生活する性的マイノリティの存在を不可視化していると指摘している。大都市に生活する性的マイノリティの姿はメディアを通じて盛んに描かれる一方で，地方に暮らす性的マイノリティがどのように生活の場を作り上げているのかという点は注目されてこなかった。そして，これはメディアにおける描かれ方の問題だけではなく，性的マイノリティを対象とする研究

の問題点でもあり，今後，大都市部以外における性的マイノリティの状況が明らかにされる必要があるといえる。

　ジェンダーやセクシュアリティに関する研究は，女性や性的マイノリティに焦点をあてることで，シスジェンダーであり異性愛者である男性を中心として女性や性的マイノリティを**周縁化**する非対称な社会構造を明らかにしてきた。しかし，性的マイノリティに関する研究が主として大都市部を対象として展開されることにより，地方の性的マイノリティは大都市と地方という関係においても周縁化されており，地方の性的マイノリティは二重の意味で「いないこと」にされてしまっているのである（前川　2022：15）。

　また，杉浦郁子による地方における性的マイノリティに焦点を当てた近年の研究においては，性的マイノリティの不可視化を問題として強調することが，地方における当事者の活動や社会運動のあり方を都市におけるそれらのあり方を基準として周縁化してしまうという，新たな問題も指摘されている（杉浦　2022：12-13）。

5　教育の場での排除と包摂

　前節まで，性的マイノリティが抱える生きづらさについて，性的マイノリティへの寛容度や抵抗感といったデータから説明してきた。そこでは家族が性的マイノリティである場合の抵抗感が依然として強く，家族との関わりの中で葛藤を抱える性的マイノリティの姿もうかがわれた。家族は人びとにとって最初に出会うもっとも身近な社会集団であると表現されるが，その後，出会うことになる社会集団においてどのような生きづらさを経験するのだろうか。

　まずは，学校教育における排除という視点で考えていきたい。性的マイノリティの当事者への調査（オープン型ウェブ調査）によれば，小学校・中学校・高校の学校生活における**いじめ被害**の経験率は 58.2％に達している。年代別にみると，10 代で 49.4％，20 代で 55.8％，30 代で 60.9％，40 代で 63.1％，50代以上で 49.8％となっている（日高　2017）。

　また，「いのちリスペクト。ホワイトリボン・キャンペーン」が2013年に行った性的マイノリティの当事者への調査によれば，全回答者の68％が「身体的暴力」「言葉による暴力」「性的な暴力」「無視・仲間はずれ」のいずれかを経験していた（いのちリスペクト。ホワイトリボン・キャンペーン　2014：7）。これらのいじめや暴力が誰からのものであったかを尋ねた設問の回答では，いじめや暴力の経験者の内12％が担任の教師からの被害を経験していた（いのちリスペクト。ホワイトリボン・キャンペーン　2014：9）。

　性的マイノリティが学校教育の場から排除される要因は，教員からの差別的な言動や児童生徒，学生間のいじめだけではない。性的マイノリティの存在を想定していない学校の慣習や従来「**隠れたカリキュラム**」として指摘されてきたものもその一因である。たとえば，男女別の制服や性別によって異なる基準を設けた校則・生徒指導には，すべての児童生徒が「男」と「女」のどちらかの性別に相互排他的に分類されるとする**性別二元制**の考え方があるといえる。

　性的マイノリティの排除は文部科学省が定める教育課程の基準である学習指導要領の中にも見いだすことができる。2017年3月に告示された小中学校の学習指導要領では，小学校3，4年の体育において「思春期になると（中略）異性への関心が芽生える」という記述があるほか，中学校の保健体育において「身体の機能の成熟とともに，性衝動が生じたり，異性への関心が高まったりすることなどから，異性の尊重，情報への適切な対処や行動の選択が必要となることについて取り扱うものとする」といった記述がなされている。これら記述は，すべての児童生徒が異性愛者であるという異性愛規範に基づく記述となっており，ここでは同性愛をはじめとする異性愛以外の性的指向の存在が不可視化されているのである[4]。

　こういった問題が指摘される一方で，近年，学校教育における性的マイノリティの包摂に向けた取り組みもみられるようになってきた。たとえば，2015年には文部科学省から全国の教育委員会などに対して「性同一性障害に係る児童生徒に対するきめ細かな対応の実施等について」（文部科学省　2015）が通知され，翌年には「性同一性障害や性的指向・性自認に係る，児童生徒に対する

表8-2　学校生活の各場面の性的マイノリティへの支援

項目	学校における支援の事例
服　装	自認する性別の制服・衣服や体操着の着用を認める
髪　型	標準より長い髪型を一定の範囲で認める（戸籍上男性）
更衣室	保健室・多目的トイレ等の利用を認める
トイレ	職員トイレ・多目的トイレの利用を認める
呼称の工夫	校内文書（通知表を含む）を児童生徒が希望する呼称で記す 自認する性別として名簿上扱う
授　業	体育又は保健体育において別メニューを設定する
水　泳	上半身が隠れる水着の着用を認める（戸籍上男性） 補習として別日に実施，又はレポート提出で代替する
運動部の活動	自認する性別に係る活動への参加を認める
修学旅行等	1人部屋の使用を認める／入浴時間をずらす

出典）文部科学省（2015）より

きめ細かな対応等の実施について（教職員向け）」（文部科学省　2016）と題する周知資料が公表されている。具体的な内容としては，表8-2の通り学校生活における性的マイノリティの児童生徒への支援が紹介されている。これらの支援がどの学校においても一律に提供されている状況とはいえない点には留意する必要があるが，性的マイノリティに対する教職員の理解を促し，性的マイノリティに対する「きめ細かな対応」を実施していこうとするものであるといえよう。

　しかしながら，事例にあげられた児童生徒に対する対応はあくまでも個別対応であり，性別二元制そのものは問い直されていないことが指摘できる。また，2016年の周知資料には「性的指向」という文言が冠されているにもかかわらず，内容としてはトランスジェンダーの児童生徒を対象とした対応に偏った記述となっている。上述のいじめ被害をはじめとする学校生活における困難は，トランスジェンダーの児童生徒のみならず，性的指向におけるマイノリティの児童生徒も経験しているものであり，性的指向の多様性に対する対応が具体的に示されていない点は課題として指摘できるだろう。

6 労働の場での排除と包摂

　続いて，労働の場における排除について考えてみたい。人びとにとって労働
は，それによって金銭的対価を得るという経済的側面だけではなく，自己実現
や自己表現，いきがいとしての側面など，多面的な意味を有しているといえ
る。

　労働の経済的側面に着目すれば，男女の賃金格差が顕著に存在する社会にお
いて，女性同士で家計をともにするレズビアンカップルは経済的に不利な状況
にあり，一方では男性同士で家計をともにするゲイカップルは経済的に優位な
状況にあると推測することができるかもしれない。また，性的マイノリティに
は子どもがいない場合が多く，子育てや子どもの教育にかかる支出が少ないた
め，より多くの消費活動を行うことができると考えることもできる。実際に性
的マイノリティの消費活動には経済界から注目が寄せられており，広告代理店
により性的マイノリティはファッションや美容，旅行などにおいて消費活動が
活発であるとする調査結果も報告されている。

　はたして性的マイノリティが活発に消費活動を行えるほど経済的に豊かであ
るというのは本当だろうか。NPO法人虹色ダイバーシティと国際基督教大学
ジェンダー研究センターが共同で実施した「LGBTと職場環境に関するアンケ
ート調査　2018」の調査データに基づき，賃金達成における性的指向と性自認
の影響を分析した平森大規によれば，出生時の性別が女性である場合でも男性
である場合でも，異性愛以外の性的指向であることやシスジェンダーでないこ
とが収入に対して負の影響をもつことが明らかとなった（Hiramori　2018：
27）。図8-3は性的マイノリティの人びとが収入における不利をどの程度被っ
ているかを表したものであり，これによれば，ゲイの男性は異性愛の男性にく
らべて80.3％の賃金達成にとどまっていることがわかる。

　このような性的マイノリティにおける賃金達成の不利は，性的マイノリティ
の労働市場への参入をめぐる障壁の存在を示唆している。LGBT法連合会
（2019）がまとめた就労をめぐる困難事例によれば，性的マイノリティが就労

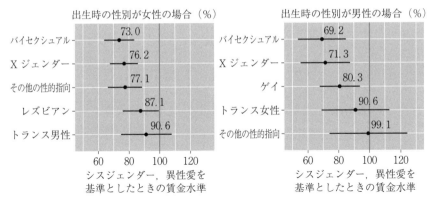

図8-3　賃金達成における性的指向と性自認のあり方の影響

出典）Hiramori（2018：49）より一部修正

をめぐって経験する困難は「求職・就職活動」の段階から「規則・環境整備」，「いじめ・ハラスメント・無理解」，「カミングアウト・アウティング[5]」，「人事（配転・出向・キャリア関係）」，「服務」，「福利厚生」，「安全・衛生」に至るまで多岐にわたっている。

　一方で労働の場における性的マイノリティの包摂へ向けた動きとしては，日本労働組合総連合会（連合）が性的マイノリティに対する**ハラスメント**などに関する調査を実施したこと（日本労働組合総連合会　2016）や，厚生労働省が事業者の就業規則の見本として定めるモデル就業規則に，「あらゆるハラスメントの禁止」として，性的指向や性自認のあり方に関するハラスメントを禁止する項目を設けたこと（厚生労働省　2021）などがあげられる。

　また，企業における性的マイノリティへの取り組みを評価する制度も広がっているが，評価基準が大企業に有利なものである点や評価の受審後に取り組みをやめてしまう企業がある点などにおいて制度自体の信頼性を向上させる必要性も指摘されている（石田　2019：170-171）。

Pract/ce Problems　練習問題 ▶ 3
　企業における性的マイノリティ支援の取り組みにはどのようなものがあるか調べ

てみよう。どのような業種で先進的な取り組みがみられるだろうか。

７ 性的マイノリティの脆弱性：災害や病いを例に

　これまで教育や労働の場といった日常生活における性的マイノリティの排除の現状や包摂への取り組みについて触れてきたが，本節では**災害**や**病い**といった非常時に着目し，性的マイノリティが抱える困難についてみていこう。

　災害や病いにおいて社会的マイノリティが被る困難について理解する上で，重要な概念として**脆弱性**（vulnerability）という概念がある。脆弱性とは「自然の加害性の力が非日常的な大きさで作用する場合，それを予測して対応する行動を取り，対処あるいは対抗し，その後，回復するために必要な人ならびにそのグループの能力」（Wisner et al. 2004＝2010：29）と定義される。そして，自然災害を例に取ると，危機的な自然現象（hazard）は，社会に存在している脆弱性を媒介することによって自然災害（disaster）を発生させる。つまり，同じ自然現象を経験しても集団や社会階層といった条件（脆弱性の程度）によって，被害の発生状況に大きな差が生じるのである。

　脆弱性は人びとがおかれている社会経済的な位置づけと深く関連しており，女性，高齢者，障害のある人，外国人（非日本語話者）などと並んで，性的マイノリティも災害による被害を高める社会的脆弱性を有していると考えられる。資料8-1は，2016年の熊本地震発生時に被災した性的マイノリティの当事者が避難所で直面した困難の事例である。

　このような困難を避けるために避難所を利用することができず，危険な場所にとどまらざるを得なければ，それだけ被災の可能性は高まる。また，自宅において水道やガスといった生活インフラが遮断される中で，親類などの縁者も頼れず，避難所などで提供されるサービスも利用できなければ，生活は立ちゆかなくなってしまう。

　災害時における性的マイノリティの支援については，2011年の東日本大震災以降に注目されるようになり，内閣府男女共同参画局（2013）がまとめた

資料8-1　新聞記事「性的少数者　避難所の苦悩」

性別にかかわらず恋愛の対象となる「パンセクシュアル」（全性愛）[6]のＡさん＝40代，熊本市＝は2016年の熊本地震で自宅アパートが被災。約1カ月半，市内の避難所で生活し，運営にも携わった。

戸籍上は女性。性自認も女性。雑魚寝で風呂も集団で入る避難所では女性と行動をともにすることが多かった。ずっと「女性も恋愛の対象だと知れたら嫌がられるかもしれない」と心に引っかかった。

避難所には一時最大約700人が身を寄せた。スタッフとして多くの被災者に接するうち，見た感じや雰囲気で少なくとも3人の性的少数者に気付いた。うち2人は身体の性別と性自認が異なるトランスジェンダー。「着替えは大丈夫ですか」「お風呂はどうしますか」と声をかけ，親しくなった。周囲には知らせず，さりげなく支援を続けた。

3人はトイレは障害者用を使用。近くの民間施設が被災者向けにシャワーを開放したが，トランスジェンダーの2人は利用をためらった。「男女どちらの浴室にも入りたくない」

1人は約1カ月間，ウエットティッシュで体を拭いてしのいだ。1人は渋滞する道を車で約3〜4時間かけて無料開放された温泉施設へ通った。性の事情を説明して家族風呂を1人で使わせてもらったという。

Ａさんは「性的少数者は心と体の状態やパートナーとの関係性で世間の差別や好奇心にさらされる恐怖心があり，避難所の仕組みも困ることが多い。設備や運営の両面で臨機応変に対応してほしい」と話す。

出典）2021年7月14日の『西日本新聞』朝刊より

「男女共同参画の視点からの防災・復興の取組指針　解説・事例集」において，トイレについて「性的マイノリティ等にも配慮し，男女共用のユニバーサルトイレは最低でも1つは設置するよう検討することが必要」であるとされ，避難者名簿の性別欄について「性的マイノリティに配慮し，自由記述欄とする方法も考えられる」とされるなど，十分とはいえないものの配慮が必要なことが明記されている。また，被災を経験した当事者の立場から，災害時の性的マイノリティの困りごとに対する対応策を紹介したリーフレットを公開し（岩手レインボー・ネットワーク　2016），配慮や支援のニーズの認知度を向上させようとする取り組みもなされている。

病いによる影響も社会的脆弱性を媒介してその大小が決定される側面がある。たとえば，HIV感染症の流行については，「直接的原因は，性感染や血液感染であるが，リスク行動を避ける能力や自由が損なわれた状態（脆弱性：

176

vulnerability）を生み出す社会・政治・経済・文化的要因が，その根底にある」
（木原・小松　2003：1）ことが指摘されている。そのため，日本における HIV
対策においては「個別施策層」という概念が「エイズ予防指針」（厚生労働省
2012）に取り入れられ，HIV 感染リスクに対して社会的脆弱性を有するとされ
た人びとを対象に重点的に施策が展開されている。

　個別施策層とは「感染の可能性が疫学的に懸念されながらも，感染に関する
正しい知識の入手が困難であったり，偏見や差別が存在している社会的背景等
から，適切な保健医療サービスを受けていないと考えられるために施策の実施
において特別の配慮を必要とする人々」（厚生労働省　2012）のことを指すとさ
れ，「性に関する意思決定や行動選択にかかる能力が形成過程にある青少年」
や「言語的障壁や文化的障壁がある外国人」などと並んで「性的指向の側面で
配慮が必要な同性愛者」があげられている。ここでは，差別や偏見などによっ
て社会的脆弱性を有する人びとが，正確な情報の入手や保健医療サービスへの
アクセスが困難となるという状況に対して，より重点的な対策を展開すること
によって是正が図られているともいえるのである。

　また，新型コロナウイルス感染症（Covid-19）についても，性的マイノリティ
の社会的脆弱性の問題が指摘されている。2020 年の新型コロナウイルス感
染症の感染拡大初期段階において，感染拡大防止の観点から感染者の年齢や性
別，行動履歴，同居家族の有無等が自治体から公開されるという状況にあっ
た。しかし，感染者数が限られた状況にあっては「カミングアウトしていない
性的マイノリティの当事者の性的指向や法律上の性別等のアウティングにつな
がってしまう恐れ」（LGBT アライアンス福岡　2020）があり，アウティングを
避けるために，発症や発症者との接触を隠すことによって医療へのアクセスが
困難になるといった状況も生じる。感染症拡大防止という公衆衛生上の目的
の下で，人びとの行動履歴や誰と同居しているかといった個人情報の提供が迫
られる時，性的マイノリティへの差別や偏見に由来する社会的脆弱性は，感染
症へのリスクを増大させることにつながりかねない。

8 性的マイノリティに対して求められる支援
　　：社会的包摂に向けた歩み

　本章では性的マイノリティが経験する生活上の困難に焦点を当て，社会から向けられる差別，偏見による生きづらさや，教育や労働の場といった日常生活場面における困難や，災害や病いといった非日常場面における困難について示してきた。これまで確認してきたように，性的マイノリティはさまざまな場面において性別二元制や異性愛規範を前提とする社会からの排除を経験し，また，それらの経験に由来する社会的脆弱性を有しているといえる。性的マイノリティを社会へと包摂していくためには，本章で紹介したような個別的な対応にとどまらず性別二元制や異性愛規範を前提としない社会制度の導入や，社会の大部分を構成するマジョリティ側の意識の変容が求められる。

　これらを実現していく具体的な方法としては，SOGI に関する差別禁止法制やパートナーシップ制度，**同性婚**制度などがあげられる。日本においては，地方自治体レベルで，性自認のあり方や性的指向に基づく差別を禁止する条例の制定や，法的な婚姻制度から排除されてきた同性同士のカップルをパートナー関係として制度的に承認するパートナーシップ制度の導入，性的マイノリティ当事者の居場所づくりや**ピアサポート**活動への支援，施策決定への当事者の参加といった行政による支援の取り組みが進められている。[7]

　この内，自治体で導入されているパートナーシップ制度については，制度に基づきパートナーとなることで自治体における公営住宅への入居申し込みが可能となる例や自治体の公立病院などで同意書の署名などが婚姻関係と同様に取り扱われるといった取り組みがなされている。しかしながら，このパートナーシップ制度は多くの場合，首長が行政機関内部の内規として定める要綱に基づいて実施されており，その場合，法的効力を有するものではないという点も指摘しておく必要がある。自治体におけるパートナーシップ制度が一定の社会的承認をもたらすことはありうるが，この制度に十分な法的な保障がともなっていなければ，同性カップルにはある程度のごく限られた保障さえあたえればよ

いという認識にもつながりうる。

　また，このような包摂へ向けた歩みは，性的マイノリティの人びとの困難を解消させるものとして期待されるものである一方，このような包摂をめざす取り組みが新たな排除を生み出す可能性にも留意しなければならない。たとえば，同性カップルを従来の異性愛カップルと同一の婚姻制度へ包摂することは，婚姻関係を基準に関係性が序列化されることにより，カップル関係を築かない人びとや結婚を望まない性的マイノリティがさらに周縁化されるといった新たな排除を生み出す危険性がある[8]。

　性的マイノリティに対する支援の取り組みにおいては，このように包摂が新たな排除を生み出す可能性にも留意しつつ，多様な性的マイノリティの存在を視野に入れた包摂のあり方が求められるだろう。

注

1）「LGBTQ」などの表現にみられる Q は性的マイノリティを包括的に指し示すクィア（queer）の頭文字とされる場合もある。また，「＋」の記号には頭文字として明示されるもの以外の多様な性のあり方を包括的に示す意味合いがある。

2）社会学における性的マイノリティの研究では，「性的マイノリティと家族」という論点について多くの研究が重ねられている。詳しくはシリーズ第3巻『入門・家族社会学』の6章を参照のこと。

3）ただし，この調査では，事前知識の有無にかかわらず回答者が理解できるようにするため，「性別を変えた人」，「性別を変えること」という文言が用いられており，トランスジェンダーのごく限られた側面に関する調査となっていることには留意が必要である（釜野ほか　2016：23）。

4）学習指導要領の記述にみられる異性愛規範や性別二元制の問題については眞野豊（2020：168-182）に詳しく論じられている。

5）アウティングとは性的マイノリティ当事者の性的指向や出生時の性別，性自認などを本人の同意なく他者に公表することをいう。

6）バイセクシュアル（bisexual）の「bi-」は「2つの」を意味する接頭辞であり，性別は男女のどちらか2つであるとする男女二元制を前提としているといえる。そのため，「全ての」という意味の接頭辞「pan-」がついたパンセクシュアル（全性愛）として自己を表現する当事者が存在する（石田　2019：16）。

7）地方自治体における性的マイノリティ支援の取り組みは，各自治体のウェブサイトでも周知されている。ここでは，その一例として東京都世田谷区の事例（https://www.city.setagaya.lg.jp/mokuji/kurashi/008/007/index.html）を紹介する。

身近な自治体において，類似の取り組みがないか調べてみるとよいだろう。
8）周縁化される人びととしては「生涯単身者，ポリアモリーの人，アセクシュアルの人，性的関係を共同生活の理由にしない人，愛と切り離してセックスをする人」（青山　2016：30）などがあげられる。

■ 参考文献 ....

赤枝香奈子，2011，『近代日本における女同士の親密な関係』角川学芸出版
――，2017，「セクシュアリティ」盛山和夫・金明秀・佐藤哲彦・難波功士編『社会学入門』ミネルヴァ書房：175-190
青山薫，2016，「『愛こそすべて』―同性婚／パートナーシップ制度と『善き市民』―」『ジェンダー史学』12：19-36
古川誠，1994，「セクシュアリティの変容―近代日本の同性愛をめぐる 3 つのコード―」『日米女性ジャーナル』17：29-55
――，2001，「『性』暴力装置としての異性愛社会―近代日本の同性愛をめぐって―」『法社会学』54：80-93
日高庸晴，2017，「LGBT 当事者の意識調査―いじめ問題と職場環境等の課題―」（2023 年 4 月 1 日取得，http://www.health-issue.jp/reach_online2016_report.pdf）
Hiramori, D., 2018, "Social-Institutional Structures That Matter: A Quantitative Monograph of Sexual/Gender Minority Status and Earnings in Japan", SocArXiv, (Retrieved April 1, 2023, https://osf.io/preprints/socarxiv/u2rh3/).
いのちリスペクト。ホワイトリボン・キャンペーン，2014，『LGBT の学校生活に関する実態調査（2013）結果報告書』
石田仁，2019，『はじめて学ぶ LGBT―基礎からトレンドまで―』ナツメ社
石原英樹，2012，「日本における同性愛に対する寛容性の拡大―世界価値観調査』から探るメカニズム―」『相関社会科学』22：32-41
――，2017，「性的マイノリティをめぐる地域環境―『世界価値観調査』による地域差分析と地域サポート組織の取り組み―」『明治学院大学社会学・社会福祉学研究』147：1-20
岩手レインボー・ネットワーク，2016，「にじいろ防災ガイド」（2023 年 4 月 1 日取得，https://ameblo.jp/iwaterainbownetwork/entry-12157544694.html）
釜野さおり・石田仁・風間孝・吉仲崇・河口和也，2016，『性的マイノリティについての意識―2015 年全国調査報告書―』2013-2016 年度科学研究費助成事業（25283018），広島修道大学（2023 年 4 月 1 日取得，http://alpha.shudo-u.ac.jp/~kawaguch/chousa2015.pdf）
河口和也，2016，「わたしたちはここにいる―地方中核都市に生活する性的マイノリティの『語り』から―」『理論と動態』9：73-91
風間孝・河口和也，2010，『同性愛と異性愛』岩波書店
木原正博・小松隆一，2003，「エイズ対策の体系と今後の国際援助戦略について」

180

『国際協力研究』19(2)：1-12

厚生労働省，2012，「後天性免疫不全症候群に関する特定感染症予防指針（平成24年厚生労働省告示第21号）」

──，2021，「モデル就業規則（令和3年4月）」

LGBTアライアンス福岡，2020，「新型コロナウイルス感染症対策等，性的マイノリティ支援に関する要望書」

LGBT法連合会，2019，「性的指向および性自認を理由とするわたしたちが社会で直面する困難リスト（第3版）」（2023年4月1日取得，https://lgbtetc.jp/news/1348/）

前川直哉，2022，「まえがき」杉浦郁子・前川直哉『「地方」と性的マイノリティ──東北6県のインタビューから──』青弓社：13-16

眞野豊，2020，『多様な性の視点でつくる学校教育──セクシュアリティによる差別をなくすための学びへ──』松籟社

三橋順子，2008，『女装と日本人』講談社

文部科学省，2015，「性同一性障害に係る児童生徒に対するきめ細かな対応の実施等について（27文科初児生第3号）」

──，2016，「性同一性障害や性的指向・性自認に係る，児童生徒に対するきめ細かな対応等の実施について（教職員向け）」

──，2017a，「小学校　学習指導要領（平成29年告示）」

──，2017b，「中学校　学習指導要領（平成29年告示）」

内閣府男女共同参画局，2013，「男女共同参画の視点からの防災・復興の取組指針解説・事例集」（2023年6月23日取得，https://www.gender.go.jp/kaigi/senmon/kansi_senmon/wg01/pdf/giji_03_3.pdf）

日本労働組合総連合会，2016，「LGBTに関する職場の意識調査」（2023年4月1日取得，https://www.jtuc-rengo.or.jp/info/chousa/data/20160825.pdf）

杉浦郁子，2022，「性的マイノリティの市民活動における『可視性の政治』を問い直す──東北地方の団体主催者の実践から──」『和光大学現代人間学部紀要』15：7-24

Wisner, B., P. Blaikie, T. Cannon and I. Davis, 2004, *At Risk: Natural Hazards, People's Vulnerability and Disasters, Second Edition*, Routledge.（＝2010，岡田憲夫監訳，『防災学原論』築地書館）

自習のための文献案内

① 風間孝・河口和也，2010，『同性愛と異性愛』岩波書店

② 三橋順子，2008，『女装と日本人』講談社

③ 杉浦郁子・前川直哉，2022，『「地方」と性的マイノリティ──東北6県のインタビューから──』青弓社

④ 新ヶ江章友，2022，『クィア・アクティビズム──はじめて学ぶ〈クィア・スタ

ディーズ〉のために—』花伝社

⑤　Faye, S., 2021, *Transgender Issue: An Argument for Justice,* Penguin: London.
（＝2022，高井ゆと里訳，『トランスジェンダー問題—議論は正義のために—』明
石書店）

　①は日本社会の異性愛規範や同性愛嫌悪（ホモ・フォビア）について初学者に
もわかりやすく解説している。②は日本における古代から現代にいたる異性装の
歴史や戦後日本の女装者，トランスジェンダーのコミュニティについて取り上げて
いる。③はこれまで十分に研究がなされてこなかった地方の性的マイノリティに
焦点を当てた研究である。④はアメリカにおける性的マイノリティの歴史を紐解
き，社会運動の展開とアカデミズムにおける理論形成について解説した入門書。⑤
はイギリスの状況を中心に，トランスジェンダーの人びとが直面している差別や暴
力という問題（＝トランスジェンダー問題）を論じている。

第9章

病い・障害当事者の困難と支援

桑畑　洋一郎

1 病い・障害を社会学から考える意義

　病いや障害[1]はなぜ社会学の対象になるのか。これらは医学や看護学，あるいは福祉学が対象とすべき領域であり，社会学が病いや障害を対象とするとはどういうことなのか。このような違和感を覚える読者もいるかもしれない。

　しかし病いや障害は社会学の対象にもなりうる領域であり，かつ，社会学がこれらを対象とすることによってこそ得られる知見も存在する。まずこのことを示していくこととしたい。

　医療社会学ではしばしば，「医療における社会学（sociology in medicine）」と「医療についての社会学（sociology of medicine）」の2つの研究上の立場があるとされる。前者は医療やそこでの実践に貢献する知見を得ようとする立場を指し，後者は医療そのものをひとつの社会学的対象とみなし，その仕組みを把握しようとする立場を指す。平たくいえば，医療などのためになろうとする社会学と，医療とは何なのかを考えようとする社会学とに二分できるというわけである（Straus　1957：203）。なおこの2つの立場は，一方が他方に優越するといったものではなく，両者の総合を目指すべきであると指摘される（黒田 2001：2-3）。

　また，福祉社会学にもこれと類似する研究上の立場の区分があると指摘される。それは，あるべき「福祉社会」を模索する学としての福祉社会学と，福祉がいかに社会の中で成り立っているのか／いないのかをみようとする福祉社会学とである（副田　2008：285-321；武川　2012：24-33）。

病い・障害を社会学的に考える上で，医療社会学や福祉社会学における，こうした区分は参考になるだろう。病んだ当事者（本章では以降「病者」と表現する）や障害の当事者のために，当事者の抱える困難の解消に向けた手立てを考える社会学と，そもそも病いや病者，障害や障害者という概念や存在自体を，社会との関係から考えようとする社会学の双方が必要となる。

以上のように，病いや障害のような，一見医学や看護学，福祉学が対象とすべきように思えるテーマであっても，それを社会学的に考えようとすることでみえてくる新たなものも多い。

これをふまえて以下からは，病いと障害そのものを，あるいはその当事者が抱える困難を考える上で参考とすべき知見を紹介していくこととしたい。

2 病者になることで生じること

何かしらの病いを患うことで，人は病む前とは異なる社会状況におかれることとなる。このことを役割論から指摘したのが，T. パーソンズである。

人びとは，自らがもつ肩書や立場など，役割に応じた行為を行いながら生活することが期待されている。こうした役割期待は，教育などを通じて人びとに学習され修得されていく。もちろん，期待された役割への反発や，役割をあえて逸脱するような行為がなされることもあるし，さらには役割が人びとの行為を通して徐々に変容することもありうるが，そうしたことも，社会的に期待される役割が存在することを前提としてのことである（Persons　1951＝1974：205-325）。

さてパーソンズは，こうした役割のひとつに，病人役割なるものが存在することを指摘した。パーソンズによると，病人役割には，(1)病む前に期待されていた社会的役割を果たす責務が免除されること，(2)自分自身の力で病いを治癒させる必要がないこと，(3)ただし一方で回復を目指そうとする義務は生じること，(4)回復のために専門家の援助を受けようとする義務があることという，4つの相互に関連した役割が存在する。つまりは，病気になったら普段と同じような生活を送らずにゆっくりして，医者のような専門家のいうことを聞いて回復を目指すべきで

ある，とする役割が病者には期待される。またさらに，この病人役割に対応する形で，医者ら病人と関わる専門家に対する役割も社会的に期待される。このように，病いに関わる人びとに向けられる役割期待も存在し，それに人びとが応答していくことによって医療という行為は成立し，ひいてはそのことによって，社会に対して健康者という存在が供給されていくこととなる（Persons 1951＝1974：424-475）。このように病者は，病むことによって，病む前とは異なる社会的状況におかれることとなる。

　ただしたとえば，次節でも取り上げるような特定の病いが自己責任視される状況や，あるいは治癒・回復が難しいような病いの存在を想定すると，パーソンズの役割論から外れる事態も存在する。また，パーソンズの議論では，病いから回復すると従前の状況への復帰が想定されているが，実際は病んだことで人生が大きく変わることもある（佐々木　2010：8-9）。**パーソンズの役割論の意義は大きいが，他方でこうした例外も現実にはあることに留意が必要**であろう。

3 隠喩としての病い

　パーソンズの役割論とはまたちがった形で，**病いや病者が負わされる社会的な意味も存在**する。文学者の S. ソンタグは，病いや病者に付与される社会的な意味が存在することを指摘した。たとえば結核は主に文学作品で「愛を描くのに利用され」（Sontag　1978＝1982：29）てきた。さらにそれが転じて「恋の病いのひとつの形と考えられるに到る」（Sontag　1978＝1982：29）こととなった。

　他方では，ハンセン病[2]が「退廃の見本，象徴」（Sontag　1978＝1982：87）とされたように，病名が何かしらのイメージを喚起する比喩としてもち出されることもしばしばある。このようにソンタグは，**さまざまな病いや病者に社会的に付与された意味が存在すること，また病いのイメージが比喩的に用いられることによって，そうした意味が固定化していくことを指摘**した。

　なおこうした，特定の病いや病者に対して特定の意味が社会的に付与される事態は，西洋にとどまることでもない。日本においてもたとえば，ハンセン病

186

など特定の病いが天罰による「業病」であるとみなされ，またそれによって病者の処遇が導き出されていた過去がある（小林　1996：15-30）。

HIV/AIDS[3] をめぐる例もある。8 章でも言及されたエイズ・パニックがまさにこれに当たる。HIV/AIDS がまだそれほど解明されていなかった当初，男性同性愛者や外国人，あるいは血友病患者といった特定の人びとと結びついた病いとみなされ，それによる偏見や差別が生じ，対応が後手になった（本郷 2007：1-9）。

あるいはまた，糖尿病などをはじめとした病いが「生活習慣病」とよばれるのも，病いへの社会的意味付与の一例であろう。1996 年の厚生省公衆衛生審議会の具申によって「生活習慣病」という呼称が登場したことにより，この病いが病者の「生活習慣」上の問題から生じるものであるかのような認識が生まれ，その一方で，遺伝やストレス，有害物質などの外部環境要因が軽視されることとなった。またさらには，こうした，個人要因の重視と外部環境要因の軽視がなされたことで，病いが病者の自己責任とされることともなった（吉岡 2002：139-141）。実際は学歴などの社会的な要因が「生活習慣病」のリスクを左右する傾向があり（小塩　2021：192-234），個人にだけ責任があるような病いではないにもかかわらず，である。

ある病いをめぐるわれわれの認識が，社会的に付与された意味によって規定されることは多い。またそうした認識は，病いの医学的理解と一致するとも限らない。このことも，病いを社会学的に考える上でふまえておくべきことであろう。

Practice Problems 練習問題 ▶ 1

何かしらのイメージを社会的に付与された病いを取り上げ，どのようなイメージが付与されているか考えてみよう。

4 スティグマとしての病い

　続いては，スティグマという概念を通して病いの社会的意味を考えてみたい。

　スティグマとは，社会学者の E. ゴッフマンによって提示された概念であり，負の社会的烙印を意味する。スティグマは，病いや障害に限らず，負の意味をもつ属性と，そうした属性を象徴するような情報・手がかりとを指す概念である。病いもそうした，スティグマとして機能することがしばしばある。

　具体例のひとつとして，筆者が研究してきた，沖縄のハンセン病療養所退所者の経験を取り上げてみたい。ハンセン病を患ったハンセン病者は，沖縄も含めた多くの地域で差別を多く経験してきた。感染することを怖がられ忌避されるだけでなく，ハンセン病による身体の変形を恐怖されたり，生まれ育った地域において家族ぐるみの差別を経験することもあった（蘭　2017：110-174）。さらには，ハンセン病自体は治癒し，療養所を退所した場合にも，他の人びととは違う扱いを受けたり，周囲から嫌な目でみられるといった，ハンセン病罹患に起因する差別的な取り扱いを受けてきた（桑畑　2020：104-107）。インタビューにおいて，療養所退所者（1940 年代前半生まれの女性）は以下のように語る（資料 9-1）。

資料9-1　沖縄のハンセン病療養所退所者の被差別経験

〔沖縄のハンセン病療養所である沖縄愛楽園で持病の治療を行う必要がありかかりつけの医者に相談したところ〕先生が愛楽園への紹介状書いてくださったんです。そうしたら，（中略）〔かかりつけの病院の〕看護婦さんたちなんですけど，（中略）封筒の宛先に「沖縄愛楽園」と書いてあるもんですから。それを見て，何かを見るみたいにですね，変な目で見てるんですよ。

出典）筆者のインタビュー調査より

　これはあくまで一例であるが，まさしく，ハンセン病に罹患したという経験や，あるいはそれを示す種々の手がかりがスティグマとなるわけである。

　また，スティグマをもつ側も，自身がスティグマをもつことと，それが負の

188

意味をもつことを認識し受容することもある。ハンセン病は進行にともない身体が変形することがある病いであり，それが理由で周囲から忌避されることがしばしばあった。またそのことを，当のハンセン病者自身も認識していることもある。上記とは別の退所者（1930年代後半生まれの男性）の語りを引用したい（資料9-2）。

資料9-2　沖縄のハンセン病療養所退所者のスティグマ認識

〔自分よりも〕前に〔療養所に〕入園してる方は，私でも怖かったもん。〔ハンセン病が進行して〕鼻が引っ込んだりしてる方の顔貌の変形をみるとね。「いずれは自分もこうなるんだな」ということでね。みんな怖がりますよ，それは。だから，特に70歳以上の方が，この病気に対する差別偏見というのを持ってて，怖がるのはよく分かりますよ。

出典）筆者のインタビュー調査より

　要するに，ハンセン病罹患経験がスティグマになるであろうことが，当のスティグマを有している／有す可能性がある自分自身にもわかってしまうし，そうである以上，まわりがハンセン病罹患経験をスティグマとしてとらえる可能性があるのもわかってしまうということである。

　スティグマを理解する上で重要なのは，スティグマが認識される際の，この相互性である。ゴッフマン自身も指摘しているように，**ある属性が存在することだけでスティグマとなるのではない。周囲との関係においてスティグマとみなされることで，はじめてスティグマとなるのである**（Goffman　1963＝2003：16）。

　病いは，あるいはあとで取り上げていく障害もそうだが，それが社会的にスティグマとして認識されることも多く，病い・障害の当事者は，自身のスティグマとともに生きていることもしばしばある[4]。

5　病いのリスクと社会

　ここまでにみてきたように，病いと病者に対して社会的な意味が付与され，そうした意味に基づいた処遇がなされることが社会学や近接領域における考察

を通して明らかにされてきた。他方で，やや別の観点から病いを社会学的に考
察することで明らかになる実態がある。それは，**厳しい状況におかれた人びとほ
ど病いを罹患しやすい**という，いわゆる「健康格差」の問題である。6章で取り
上げられた，子どもの貧困と健康とが関係することと同様の事態が，より広い
範囲の人びとにおいても生じている。

　たとえば，いわゆる就職氷河期世代や非正規雇用の人びとはメンタルヘルス
などを損なうリスクが高く，積極的な社会参加をしている人ほど「生活習慣
病」のリスクは低い。あるいは，学歴の違いも健康格差につながる（小塩
2021：15-102, 147-190）。

　また，生活する地域によっても，医療へのアクセス機会は変わってくる。た
とえば都道府県別の医療機関の数をみてみると以下の表9-1の通りとなる（厚
生労働省　2022：47）。

　またさらに，総務省が実施した「平成30年　住宅・土地統計調査」（総務省
2020）より住居から最寄りの医療機関まで1,000m以上の距離がある世帯の割
合をみてみると，全世帯の場合は17.5％である一方，高齢世帯では20.1％と

表9-1　人口10万人あたり病院と一般診療所数の上位／下位3都道府県

順位	病　院	一般診療所数
1	高　知　県：17.6施設	和歌山県：110.8施設
2	徳　島　県：14.9施設	島　根　県：105.0施設
3	鹿児島県：14.7施設	長　崎　県：102.7施設
⋮		
45	愛　知　県：4.3施設	沖　縄　県：60.6施設
46	滋　賀　県：4.0施設	千　葉　県：60.1施設
47	神奈川県：3.6施設	埼　玉　県：59.7施設

注）「病院」とは「医師又は歯科医師が医業又は歯科医業を行う場所であって，患者20
　　人以上の入院施設を有するもの」（厚生労働省　2022：3）を指し，「一般診療所」
　　とは「医師又は歯科医師が医業又は歯科医業を行う場所（歯科医業のみは除く）
　　であって，患者の入院施設を有しないもの又は患者19人以下の入院施設を有する
　　もの」（厚生労働省　2022：3）を指す。
出典）厚生労働省「令和2年　医療施設（静態・動態）調査（確定数）・病院報告の概
　　況」より作成

なっている。高齢者の方が移動に要する労力が大きいであろうことを考えると，この20.1％という数字はより大きな意味をもつものとして立ち現れてくる。

　先にも触れたように，たとえば「生活習慣病」という呼称が象徴するような，病いを病者個人の自己責任とみなす風潮が社会にはある。しかしながら，生活する地域で病いのリスクは変わるし，同じ地域で暮らしていても，年齢などの属性や生活のあり方でもリスクは変わる。**病いのリスクは，病者個人の責任のみならず社会的要因によっても左右されるのである。**

⑥ 障害と障害学

　ここまでは病いを中心に述べてきたが，続いては，本章のもうひとつの主題である，障害について考えてみたい。

　しかしそもそものところ，障害があるとは，一体どういった状態を指す概念なのだろうか。障害概念が定義されている法律のひとつである身体障害者福祉法（第4条，別表）では，視力や聴力が一定水準に満たない場合や，手足に欠損がある場合などが身体障害とされる。つまりは，身体的能力があるレベルに達しない場合や身体的欠損がある状態が，障害としてみなされているわけである。

　しかしながら，障害者が生活を送る上での困難という意味にまで障害を拡張して考えると，実はこうした身体的能力や身体的欠損にとどまるものではないとの指摘も，主に，障害当事者の学である，「障害学」からなされてきた。

　障害学では，障害を，身体的機能の欠損などを指す「インペアメント」の側面と，それが基盤となって生じる社会的不利益や社会的活動の困難などの「ディスアビリティ」の側面とに区分する。またその上で，インペアメントの解決を目指す障害の「個人モデル」あるいは「医学モデル」と，ディスアビリティの解消を目指す障害の「社会モデル」とがあるとの腑分けもなされ，後者のモデルの重要性が説かれる（長瀬　1999：14-20）。つまりは，**障害者が抱える困難という意味での障害は，法的に定義された障害である，身体的能力の不足や機能の欠損**

（インペアメント）だけを指すわけではない。インペアメントを理由に不自由が生じるような，社会の作られ方に起因する困難（ディスアビリティ）も意味する。例をあげるならば，「目が見えないことや手足が動かないことはインペアメントの位相であり，働けないことや独り旅ができないことはディスアビリティの位相」（星加　2007：22）となる。**しかしながら後者の意味での障害は重視されず，前者が解決すべき問題として重視されがちであった。**このことを明らかにしたのが障害学であり，そこで提唱されたのが障害の「社会モデル」である。**この観点に立つと，障害者の困難を解決するためには，インペアメントをどうにかすることだけではなく，ディスアビリティの解消も必要となる。**

　障害の「社会モデル」などは，現在であればたとえば障害者差別解消法の基盤をなす思想となっているため，もはやそれほど目新しさはないかもしれない。しかしながら，障害者が困らされている原因の相当部分が社会にあることを明らかにした点で，障害学が提示してきたことの意味は非常に大きい。

⑦　病いや障害の当事者の生の経験

　前節でみた障害学のように，病い・障害をめぐる研究は，当事者の経験に立脚しようとするものが多い。ここでは当事者の経験を重視する意味を考えたい。

　たとえば，病いに関しては，**A. クラインマン**によって示された「**病いの語り**」という枠組みが存在する。クラインマンは，一般に病気と一言でいわれてしまう状態を，「治療者が病いを障害の理論に特有の表現で作り直す際に生み出されるもの」（Kleinmann　1988＝1996：6）としての疾患（disease）と，「病者やその家族メンバーや，あるいはより広い社会的ネットワークの人びとが，どのように症状や能力低下（disability）を認識し，それとともに生活史，それらに反応するのかということを示すもの」（Kleinmann　1988＝1996：4）としての病い（illness）とに分類した。その上で，**社会学者らは後者の病いの側面，すなわち，病んだ人びとやその周囲の人びとが病んだことによってどのような経験を送り，**

それにはどういう意味があるのかを考察するべきであると指摘した。

　同様に，障害学やそこから提示された「社会モデル」も，障害の当事者自身が提示した異議や疑問を端緒とするものであるし，理論化した研究者自身も障害の当事者でもある（長瀬　1999：11-24）。つまりは，障害学は，障害に関する学であるのみならず，障害者による学としての側面ももつ（杉野　2007：16）。

　またさらに付言するならば，日本における障害学の受容に先立って存在した，青い芝の会など障害当事者の運動が，後の障害学における議論を先取りしてきた面もあり，障害学において現在もそうした運動の歴史的蓄積が参照されることがしばしばある（たとえば倉本　1999：221-229）。

　青い芝の会とは，1957 年に結成された脳性マヒの当事者団体である。とくに同会の活動で注目されるのは，1970 年に起きた母親による障害児殺人事件と，その後起きた母親の減刑を求める嘆願運動への対抗運動である。減刑嘆願運動は，障害児を育てる母親の過酷さと，支援の手薄さを嘆いた人びとによるものであったが，青い芝の会のメンバーらは，この嘆願運動の基底に障害者の命を否定する論理を見いだす。「障害児を育てることは大変である」「ゆえに障害児を殺してしまった親にも同情の余地がある」といった嘆願運動の論理は，殺されてしまう障害児の命を，奪われても仕方がないとみなす論理も内包しているのである。このことを鋭く認識した青い芝の会により，減刑反対運動が展開された（副田　2008：235-283）。同会は他にも，バスへの車いす乗車拒否に対する抗議運動[5]なども展開しており，こうした一連の運動を通して，障害者に困難をもたらす社会の問題をえぐり出していった（臼井　2016：16-27）。

　以上のように，病いや障害の当事者に関する社会学的な議論は，当事者の経験を基盤とするものが多い。またとくに，そうした当事者の経験を重視することを通して，当事者だからこそ強く認識される困難や社会的不利，差別の存在が指摘され，社会学的議論の俎上に載せられることともなってきた。

8 病い・障害そのものを当事者の指摘から問い直す

ここまでにみてきたように，病いも障害も，それそのものすなわちインペアメントだけが当事者にとって問題であるわけではない。病むこと／障害があることを理由にした不利益すなわちディスアビリティを生じさせる社会の側にむしろかなりの問題があるわけである。それではインペアメントは当事者にとって相対的に軽い問題なのだろうか。つまりは，**自身のインペアメントをどうにかしたいとは当事者はそれほど望んでおらず，ディスアビリティを生じさせる世の中の方をどうにかしてほしいのか。**

このことを考える上で，**2つの立場がありうる**と思われる。**第1は，病いも障害もインペアメントだけが問題ではないことは前提とした上で，それ自体の当事者にとっての意味をみようとする立場**である。星加良司は，「『ディスアビリティの社会モデル social model of disability』は，障害当事者の生の肯定に大きな役割を果たしている」（星加　2007：22）と障害学の枠組みを評価しつつ，同時に，ディスアビリティが強調されすぎることで，当事者にとってのインペアメントの意味が不可視化されがちなことも指摘する（星加　2007：311-313）。

このことを脳性マヒの場合を例にとるならば，脳性マヒであることでバスに乗れないといった社会的不利益ももちろん重要な問題ではあるが，同時に，脳性マヒという身体そのものを，脳性マヒの当事者自身がいかに理解しているのかといった部分や，脳性マヒという身体とともに生きてきた経験の部分も，当事者にとっては重要な問題となるということである。病いや障害があることで生じる身体的なきつさや痛みとはどういうもので，きつさや痛みをどう感じているのか，きつさや痛みとどうつきあっているのかといった点もまた，当事者にとって重要なものなのであるし，社会学として注目すべき点でもある。

第2は，ひとつ目の立場をふまえ，当事者にとってのインペアメントの経験と意味を重視した上で，そもそも特定の身体性をインペアメントとする社会の方を問おうとする立場である。山下幸子は，上述した青い芝の会とその介助を担った人びとの運動をもとに，障害の当事者によって異議申し立てがなされ，ディス

アビリティを生じさせる社会の存在が明らかにされたことを，社会を構成する**マジョリティ（多数派）**である健全者がどう受け止め得たのか考察した。山下によると，**マイノリティ（少数派）**である障害者の異議申し立ては，マイノリティである障害者が抱える困難に気づかずにいられるマジョリティとしての健全者に対し，「健全」であることの方が「障害」よりも望ましいものとする「健全者中心社会」の価値観の中で自身が生きていることを突きつけるものであった。すなわち，そもそもの，特定の身体を「健全」＝望ましいもの／「障害」＝望ましくないものと線引きし，それぞれへの対応を決めてきた社会の前提を問い直していくものでもあった（山下　2008：176-186）。

　マジョリティであればそれほど認識させられないが，マイノリティにとっての困難は社会に多数存在する。たとえば，前節で取り上げたバス乗車拒否などは，「健全者」であれば気にせず生きていくことが可能である。が，障害者には死活問題となる。病い・障害の当事者が，自らの直面した困難を明らかにすることは，「気づかず・知らず・みずからは傷つかずにすませられる（中略）マジョリティ（多数派）のもつ特権（Privilege）」（ケイン・上原　2019：135）をあらわにし，新たな社会像を構想していくことを可能とするものでもある。

⑨　当事者を支援すること

　ここまでにみてきたように，病い・障害の当事者が社会的な困難を抱えることがしばしばある。そうである以上，困難を解消するための**支援**も必要となる。

　支援は，それを行う主体によって大きく２つの種類に分けられる。ひとつは，非当事者が病い・障害の当事者を支え，ともに活動しながら困難の解消を目指すような支援である。

　もうひとつの種類の支援が，**当事者が当事者を支援する**タイプの支援である。３章でも取り上げられたセルフヘルプ・グループと同様に，病い・障害の当事者による当事者への支援も多く展開されてきた。またそれによって，当事者個々

の心理的負担や生活の負担が軽減されるのみならず，当事者たちが被る不利益
や困難を解消するような制度の策定につながることも多い。

　たとえば，筆者が研究してきた，HTLV-1関連疾患[6]の当事者団体において
は，当事者が相互に治験・臨床試験の情報を共有することで不安を解消しつ
つ，当事者の声を医師や製薬会社につなぐことで，治験・臨床試験を推進させ
ようとしている事例がある（桑畑　2022：44）。当事者団体の代表（1950年代後
半生まれの女性）はこうした活動を，筆者に以下のように語る（資料9-3）。

資料9-3　HTLV-1関連疾患当事者団体代表の活動

　ここ〔当事者に情報を提供し，当事者の声を医師や製薬会社に伝える過程〕に患者会
が入れるのではと思ったんです。患者にとっては情報を集めることになり，医者にとっ
ては患者の参加が見込めることで，どちらにもメリットがある。あと何より，製薬会社
にニーズが存在することを示せるっていうのが大きいです。ニーズが分からなければ製
薬会社も動かないからですね。

出典）筆者のインタビュー調査より

　この語りにも表れているように，**当事者たちが展開する相互支援的活動は，自
己利益を主目的とするものというよりもむしろ，当事者としての集合的な利益を獲
得しようとする性質も強い。**

　さてこのように，病い・障害の当事者が抱える困難を，さまざまなレベルで
軽減し解消する支援が展開されており，そうした支援の実態と効果，あるいは
あるべき支援の形も，福祉社会学において議論されてきた。

　あるべき支援の形とは以下のようなものであるとされる。

　　支援される人（被支援者）の，意図を理解すること，行為の質の維持・改
　　善，およびことがらをなす力をつけること（empowerment：エンパワーする
　　こと）がポイントである（今田　2000：11-12）。

　すなわち，**支援する側が，自身のやっていることをいかによい支援だと思ってい
ても，それが支援される当事者の意図に沿わず，困難の改善につながるものでなけ**

れば，独りよがりの押し付け的支援になってしまう。「支援の側が懸命に良い支援を生み出す努力をしても，当事者との関係においてズレが生じていては，当事者の側からすれば意味がないものになってしまう」（岩橋　2015：150）。「当事者主体を第一に置いた『支援』」（寺本　2008a：61）が重要なのであり，「『管理』や『代行』ではない」（寺本　2008a：61）のである。

　ただし一方で，当事者が求めるままにすべて行うことがあるべき支援なのかというと，必ずしもそうでもない。たとえば，支援される当事者の喫煙本数が増えてきた場合，たばこの害や経済的側面を考慮して本数を制限することがあるべき支援なのか，それとも本人の要求と決定を尊重して本数が増えるに任せることがあるべき支援なのか（寺本　2008b：180-181）。

　こうしたことを考えると，あるべき支援の形は一概に決まるものではない。重要なのは，支援する側とされる側が相互に「ズレていると意識することで，まずは折り合いを見出すことに努め，折り合いを見出すために，様々な関係や出来事を共有していくこと」（岩橋　2015：154）なのであろう。

Practice Problems　練習問題 ▶ 2

　病い・障害の当事者団体にどのようなものがあるか調べてみよう。

Practice Problems　練習問題 ▶ 3

　上で調べた団体がどのような活動をしており，それはなぜなのか，どういった支援が必要とされているのか考えてみよう。

🔟 当事者とは誰か

　さて，ここまでとくに検討せずにきたが，そもそも「当事者」とはいったいどのような存在なのだろうか。辞書的には，「その事または事件に直接関係をもつ人」（『広辞苑第7版』）を指すわけであるが，福祉社会学的な文脈においては，もう少し幅広い意味をもつものとされる。

　中西正司と上野千鶴子が指摘したように，何かしらの「ニーズを持ったとき，人はだれでも当事者になる」（中西・上野　2003：2）といえる。「私の現在の状態を，こうあってほしい状態に対する不足ととらえて，そうではない新しい現実をつくりだそうとする構想力を持ったときに，初めて自分のニーズとは何かがわかり，人は当事者になる」（中西・上野　2003：3）。

　つまりは，自分が抱えた何かしらの困難を認識し，それを解消しようと考え始めた段階で，人はその困難と解消の当事者となる。このように定義される以上，**当事者という概念は，ある人びとがニーズの充足を求める基盤となる概念であり，何かしらの社会的困難をめぐる権利獲得と密接に結びつくものである**ともいえる。

　他方，ある人びとが当事者となることにともなってまた別の動きも生じる。すなわち，**ある人びとが当事者として立ち上がることで，そうした人びとに何かしらの困難を背負わせてきた側の人びとも，自身が「マジョリティ（多数派）のもつ特権」を行使してきた逆側の当事者であることに気づかされる**。そうした意味において，「非当事者はどこにもいない」（中西・上野　2003：17）。困難を抱えた者が当事者なら，そうした困難を与えたマジョリティも別の当事者だからである。

　以上のような当事者概念を採用すると，あらゆる人びとが何かしらの事象に関する当事者である，となる。**ただしこうした，当事者概念の拡張には，それはそれで危うい面もある**。当事者概念の意義は，あくまでも「『社会的弱者』が自らのニーズを他者に代弁されることへの対抗という性能を持つことにある」（井口　2021：222）。これを忘れた上でなされる「『みんな当事者』という言い方は，ニーズの所在を曖昧とし，『第一次ニーズ』を有する（中略）本人のニーズを結果としてないがしろにしてしまうことへとつながる」（井口　2021：222）。

　当事者概念のもつ意義は，何かしらの困難を抱えた人びとが，困難解消を求める際の発言権を保障する点にあった。したがって，あらゆる人びとを当事者としてしまうことは，その発言権を再度奪ってしまうこととなる。上野自身も

後年，このことを「当事者インフレ」という表現を用いて指摘しているが（上野　2011：73），当事者概念の意義を損なうような拡張的適用には注意が必要である。

　当事者概念が，どのように用いられているのか，あるいは人びとがどのように当事者となっていくのかといったことに注意を払いながら，その機能を検討することも，福祉社会学から問われるべきことであろう。

🕚 福祉社会学から病い・障害を考える際の留意点

　最後に，本章で述べてきたことをふまえ，福祉社会学から病い・障害を議論する際に，具体的に何に留意すべきかを簡単に述べておきたい。

　まず重要となるのは，病い・障害とその当事者の実態を把握しようとすることであろう。またその際，これもすでに述べてきたように，当事者とは誰のことを指し，それによってどういったことが導かれるのかといったことも押さえた上で，当事者に注目することが必要となる。

　続いて重要となるのは，病い・障害という概念そのものも含めて，取り上げる事象に関わる諸概念の前提を，当事者の経験を基盤としながら問い直そうとすることである。つまりは，既存の概念規定を絶対視せず，そもそもそういう概念がいかにして作り出されたのかということにも注意を払う必要がある。これは，「障害」という概念そのものが当事者の運動を通して問い直されてきたことをふまえれば理解できることであろう。

　ただし一方で，当事者の経験を絶対視することにもまた，福祉社会学が学問である以上は注意する必要がある。当事者が経験したことや意識していること，当事者が語ったことも大事にしつつ，一方で距離を取ろうとし，当事者の経験そのものも根本的に検討する姿勢が必要となる。

　以上のように，病い・障害をめぐる福祉社会学的研究においては，場合によって相矛盾するような立場を取りながら進めていく場面が生じることがある。こうしたことは，病い・障害という事象そのものが，そう簡単に割り切れるよ

うなことではなく，時には相矛盾する性質をもつからこそであろう。しかしま
た，病い・障害という事象は，このような割り切れなさをもつからこそ，社会
学的研究の対象とされるべきものなのである。

🖊 **注** ………………………………………………………………

1) 「障害」「障碍」「障がい」といった表記については，「障がい者制度改革推進会
議（第26回）」などの場で，どうあるべきかの議論がこれまで積み重ねられてき
た（内閣府　2010）。この表記の問題についてこれまでに耳にしたことがある読
者もいるかもしれない。現在は，国語教育の領域においては，「碍」の字を用い
ることを妨げることはしないまでも，「障害」表記を継続することが公的には確
認されている（文化庁　2021）。他方，上記のような公的領域での議論とはまた
別に，本章でも触れる障害学においても表記に関する議論が展開されてきており
（小川・杉野編　2014：18-19），障害者を取り巻く社会的障壁に焦点を当てるた
めにあえて「障害」を選択する意義が指摘されることもある（杉野　2005：10-
11）。本章もこうした背景をふまえた上で，障害当事者の学である障害学で選択
されている表記を用いることとする。
2) ハンセン病とは，らい菌に感染することで発症する感染症のことである。日本
においては，感染者への差別が存在したことや隔離政策の問題性が，とくに
1990年代以降の国家賠償請求訴訟を通じて社会的に広く認識されることとなっ
た。
3) HIVとはヒト免疫不全ウイルス（Human Immunodeficiency Virus）のことで
あり，HIVに感染し関連する疾患を発症した状態である後天性免疫不全症候群
のことをエイズ（AIDS：Acquired Immuno-Deficiency Syndrome）とよぶ。母
子感染・性的接触による感染・血液による感染を主とする。
4) 他方，スティグマを抱える当事者がスティグマに抵抗・管理する種々の実践を
行うこともある。典型的な実践にはスティグマを隠したり別のものにおき換えた
りするパッシング（Goffman　1963＝2003：126-156）があり，ハンセン病療養
所退所者のパッシング実践も明らかにされている（桑畑　2020：107-110）。
5) 神奈川県川崎市で起きた，路線バスへの車いす乗車拒否事件をきっかけとした，
青い芝の会による一連の抗議運動のこと。バスの前への座り込みやあえてバスに
乗車するといった抗議行動や，バス会社との折衝がなされ，公共交通機関のバリ
アフリー化につながることともなった（臼井　2016：19-22）。
6) HTLV-1とは，ヒトT細胞白血病ウイルス1型（Human T-cell leukemia virus
type 1）のことを意味し，このウイルスに感染すると，白血病や脊髄症などを発
症することがある。母乳を介した母子感染・性行為による感染・血液による感染
を主とする。決定的な治療法は現在のところ未確立である。

■ **参考文献** ･･･

蘭由岐子，2017，『「病いの経験」を聞き取る［新版］─ハンセン病者のライフヒストリー─』生活書院

文化庁，2021，「『障害』の表記に関するこれまでの考え方（国語文科会確認事項）（平成 30 年 11 月 22 日）」（2023 年 3 月 1 日取得，https://www.bunka.go.jp/seisaku/bunkashingikai/kokugo/hokoku/pdf/r1393555_02.pdf）

Goffman, E., 1963, *Stigma: Notes on the Management of Spoiled Identity*, Hoboken: Prentice-Hall.（＝2003，石黒毅訳『スティグマの社会学─烙印を押されたアイデンティティー』誠信書房）

本郷正武，2007，『HIV/AIDS をめぐる集合行為の社会学』ミネルヴァ書房

星加良司，2007，『障害とは何か─ディスアビリティの社会理論に向けて─』生活書院

井口高志，2021，「認知症の人による〈当事者宣言〉は何に対抗し誰を包摂するのか？─分断への抗いと認知症カテゴリーの行方─」樫田美雄・小川伸彦編『〈当事者宣言〉の社会学─言葉とカテゴリー─』東信堂：202-226

今田高俊，2000，「支援型の社会システムへ」支援基礎論研究会編『支援学─管理社会をこえて─』東方出版：9-28

岩橋誠治，2015，「ズレてる支援／おりあう支援」寺本晃久・岡部耕典・末永弘・岩橋誠治『ズレてる支援！─知的障害／自閉の人たちの自立生活と重度訪問介護の対象拡大─』生活書院：88-155

ケイン樹里安・上原健太郎，2019，「100 年前の社会学にふれる」ケイン樹里安・上原健太郎編『ふれる社会学』北樹出版

Kleinman, A., 1988, *The Illness Narratives: Suffering, Healing and the Human Condition*, New York: Basic Books.（＝1996，江口重幸・五木田紳・上野豪志訳『病いの語り─慢性の病いをめぐる臨床人類学─』誠信書房）

小林茂文，1996，「古代・中世の『癩者』と宗教─差別と救済─」藤野豊編『歴史の中の「癩者」』ゆみる出版：13-79

厚生労働省，2022，「令和 2（2020）年　医療施設（静態・動態）調査（確定数）・病院報告の概況」（2023 年 3 月 1 日取得，https://www.mhlw.go.jp/toukei/saikin/hw/iryosd/20/dl/09gaikyo02.pdf）

倉本智明，1999，「異形のパラドックス─青い芝・ドッグレッグス・劇団態変─」石川准・長瀬修編『障害学への招待』明石書店：219-255

黒田浩一郎，2001，「医療社会学の前提」黒田浩一郎編『医療社会学のフロンティア』世界思想社：2-52

桑畑洋一郎，2020，「沖縄におけるハンセン病療養所退所者の諸実践」『解放社会学研究』33：95-119

───，2022，「病いの当事者にとって臨床試験とは何か─HTLV-1 関連疾患当事者の〈治験の語り〉から─」『社会学評論』73(1)：37-54

長瀬修, 1999,「障害学に向けて」石川准・長瀬修編『障害学への招待』明石書店：11-39

内閣府, 2010,「障がい者制度改革推進会議（第 26 回）議事録」（2023 年 3 月 1 日取得, https://www8.cao.go.jp/shougai/suishin/kaikaku/s_kaigi/k_26/gijiroku.html）

中西正司・上野千鶴子, 2003,『当事者主権』岩波書店

小川喜道・杉野昭博編, 2014,『よくわかる障害学』ミネルヴァ書房

小塩隆士, 2021,『日本人の健康を社会科学で考える』日本経済新聞出版

Persons, T., 1951, *The Social System*, New York: The Free Press.（＝1974, 佐藤勉訳『現代社会学大系 14　社会体系論』青木書店）

佐々木洋子, 2010,「病人役割」中川輝彦・黒田浩一郎編『よくわかる医療社会学』ミネルヴァ書房：6-9

副田義也, 2008,『福祉社会学宣言』岩波書店

Sontag, S., 1978, *Illness as Metaphor*, Farrar, Straus and Giroux, New York.（＝1982, 富山太佳夫訳『隠喩としての病い』みすず書房）

総務省, 2020,「平成 30 年　住宅・土地統計調査」（2023 年 3 月 1 日取得, https://www.stat.go.jp/data/jyutaku/2018/tyousake.html）

Straus, R., 1957, "The Nature and Status of Medical Sociology", *American Sociological Review*, 22(2)：200-204.

杉野昭博, 2005,「『障害』概念の脱構築―『障害』学会への期待―」『障害学研究』(1)：8-21

――, 2007,『障害学―理論形成と射程―』東京大学出版会

武川正吾, 2012,『福祉社会学の想像力』弘文堂

寺本晃久, 2008a,「当事者運動のかたわらで―運動と私の歴史―」寺本晃久・末永弘・岡部耕典・岩橋誠治『良い支援？―知的障害／自閉の人たちの自立生活と支援―』生活書院：44-69

――, 2008b,「意思を尊重する, とは―ある『支援』論―」寺本晃久・末永弘・岡部耕典・岩橋誠治『良い支援？―知的障害／自閉の人たちの自立生活と支援―』生活書院：161-183

上野千鶴子, 2011,『ケアの社会学―当事者主権の福祉社会へ―』太田出版

臼井正樹, 2016,「喜寿のお祝い」横田弘・立岩真也・臼井正樹『われらは愛と正義を否定する』生活書院：13-29

山下幸子, 2008,『「健常」であることを見つめる―1970 年代障害当事者／健全者運動から―』生活書院

吉岡やよい, 2002,「『食と健康』をめぐる科学技術」中山茂・吉岡斉編『科学革命の現在史―日本の持続可能な未来のために―』学陽書房：132-148

自習のための文献案内

① 小川喜道・杉野昭博編，2014，『よくわかる障害学』ミネルヴァ書房

② 中川輝彦・黒田浩一郎編，2010，『よくわかる医療社会学』ミネルヴァ書房

③ Kleinman, A., 1988, *The Illness Narratives: Suffering, Healing and the Human Condition*, New York: Basic Books.（＝1996，江口重幸・五木田紳・上野豪志訳『病いの語り―慢性の病いをめぐる臨床人類学―』誠信書房）

④ 樫田美雄・小川伸彦編，2021，『〈当事者宣言〉の社会学―言葉とカテゴリー―』東信堂

⑤ 蘭由岐子，2017，『「病いの経験」を聞き取る［新版］―ハンセン病者のライフヒストリー―』生活書院

⑥ 本郷正武，2007，『HIV/AIDS をめぐる集合行為の社会学』ミネルヴァ書房

⑦ 前田拓也，2009，『介助現場の社会学―身体障害者の自立生活と介助者のリアリティ―』生活書院

⑧ 矢吹康夫，2017，『私がアルビノについて調べ考えて書いた本―当事者から始める社会学―』生活書院

⑨ 前田泰樹・西村ユミ，2018，『遺伝学の知識と病いの語り―遺伝性疾患をこえて生きる―』ナカニシヤ出版

⑩ 本郷正武・佐藤哲彦編，2023，『薬害とはなにか―新しい薬害の社会学―』ミネルヴァ書房

　①と②は本章でも参照した障害学と医療社会学の入門書である。障害学・医療社会学そのものに関心が湧いた場合には，これらの書籍を読んでみるといいだろう。③は病者の語りと経験に根差して研究を進める重要性を示した書籍である。「当事者」を考えるのであれば，「当事者」概念を多角的に検討した④を勧めたい。⑤～⑩は病い・障害の当事者の経験に基づいた重要な研究である。すべての著者が必ずしも福祉社会学に足場をおいているわけではないが，病い・障害の福祉社会学的研究を行う上で参考になる部分が多い。

第 **10** 章

福祉社会の形成とボランティア活動

吉武　由彩

1 ボランティアとは

　これまでの生活の中で，ボランティア活動をしたことがあるだろうか。たとえば中学生や高校生の時に学校周辺の清掃活動をしたことや，高齢者施設を訪問して交流活動をしたことがあるだろうか。大学生の時にサークル活動の一環として子どもの学習支援活動に関わったことや，被災地にボランティア活動に行ったことがあるだろうか。いくつかの例を思い浮かべるだけでも，私たちの身近にはさまざまなボランティア活動がある。「**ボランティア**」という言葉は，現在では日本社会において深く浸透している。ボランティアと聞いてまったく何のことだかわからないという人はあまりいないだろう。しかし，あらためて考えると，ボランティアはどのように定義されるのだろうか。

　本章を始めるにあたり，ボランティアの定義を考えてみよう。**鈴木広**は，「ボランティア」という言葉について辞書を引きつつ検討している。「『岩波英和大辞典』では，voluntary については，形容詞の場合，①自由意志でなされた，自発的な，強制されたのでない，②志願した，有志の，③自由意志で行動できる，……となっており，概念の中心にあるのは『自由意志』という要素である。……volunteer という名詞は，①志願者，②［軍］義勇兵，志願兵，③［法］任意行為者……，とある。ここでは志願兵という意味が中心におかれている」（鈴木　2001：275-276）と整理される。ボランティアの定義をめぐっては，「**無償性**」が第一に思い浮かぶ人もいるかもしれない。しかし，言葉の意味を考えるならば，「『無償』という要素は表面にはほとんどみられず，『自

発性』こそボランティアの核心である」（鈴木　2001：276）と指摘される。

　ただし，鈴木はボランティアの第一義的な意味を「自発性」だと述べつつ
も，それだけでボランティアを定義できるとは考えていない。結論から述べる
ならば，鈴木は「『**自発性・援助性・無償性・継続性**』がボランティア的行動の構
成要素である」（鈴木　2001：278）と指摘し，4要素でもって定義づけている。
ボランティアは困っていることや困っている人を援助する行為であり（**援助**
性），通常それがある程度継続してなされる場合（**継続性**）を意味するとされ
る。援助性については，ボランティアに対してそうしたイメージを抱いている
人も多いと思われるが，継続性については疑問に思う人もいるかもしれない。
しかし，もし継続性を要素に含めないとすると，たとえば道端でゴミをひとつ
拾うだけでボランティアになり，日常生活における行為がなんでもボランティ
アに含まれかねない。そう考えると，私たちは通常ある程度継続的になされる
行為をボランティアとみなしていることがわかる。

　また，第一義的な要素ではないものの，ボランティアの4要素の中には「**無**
償性」も含まれている。ただし，この時，「『**無償性**』には大きな幅の内容が含
まれうる」（鈴木　2001：278）と説明される。ボランティアは完全に無償とい
うイメージが強いかもしれないが，必要経費を受け取る場合や，最低賃金以下
の謝礼を受け取る場合もボランティアに含まれるという。こうした定義には違
和感があるかもしれないが，ボランティア活動に関する先行研究を見渡すと，
「**有償ボランティア**」という表現がなされる場合がある。ボランティアでは担い
手側に交通費などの金銭的負担が生じることがあり，それによって活動継続が
難しくなる場合もある。活動継続を保障するためにも，ボランティアの中には
有償でなされるものもある。

② ボランティア活動が期待される背景

　ボランティア活動には近年大きな期待が寄せられている。それでは，なぜボ
ランティア活動に期待が寄せられるようになったのだろうか。1章でも述べた

ように，歴史的にみると，産業化以前の農業社会においては家族や親族，地域集団によって人びとの生活は支えられていた。その後 20 世紀に入ると，先進諸国において政府が責任をもって社会保障体制を整備し国民の生活を支えていくという**福祉国家**が成立した。しかしながら，先進諸国が経済低成長期に入った 1970 年代以降は，財源負担の問題などから福祉国家は批判にさらされるようになった。福祉国家の限界が認識されるようになり，福祉の提供を国家だけでなくさまざまな主体が担う**福祉社会**の形成が目指されるようになった。こうした「**福祉国家から福祉社会へ**」という流れの中で，ボランティア活動が着目されるようになったのである。

　さまざまな主体が福祉の提供を担う福祉社会は，福祉の社会的分業を目指す**福祉多元主義**の要素を含んでいる。福祉社会では政府に加え，複数の主体が福祉の提供を担うとされているが，それらの主体は**公共部門**（政府），**インフォーマル部門**（家族），**非営利部門**（ボランティア，NPO など），**営利部門**（市場）として整理されることがある。これらの 4 部門が相互に支え合いながら福祉の提供を行うことが目指されている。そうした中でも，福祉社会ではとりわけ非営利部門として，ボランティア活動や NPO 活動に期待が寄せられている。「福祉社会」という用語は，非営利部門が大きな役割を果たす社会という意味で用いられる場合もある[1]。人びとの生活を支えるという時，自助努力や家族による支援には限界がある。他方で，市場にまかせるのみでは利益が出ないサービスは提供されない可能性があり（**市場の失敗**），政府による福祉サービス提供の難しさは福祉国家への批判としてみてきた通りである（**政府の失敗**）。こうした中，非営利部門が着目されているのである。

　また，ボランティア活動は「**個人化社会における連帯**」という文脈でも，その重要性が指摘されている。U. ベック（Beck　1986 = 1998 : 138-143，174）は，20 世紀後半における社会と個人の関係性の変容を「**個人化**」として論じている。これまで人びとの生活は家族，近隣，職業上の結びつきによって支えられてきたが，それらの結びつきから個人が解き放たれていくことが述べられる。個人化社会では，個人は結びつきから解放され，自由に人生を選ぶことができ

るようになった。他方で，人間関係から解き放たれたことによって，個人は失業や貧困といった生活上のリスクに対してひとりで立ち向かわなければならなくなった。こうした中，生活課題に対処しつつ，安定した生活をおくるためには，ボランティア活動などを通して自発的に他者と関わり合い，支え合っていくことが重要になっているのである。

③ ボランティア活動者はどれくらいいるのか

　ボランティア活動をする人びとはどれくらいいるのだろうか。全国調査「社会生活基本調査」の結果から，**ボランティア活動の参加率**（過去 1 年間の参加率）の推移を確認したい（総務庁統計局　1988：176，1998：346；総務省統計局 2013：400，2017a：9，2022：5）。図 10-1 をみると，1986 〜 2016 年まではボランティア活動の参加率はおおよそ 25.0％〜 30.0％を推移してきたものの，2021 年には 17.8 に低下している。2021 年は新型コロナウイルス感染症（Covid-19）の感染拡大がみられる中での調査結果であり，ボランティア活動がこの時期に縮小していることがわかる。感染を防ぐため，対面的な接触や活動の機会を減ら

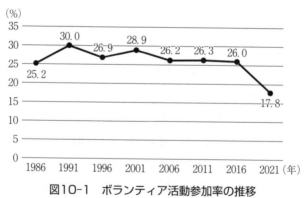

図10-1　ボランティア活動参加率の推移

注）1986年は「社会奉仕」，1991年および1996年は「社会的活動」，2001年以降は「ボランティア活動」の参加率として尋ねられている。
出典）総務庁統計局「社会生活基本調査（昭和61年，平成8年）」および総務省統計局「社会生活基本調査（平成23年，平成28年，令和3年）」より作成

すなどした人びともいたと考えられる。

　図 10-1 からは，もう一点読み取れることがある。ボランティア活動をめぐっては，大規模な災害の際に多くの人びとが被災地に駆けつける場面を思い浮かべる人もいるだろう。1995 年の阪神・淡路大震災や 2011 年の東日本大震災の際にも，多くの人びとがボランティア活動に取り組む様子が報道された。災害時に人びとの助け合い行為が活発化することは「災害ユートピア」ともよばれている（Solnit　2009 = 2020：32-33）。しかし，興味深いことに，こうした先行研究の指摘にもかかわらず，図 10-1 をみると阪神・淡路大震災後の 1996 年調査や東日本大震災後の 2011 年調査において，ボランティア活動の参加率が高まった様子は見受けられない。こうした報道と統計データの結果のギャップについては，災害時にボランティア活動に参加した人びとは，平時もボランティア活動に参加していたため，統計データ上の参加率（過去 1 年間の参加率）は伸びなかったという予想もなされている（三谷　2020：147）。

　次に，ボランティア活動に参加している人びとは，どのような活動に取り組

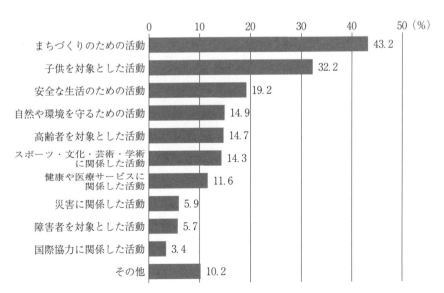

図10-2　ボランティア活動の活動分野

出典）総務省統計局「平成28年　社会生活基本調査」より算出し作成

んでいるのだろうか。同じく「社会生活基本調査」の結果から確認する（ただし，2021年調査はコロナ禍での調査であるため，2016年調査の結果を確認する）（総務省統計局　2017b）。図10-2は，過去1年間にボランティア活動をした人びとについて，その活動内容を尋ねたものである。参加割合がとくに高いのは，「まちづくりのための活動（道路や公園等の清掃，花いっぱい運動，まちおこしなど）」，「子供を対象とした活動（子供会の世話，子育て支援ボランティア，学校行事の手伝いなど）」，「安全な生活のための活動（防災活動，防犯活動，交通安全運動など）」である。活動分野を全体としてみてみると，まちづくりや防犯活動などの地域系のボランティア活動，子どもや高齢者を対象とした福祉系のボランティア活動の参加割合が高いことがわかる。他方で，「災害に関係した活動」や「国際協力に関係した活動」の参加割合はあまり高くないことが読み取れる。

4 ボランティア的行為における「Kパターン（階層的二相性）」

　それでは，誰がボランティア活動をしやすいのか。ボランティア活動の規定要因に関する研究は多いが，その中でも著名な研究として，鈴木広（2001：283-292）による「Kパターン（階層的二相性）」の議論を確認しよう。

　1節でも言及したように，鈴木（2001：278）は「自発性・援助性・無償性・継続性」の4要素によってボランティアを定義した。このようにボランティアを定義した上で，どのような人びとが活動に取り組みやすいのか，質問紙調査の分析がなされる。しかし，ここで興味深いのは，鈴木があえて「ボランティア的行為」という表現を使ったことである[2]。鈴木が意図していたのは，自発性・援助性・無償性・継続性の4要素を満たす行為には，いわゆる一般的な「ボランティア活動」だけではなく，村落社会においてみられるような伝統的，慣習的な「援助行為」も含まれるということであった。こうした村落社会における日常的な相互援助行為の大部分は，「もし『それはボランティア活動です

か』と尋ねたならば，『いや，ちがいます』と答えるか，さもなければ『さあ，どんなもんでしょうか，ようわかりませんが……』と答えたのではないか」（鈴木　2001：290）と述べられる。しかし，本人がそれをボランティア活動ととらえていなかったとしても，実際には類似の行為がなされている場合がある。こうした実態を含めて分析するために，鈴木はあえて「ボランティア的行為」と称し，ボランティア活動と援助行為の両方を分析に含めたのである。

　次に，質問紙調査の結果を確認しよう。鈴木はボランティア的行為と社会階層（階層帰属意識，年収，学歴）の関連に着目する。図 10-3 はボランティア的行為の参加率について，階層帰属意識別に分析したものである（階層帰属意識は，「上の上」〜「下の下」までのどの階層に自身が帰属していると思うか尋ねられている）。図 10-3 をみると，階層帰属意識が「上の上」や「下の下」の場合にボランティア的行為の参加率が高く，「中の中」の場合にボランティア的行為の参加率が低くなっている。これがアルファベットの「K」のようにみえることから，「K パターン（階層的二相性）」と名づけられた。

　K パターンの解釈をめぐっては，「K」の中には 2 種類の層が含まれるという。ひとつは上位階層による高い参加率を示す部分であり，「V パターン」である。もうひとつは下位階層による高い参加率を示す部分であり，「Λ パターン」である。鈴木は「V パターン」とは，いわゆる一般的なボランティア活動の部分であり，無償の奉仕的な意味合いが強く意識されていると述べる（鈴木 2001：289-292）。他方で，「Λ パターン」とは前述のような村落社会にみられる慣習的，自然発生的な援助行為の部分であり，この行為は互酬性の論理の上に成り立っているという。鈴木による研究は，ボランティア的行為と社会階層の関連を分析した重要な研究とされ，その後も K パターンの再検証が続けられている（稲月　1992：27-44 など）。

　上記では鈴木による研究の概要を提示してきたが，この研究からは，「都市と農村におけるボランティア的行為」という論点を引き出すこともできるだろう。ボランティア活動に関する先行研究を見渡すと，都市におけるボランティア活動を取り上げるものが多く，農村におけるボランティア活動は扱われるこ

210

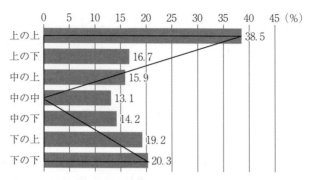

図10-3　ボランティア的行為の参加率（階層帰属意識別）
出典）鈴木（2001：283）より作成

とが少ない。しかし，農村ではボランティア的行為が行われていないというわけではない。鈴木の研究からは，農村において本人たちがそれを「ボランティア活動」とはみなしていない場合にも，「援助行為」として類似の行為がなされる場合があることがうかがえる。援助行為も含めて考えるならば，農村において緊密な社会関係の中で日常的な援助行為がなされる様子は先行研究でも描かれてきた。近所のひとり暮らしの高齢者に対して，見守りや声かけ，訪問をしていたり，相談相手になったり，出かける時の留守を頼まれたり，機械の修理をしたり，都合が合えば時には買い物や通院の送迎をしたりと，さまざまな援助行為がなされている（松岡　2005：30-35）。

　しかし，「都市＝ボランティア活動」「農村＝援助行為」と安易にみなしてしまうことには注意が必要である。鈴木も，都市社会でも土着的な援助行為の部分がみられることがあると述べ，必ずしも「都市＝ボランティア活動」「農村＝援助行為」という単純な図式を描いたわけではない（鈴木　2001：290）。私たちの生活を見渡してみても，農村でもボランティア活動やNPO活動が行われている場合がある。先行研究でも，農村において除雪や高齢者の生活支援を行うボランティア団体の実態が描かれることもある（澁谷　2017：120-122）。

5 ボランティア活動と人間関係

　ボランティア活動の研究をするという時，前節のように，誰がボランティア活動をしやすいのか，その規定要因の分析をするという方向性があるだろう。あるいは，なぜ人びとはボランティア活動をするのか，動機分析をすることもできる。ボランティア活動の先行研究を見渡しても，規定要因や動機の分析は多い。他方で，ボランティア活動の実態は，担い手の規定要因や動機分析をするだけでは明らかにできないという指摘もある。原田隆司（2000：114，2010：210-211）は，ボランティア活動は「する側」と「される側」の人間関係であり，両者の関係性をみていくことが必要だと述べる。これはどういうことだろうか。資料10-1をみてみたい。資料10-1は母親（佐藤節子さん）が，子ども（順子ちゃん）の施設や小学校までの送迎を依頼した事例である。

資料10-1　ボランティア活動を人間関係として捉える

　佐藤節子さん（仮名）は，全介助が必要な順子ちゃんを自分で車を運転して施設に送迎していた。しかし，やがて節子さんは妊娠し，自分で運転するのは危険だということで，送迎のボランティアを依頼することになった。

（中略）

　「初めは希望というものをあまりいえなかったですね。だけど，だんだんと，ボランティアさんとしゃべる回数，しゃべる言葉が増えてきますと，ボランティアさんのほうも，少しずつ慣れてきて，『これくらいならできるよ』とか『これならだいじょうぶですよ』という気持ちが出てきました。そうなると，こちらの希望が通っていって，ボランティアさんを信頼する気持ちになっていったんだと思うんです。

（中略）

　合う合わないは多分あると思うんです。けれどそれは，私としてはお願いしている立場なので，なるべく表に出さないようにと思うんです。

　結果的には，本当に相性が合ったから，一年生でお世話になった人が，ずっと六年間続いてくれています。ボランティアさんも娘と話し，私と話し，私の他の子どもと話してますよ。私がボランティアさんとしてお願いしているんですけれど，そういうのは抜きで，まあ言い方は悪いかもしれないけど，お友達のような感覚になっていきました。『お願いね。でも，できなかったらいいよ，いいよ』と，言い方も変わってきました。丁寧な言葉から，ふだんお友達にしゃべるような言葉で話ができる。それが，信頼するようになった合図というかサインですかね」

出典）原田（2010：16，98-99）より

この事例からは，ボランティア活動をめぐって，初めはぎこちなさがあること，受け手には「お願いしている立場」という遠慮があること，そうしたなかで，「相性が合った」から**ボランティアという人間関係**が続いたことが読み取れる。ボランティア活動は人間関係であり，担い手がボランティア活動を続けたいと思っても，受け手の思い次第では，一方的に続けることはできない（原田 2000：114）。両者の「相性が合った」時に，ボランティア活動は継続していくのである。

また，ボランティア活動を担い手と受け手の人間関係の視点からとらえる研究には，**金子郁容**による研究もある。金子は，「ボランティアとは，その状況を『他人の問題』として自分から切り離したものとはみなさず，自分も困難を抱えるひとりとしてその人に結びついているという『かかわり方』をし，その状況を改善すべく，働きかけ，『つながり』をつけようと行動する人である」（金子 1992：65）と指摘する。「宇宙船地球号」（金子 1992：87）という表現を使い，個人と個人は同じ船に乗り相互に助け合っていると考えながら，積極的に受け手と関わっていくことがボランティア活動だと述べられる。

ここまで，ボランティア活動を人間関係としてとらえる主要な研究を取り上げてきた。上記で提示してきたのは，ボランティア活動の担い手と受け手の関係が「うまくいっている」場合である。他方で，先行研究では両者の関係の難しさも描かれる。原田（2010：204-208）は，井上ひさしの連作小説『十二人の手紙』の中の「桃」という短編小説を取り上げている。紙幅の関係でごく短くしか紹介することができないが，「桃」では，社交クラブの女性たちが養護施設の子どもたちのために，「一日母親」としてボランティア活動をすることを申し出る。その申し出を施設側は断るのだが，それは，施設側にとってその申し出は「善意の権力」のように思えたからであった（井上 2009：168-172）。原田は，「施設の状況や運営の方法を知らずに一方的に自分たちの満足できる活動を申し出る。それが相手にとってどんな意味をもつのかは考慮されない。そうしたことを『善意の権力』という表現が正確に示している」（原田 2010：206-207）と述べる。相手のことを考慮しないままのボランティア活動が，時

に相手を深く傷つけるのである。『十二人の手紙』を読み考えてほしい。

6 ボランティア活動と贈与
：関係性の非対称の問題を考える

　前節では，ボランティア活動を人間関係の側面からとらえる研究を提示したが，ボランティア活動における人間関係を考えるにあたっては，「贈与」という観点から考察することでみえてくる側面もある。

　ボランティア活動を「贈与」という観点から論じるにあたり，まずは M. モースの『贈与論』を参考にしたい。モースは未開社会において腕輪や首飾りといった贈りものが部族間をめぐることに着目し，贈与には「返礼の義務」がともなうことを指摘した（Mauss　1950＝2009：108-109）。贈りものはもらうだけではなく，その贈りものに対してふさわしい返礼（贈りもの）をする必要がある。こうして贈与と返礼がくり返されることによって，次第に部族間のつながりが深まっていく。他方で，贈与は人間関係を歪める危険性も有している。贈与に対して適切な返礼がなされない場合には，贈与者が被贈与者に対して優位な立場におかれ上下関係が生じるなど，関係性が非対称なものとなってしまう。

　モースによる指摘をボランティア活動にあてはめて考えると，どのようになるだろうか。ボランティア活動は自発的に他者を援助する行為であるが，これは担い手が受け手へ労力や時間を「贈与」しているととらえることができる。対して受け手は，ボランティア活動が無償性という特徴をもつが故に，金銭的には「返礼」をしていない。そのため，受け手は援助されるばかりでは重荷に感じ，引け目を感じることもあるだろう。担い手に対していいたいことをいえないというような，上下関係が生じる危険性もある。

　それでは，ボランティア活動において，担い手と受け手の関係性が非対称なものとなるのを防ぐにはどうしたらよいだろうか。高野和良（2017：194-197）は，「長期的な時間軸の中での互酬性を確保する」という方法を提示する。た

とえば，短期的にみれば，高齢者は若年・中年層から支援を受けるだけかもしれない。しかし，その地域における住民の流動性が低い場合（引越などによる住民の移動が少ない場合），長期的にみれば，相互に援助し合うという互酬性が確保できる。「担い手側にしてみれば，いずれ自分もお世話になるかもしれない，あるいは，かつて子育てをしているときにこの方に子守をしてもらったことがある」（高野　2017：195）というように，長期的な時間軸の中で互酬性を成立させることができるという。

　しかしながら，上記のような長期的な時間軸の中で互酬性を成立させることは，住民の流動性が高まった現代社会においては容易なことではない。そこで，非対称な関係性が生じるのを防ぐために，高野は「金銭を媒介とさせる（**有償化**）」というもうひとつの方法を提示する。「受け手は利用料を支払い，担い手は報酬を得ることでその関係の不均衡状態を変えていく」（高野　2017：196）という。有償ボランティアとして，ボランティア活動に少額の対価を支払うことで，受け手は負い目が軽減されると述べられる。

　他方で，この方法にも課題があるだろう。ボランティア活動の担い手の中には有償性を忌避する人が一定数いる（高野　2017：196)。「お金のためにボランティア活動をしているわけではない」と考え，そうした層がボランティア活動から離れていく可能性がある。反対に，支払われる金額によるのかもしれないが，金銭を目的とする活動に変容する危険性もある。金銭が目的となる中で，資料10-1でみてきたような，担い手と受け手の豊かな人間関係としてのあり方が弱まってしまうという事態も起こりうる[3]。

　ここまで，ボランティア活動が生み出しかねない関係の非対称性について論じた。主にボランティア活動の受け手が抱える困難に言及してきたといえる。しかし，ボランティア活動を「贈与」としてとらえた時に，苦しい立場におかれるのは受け手だけではない。**仁平典宏**はボランティア活動について贈与の観点から論じる中で，「**贈与のパラドックス**」に言及する。「他者のため」（仁平2011：10）の行為とされるボランティア活動（贈与）が，「被贈与者や社会から何かを奪う形（贈与の一撃！）で反対贈与を獲得していると観察されがちなこ

と」（仁平　2011：13）に言及される。「〈贈与〉は，贈与どころか，相手や社会にとってマイナスの帰結を生み出す，つまり反贈与的なものになる」といい，仁平はこれを「贈与のパラドックス」（仁平　2011：13）とよぶ。

これはどういうことだろうか。言い換えると，ボランティア活動の担い手は，本人の善意や意図にかかわらず，その活動は偽善や自己満足ではないか，反対贈与として何か利益を受け取っているのではないかという冷笑を周囲や社会から向けられる危険性がある（仁平　2011：2）。ボランティア活動をすることで，本来は国が提供するはずの福祉を代わりに提供し，その結果福祉政策が充実しないままになってしまうのではないか。進学や就職に有利に働くことを目的にボランティア活動をしているのではないか。そういった冷笑を向けられるかもしれない。ボランティア活動は「良いもの」としてイメージされることも多いが，担い手と受け手の関係の非対称性を生み，担い手と受け手双方に負担を強いることにもつながりかねない。そうした難しさも心に留めておきたい。

Practice Problems　練習問題 ▶ 1

ボランティア活動を贈与としてとらえた時，贈与は贈与者と被贈与者の関係性を豊かなものにすることがある反面，両者の関係性を非対称なものとすることもある。両者の関係性を適切なものとするには，どうすればよいだろうか。

7　ボランティア活動と自発性

ボランティア活動を人間関係の観点からとらえると，「**自発性**」をめぐる問題もみえてくる。本節では，ボランティア活動と自発性について考えたい。1節でも述べたように，ボランティアの第一義的な意味は自発性である（鈴木2001：276）。そして，それが自発的な行為だからこその難しさも有している。

5 節で言及したように，金子（1992：65）は，ボランティアとは積極的に受け手と関わり，つながりをつくろうとする人びとであると述べる。しかし，こうしたボランティア活動の関わり方を選ぶことは，「**自発性パラドックスの渦中**

に自分自身を投げ込むこと，つまり，自分自身をひ弱い立場に立たせること」
（金子　1992：112）にもつながるという。自分からボランティア活動という関
わり方を選んだからこそ，「なぜもっとボランティア活動をしないのか」と攻
撃にさらされる危険性も有していると説明される。ボランティア活動をしたこ
とがある人の中には，こうした批判をされたことがある人もいるかもしれな
い。そして，当初は自発的にしていたはずの活動が，こうした周囲からの攻撃
によって，あるいは，受け手との関係性の中で，半ば義務的な活動に変化して
しまうということもあるだろう。実はボランティア活動における自発性をめぐ
る問題とは，難しいものである。

　こうした難しさを考えるにあたっては，4節で言及した鈴木（2001：289-
292）による援助行為の議論も思い返してほしい。ボランティア的行為の中に
は，村落社会においてみられるような日常的な相互援助行為も含まれ，こうし
た行為は互酬性の論理によって成り立っているという。これらの行為は純粋な
自発性によってのみなされるというよりも，過去に集落の人に助けてもらった
ので，「今度はこちらが助けるのが当然だ」「そうしなければならない」と考え
てなされる場合もある。そこには援助の規範が存在し，ボランティア的行為を
することに一種の強制力が働いている場合もあるだろう。

　それでは，純粋な自発性によってなされるボランティア活動がすぐれてい
て，半ば義務的な活動に変化した相互援助行為などは劣っているのだろうか。
もちろんボランティア活動が義務的な活動に変化することにより，担い手は負
担を感じることにつながりかねず，課題がある。他方で，純粋な自発性による
一方的な贈与が，被贈与者にとって重荷になることは前節でもみた通りであ
る。ボランティア活動と自発性をめぐっては，答えを急ぐことをせず，どのよ
うなあり方が望ましいのか，多面的に考え続けてほしい。

8 「安価な労働力」としてのボランティア活動

　ボランティア活動をめぐっては，担い手と受け手の関係の非対称性の問題

や，それが半ば強制的な活動になることなど，さまざまな課題が指摘されている。そうした課題の中でも，度々指摘されるのが，ボランティア活動が「**安価な労働力**」として使われてしまうということである。

　仁平（2005：485-496）はボランティア活動が単なる政府の役割の代替とされる危険性について問題提起をしている。1970 年代半ば以降，高成長期の終わりとともに先進諸国では多額の予算を必要とする福祉国家へ批判が寄せられた。そうした中，経済や社会保障における政府の役割を縮小していくという**新自由主義（ネオリベラリズム）**の思想が登場し，福祉サービスにおける給付の引き下げや，公営事業の民営化などの方策が取られるようになった。仁平は政府の新自由主義の促進と共振（連動）する形で，ボランティア活動が存在してしまうことの問題を指摘した（**共振問題**）。つまり，ボランティア活動への称賛やその拡大が，政府による福祉サービス縮小と連動して存在してしまうという問題を提起したのである。

　それでは，いかにして新自由主義との共振を回避し，ボランティア活動が単なる行政の下請けとなることを防ぐことができるのか。仁平は，ボランティア活動の財源を国家や自治体が保障しつつ，ボランティア団体が活動に取り組むならば，少なくとも共振は回避できるという（仁平　2005：492）。さらに，ボランティア団体が活動実施とともに社会運動を行い，提言や異議申し立てを行うことで，福祉政策が拡充されることもあるだろう。福祉政策が充実していくならば，共振は回避できる。ただし，異議申し立てを行うといっても，特定の属性の人びとの声だけが政策に反映されるのでは問題がある。そこで，「〈他者〉の声に向けて開く」（仁平　2005：493）ことが重要になる。ボランティア活動の担い手が自分の立場を越えて，異なる立場にある他者の声を媒介していくことが共振回避にとってのポイントとなるという。

9　ボランティア活動から NPO へ

　本章では 1 節〜 8 節において主にボランティア活動について論じてきたが，

本節では「NPO」についても言及しておきたい。1995年に阪神・淡路大震災が起こり多くの人びとがボランティア活動に駆け付けたことから，この年は「**ボランティア元年**」とよばれた。これを機にボランティア活動や団体に関する議論が高まり，1998年に**特定非営利活動促進法（NPO法）**が成立した。**NPO**は Non-Profit Organization の略語であり，「非営利組織」と訳される。

　NPO という言葉を聞いたことがある人は多いと思われるが，あらためて NPO とはどのような組織を意味するのだろうか。NPO を前述のように非営利組織，つまり「営利を目的としない組織」と広くとらえると，実は社会福祉法人，医療法人，公益法人，学校法人，宗教法人などさまざまな組織がこれに該当する。このように NPO という用語を広い意味でとらえた場合を「広義のNPO」という。他方で，通常 NPO という時は，「広義のNPO」というよりも，「狭義のNPO」を指していることが多い。特定非営利活動促進法の成立により法人格の取得が容易になり，この法律の規定に沿って法人格を取得する組織が増加してきている。こうして認証された組織を「NPO法人（特定非営利活動法人）」とよび，NPO法人数は2023年2月28日現在で50,441法人である（内閣府　2023）。これを「狭義のNPO」とよぶ。⁴⁾

　なお，NPO と類似の用語に「**NGO**」がある。NGO は Non-Governmental Organization の略語であり，「非政府組織」と訳される。NPO と NGO はいずれも営利を目的としない組織のことであり，重なる部分もある。ただし，国内で活動する組織を NPO といい，国境を越えて活動する組織を NGO ということが多い。主に海外で活動する組織の場合，「非政府」の組織という部分が強調され，NGO という呼称が使われる。

　それでは，なぜ特定非営利活動促進法の成立が目指され，NPO法人として認証を受ける組織が増加してきたのだろうか。この法律が成立する以前も，非営利で公共的な活動を行う団体は存在した。しかし，従来は活動を行う団体の多くは任意団体であり，法人格をもたないために，組織名義で銀行口座を開設することや事務所を借りることができなかった。そのため，団体の代表者が個人名義で契約することが多く，団体の代表者が交代する時などには，引き継ぎ

に困難を抱えることもあった。継続的かつ専門的な活動を志した時に，従来の
ボランティア活動や団体では対応しにくい部分が出てきたことから，NPO法
人化が目指されたのである（安立　2013：185-186）。さらに，NPO法人化が目
指される背景には金銭的な理由もある。活動実施には財源が必要になるが，
NPO法人となることで行政や企業からの助成金を得やすくなり，行政からの
事業委託も受けられるようになることから，法人化がなされる場合もある。

　他方で，法律の成立後も，あえて法人格をもたず，任意団体としてボランテ
ィア活動を続けるボランティア団体もある。NPO法人は毎年度，事業報告書
や計算書類などの書類を作成する必要があり，こうした書類作成が負担になる
場合がある。特定非営利活動促進法も改正がなされ，書類の簡素化なども進め
られているものの，NPO法人となることで得られるメリットもあれば，デメ
リットもある。金銭面に関しても，NPO法人となり行政などの助成金を得る
ことができたとしても，助成金は毎年度獲得できるわけではない。加えて，助
成金を得たからこそ，助成先の意向を反映しなければならず，活用内容に制限
がかかる場合もあり，自由な活動ができなくなる場合もある。

🔟 福祉社会の形成に向けて

　今日では福祉社会の形成が目指され，ボランティア活動には大きな期待が寄
せられている。本章を終えるにあたり，どのようにすればボランティア活動が
活性化するのか，手がかりを示してみたい。
　ボランティア活動について研究を行った稲月正（1994：345）は，ボランティ
ア社会構築の指針として，①「地域の生活環境の整備のほか，町内会，婦人
会，子供会などさまざまな地域団体の行事への支援を通じて，連帯感情が育ま
れる住みよいコミュニティづくりを促進すること」（地域関係的要因），②「学
校や社会教育施設などでの福祉教育の実施や時間の増大，ボランティア講座や
研修会の開催，広報を通じた啓発活動」（認知的要因），③「企業における時短
やボランティア休暇等の支援制度に関する情報を紹介したり……公務員に対す

るボランティア休暇制度の整備」（階層的要因）の３点を指摘している。３節でも確認してきたように，ボランティア活動の活動内容にはまちづくりや防犯活動などの地域系の活動が多い。そうであるならば，コミュニティづくりがひいてはボランティア活動の促進につながることもあるだろう。学校での福祉教育など，教育のはたらきに期待することもできる。あるいは，仕事とボランティア活動の両立ができるように休暇制度を整備するという方策も有効だろう。

　ボランティア活動の活性化に向けては，本節ではごく簡単に手がかりとなる先行研究の知見を提示してきたが，ほかにもさまざまな方策があるだろう。他方で，こうした活性化の方策を考えることは重要であるものの，本章でもみてきたように，ボランティア活動には可能性とともに課題もある。単純にボランティア活動を増やせばよいのではなく，いかにしてボランティア活動が抱える課題に対処していくのかについても考える必要があるだろう。

　また，本章では主にボランティア活動について言及してきたものの，鈴木（2001：289-292）による「ボランティア的行為」という発想に立ち戻るならば，「自発性・援助性・無償性・継続性」を満たす行為は「ボランティア活動」だけではない。鈴木が指摘するように「援助行為」もその範疇に含まれる。さらに，より広くとらえるならば，寄付・募金や献血，臓器提供などの行為も類似の行為とみなすことができるだろう。これらの行為はいずれも自発的な他者への金銭，血液，臓器の提供行為である（吉武　2023：1-2）。

　他方で，「ボランティア活動」と，「寄付・募金や献血，臓器提供」には，相違点もみられる。ボランティア活動では，担い手と受け手が直接に顔を合わせる中で活動に取り組まれることが多いのに対し，寄付・募金や献血，臓器提供では，担い手と受け手が直接に顔を合わせることはあまりない。これらの行為では，提供された金銭，血液，臓器は見知らぬ他者へ届けられる場合がある（吉武　2023：3-4）。顔のみえる他者への支援だけでなく，見知らぬ他者へも「想像力」を働かせ提供行為を行うことも重要である。いかにして福祉社会の形成が可能なのか，引き続き検討してほしい。

Pract/ce Problems 練習問題 ▶ 2

　ボランティア活動には大きな期待が寄せられているとともに，課題も指摘されている。あなたは今後ボランティア活動を増やしていく方がよいと思うだろうか。また，もしそう思うならば，ボランティア活動を増やすにはどうしたらよいだろうか。

📎 注

1) ほかにも，福祉社会という用語は，「社会の構成員が福祉に対して十分な配慮を持っている社会」（武川　2011：350）という意味で用いられることがある。「『福祉コンシャスな社会』や『福祉にやさしい社会』と言い換えることができるかもしれない」（武川　2011：350）とされている。
2) 鈴木（2001）は「ボランティア的行為」と表記する時と，「ボランティア的行動」と表記する時があるが，これらは特段使い分けられていない。
3) ケアと有償化の問題については深田耕一郎（2016：68-76）でも論じられる。深田は障害者の自立生活運動を取り上げ，ケアの有償化が目指されてきたことを述べる。他方で，有償化されることは，ケアにおける担い手と受け手の関係を「割り切った」（深田　2016：72）ものにしてしまう。有償化は担い手と受け手の人格や感情の交流を弱めてしまう場合があるという。
4) 「狭義の NPO」として，NPO 法に沿って認証された組織だけでなく，認証されていないボランティア団体や市民活動団体を含める場合もある。

📖 参考文献

安立清史，2013，「福祉ボランティアと NPO―福祉社会学の論点―」藤村正之編『協働性の福祉社会学―個人化社会の連帯―』東京大学出版会：183-202

Beck, U., 1986, *Risikogesellschaft: Auf dem Weg in eine andere Moderne*, Frankfurt am Main: Suhrkamp Verlag.（＝1998，東廉・伊藤美登里訳『危険社会―新しい近代への道―』法政大学出版局）

深田耕一郎，2016，「ケアと貨幣―障害者自立生活運動における介護労働の意味―」『福祉社会学研究』13：59-81

原田隆司，2000，『ボランティアという人間関係』世界思想社

――，2010，『ポスト・ボランティア論―日常のはざまの人間関係―』ミネルヴァ書房

稲月正，1992，「ボランティア活動と階層的地位―ボランティア行為に『K パターン』は見られるか？―」『北九州大学外国語学部紀要』75：27-44

――，1994，「ボランティア構造化の要因分析」『季刊社会保障研究』29(4)：334-347

井上ひさし，2009，『十二人の手紙』中央公論新社

金子郁容，1992，『ボランティア―もうひとつの情報社会―』岩波書店

松岡昌則，2005，「農村高齢者の楽しみと地域の社会関係―秋田県山本郡藤里町米田地区の事例―」『生きがい研究』11：22-40

Mauss, M., 1950, *Sociologie et Anthropologie,* Paris: Presses Universitaries de France.（＝2009，吉田禎吾・江川純一訳『贈与論』筑摩書房）

三谷はるよ，2020，「ボランティア―流行現象にすぎないのか？―」武川正吾・森川美絵・井口高志・菊地英明編『よくわかる福祉社会学』ミネルヴァ書房：146-147

内閣府，2023，「認証申請受理数・認証数（所轄庁別）」（2023年4月13日取得，https://www.npo-homepage.go.jp/about/toukei-info/ninshou-zyuri）

仁平典宏，2005，「ボランティア活動とネオリベラリズムの共振問題を再考する」『社会学評論』56(2)：485-499

――，2011，『「ボランティア」の誕生と終焉―〈贈与のパラドックス〉の知識社会学―』名古屋大学出版会

澁谷美紀，2017，「ボランタリー地域組織による生活課題への取り組み―要支援世帯の除雪問題を事例として―」日本村落研究学会企画，小内純子編『年報村落社会研究第53集　協働型集落活動の現状と展望』農村漁村文化協会：109-141

Solnit, R., 2009, *A Paradise Built in Hell: The Extraordinary Communities That Arise in Disaster,* New York: Viking.（＝2020，高月園子訳『定本　災害ユートピア―なぜそのとき特別な共同体が立ち上がるのか―』亜紀書房）

総務庁統計局，1988，『昭和61年　社会生活基本調査報告　地域　生活行動編　その1』

――，1998，『平成8年　社会生活基本調査報告　第6巻　国民の生活時間・余暇活動（解説編）』

総務省統計局，2013，『平成23年　社会生活基本調査報告　第7巻　国民の生活時間・生活行動（解説編）（調査票A）』

――，2017a，『平成28年　社会生活基本調査―生活行動に関する結果　結果の概要―』（2017年11月13日取得，https://www.stat.go.jp/data/shakai/2016/pdf/gaiyou.pdf）

――，2017b，「男女，ふだんの就業状態，ふだんの健康状態，頻度，年齢，ボランティア活動の種類別行動者数（15歳以上）―全国」（2023年3月1日取得，https://www.e-stat.go.jp/stat-search/files?page=1&layout=datalist&toukei=00200533&tstat=000001095335&cycle=0&tclass1=000001095377&tclass2=000001095378&tclass3=000001095380&tclass4=000001095384&tclass5val=0）

――，2022，「令和3年　社会生活基本調査　生活時間及び生活行動に関する結果　結果の要約」（2022年9月5日取得，https://www.stat.go.jp/data/shakai/2021/pdf/youyakua.pdf）

鈴木広，2001，「ボランティア的行為における"K"パターンの解読」鈴木広監修，
　木下謙治・小川全夫編『シリーズ社会学の現在③　家族・福祉社会学の現在』
　ミネルヴァ書房：274-294
高野和良，2017，「地域福祉活動と地域圏域」三浦典子・横田尚俊・速水聖子編
　『地域再生の社会学』学文社：189-205
武川正吾，2011，『新版　福祉社会―包摂の社会政策―』有斐閣
吉武由彩，2023，『匿名他者への贈与と想像力の社会学―献血をボランタリー行為
　として読み解く―』ミネルヴァ書房

自習のための文献案内

① 宮垣元編，2020，『入門ソーシャルセクター――新しい NPO/NGO のデザイン
　―』ミネルヴァ書房
② 鈴木広，2001，「ボランティア的行為における"K"パターンの解読」鈴木広
　監修，木下謙治・小川全夫編『シリーズ社会学の現在③　家族・福祉社会学の
　現在』ミネルヴァ書房：274-294
③ 原田隆司，2000，『ボランティアという人間関係』世界思想社
④ Mauss, M., 1950, *Sociologie et Anthropologie*, Paris: Presses Universitaries de
　France.（＝2009，吉田禎吾・江川純一訳『贈与論』筑摩書房）
⑤ 仁平典宏，2011，『「ボランティア」の誕生と終焉―〈贈与のパラドックス〉の
　知識社会学―』名古屋大学出版会

　①は NPO やボランティア活動に関する入門書。②はボランティア的行為と社
会階層に関して，「K パターン」の存在を指摘した著名な論考。③はボランティア
活動について，担い手と受け手の相互関係の視点から論じた書籍である。④は人
類学において贈与を論じた古典的研究である。⑤はボランティア活動がどのよう
に語られてきたのかに関する知識社会学的研究である。ボランティア活動について
贈与という観点から分析している。

索　引

———————————— 編・著者紹介 ————————————

＊**吉武由彩**（はじめに，第1章，第2章1節・3〜5節・9節，第10章）
長崎県生まれ，熊本大学大学院人文社会科学研究部　准教授
専攻　福祉社会学，地域社会学
主な著書・論文　「過疎農山村地域における高齢者の生きがい」高野和良編
『新・現代農山村の社会分析』学文社，2022年
『匿名他者への贈与と想像力の社会学—献血をボランタリ
ー行為として読み解く』ミネルヴァ書房，2023年
『入門・社会学—現代的課題との関わりで』学文社，2023
年（共編著）

福本純子（第2章2節・6〜8節）
愛知県生まれ，福岡県立大学人間社会学部　講師
専攻　環境社会学，農村社会学

浅利　宙（第3章）
福岡県生まれ，広島大学大学院人間社会科学研究科　教授
専攻　家族社会学，福祉社会学

黒川すみれ（第4章）
千葉県生まれ，福岡県立大学人間社会学部　講師
専攻　家族社会学，労働社会学

松本貴文（第5章1〜10節・12節・13節）
熊本県生まれ，國學院大學観光まちづくり学部　准教授
専攻　農村社会学，地域社会学

市原由美子（第5章11節）
熊本県生まれ，NPO法人みるくらぶ　事務局長
熊本大学大学院社会文化科学教育部　博士前期課程修了
専攻　地域社会学，福祉社会学

吉武理大（第6章，第7章1〜4節・8節）
長崎県生まれ，松山大学人文学部　准教授
専攻　家族社会学，福祉社会学

三代陽介（第7章5〜7節）
大分県生まれ，大分県職員，浄土宗僧侶
熊本大学大学院社会文化科学教育部　博士後期課程単位取得退学
専攻　社会病理学，地域社会学

井上智史（第8章）
福岡県生まれ，九州大学大学院人間環境学研究院　講師
専攻　ジェンダー・セクシュアリティ研究，福祉社会学

桑畑洋一郎（第9章）
熊本県生まれ，山口大学人文学部　准教授
専攻　医療社会学，社会問題の社会学

（＊は編著者）

「入門・社会学」シリーズ 4

入門・福祉社会学　現代的課題との関わりで

2023年9月1日　第1版第1刷発行　　　　　　　　　　　〈検印省略〉

編著者　吉武　由彩

発行者　田 中 千 津 子　　　　〒153-0064　東京都目黒区下目黒 3-6-1
　　　　　　　　　　　　　　　電話　03(3715)1501(代)
発行所　株式 学 文 社　　　　　FAX　03(3715)2012
　　　　会社　　　　　　　　　https://www.gakubunsha.com

ISBN978-4-7620-3256-1